普通高等教育"十四五"金融学类专业产教融合系列规划教材

总主编 杨力

Excel 与金融实验

编　著／曹雷　李光洲　张利兵　张珺涵

立信会计出版社
LIXIN ACCOUNTING PUBLISHING HOUSE

图书在版编目(CIP)数据

Excel 与金融实验 / 曹雷等编著. —上海：立信会计出版社，2021.9(2023.8 重印)

普通高等教育"十四五"金融学类专业产教融合系列规划教材

ISBN 978-7-5429-6898-2

Ⅰ.①E… Ⅱ.①曹… Ⅲ.①表处理软件—应用—金融学—高等学校—教材 Ⅳ.①F830-39

中国版本图书馆 CIP 数据核字(2021)第 170210 号

策划编辑　窦瀚修　张善涛
责任编辑　郭　光　张善涛
封面设计　南房间

Excel 与金融实验
EXCEL YU JINRONG SHIYAN

出版发行	立信会计出版社
地　　址	上海市中山西路 2230 号　　邮政编码　200235
电　　话	(021)64411389　　　　　　传　真　(021)64411325
网　　址	www.lixinaph.com　　　　　电子邮箱　lixinaph2019@126.com
网上书店	http://lixin.jd.com　　　　http://lxkjcbs.tmall.com
经　　销	各地新华书店
印　　刷	江苏凤凰数码印务有限公司
开　　本	787 毫米×1092 毫米　1/16
印　　张	15.25
字　　数	343 千字
版　　次	2021 年 9 月第 1 版
印　　次	2023 年 8 月第 3 次
书　　号	ISBN 978-7-5429-6898-2/F
定　　价	49.00 元

如有印订差错,请与本社联系调换

普通高等教育"十四五"金融学类专业
产教融合系列规划教材

编委会

总 主 编：杨 力

副总主编：张 云

编委会成员（按姓氏笔画排序）：

王 蓓　刘全宝　杨 宜　吴力权　吴卫星

郑海伟　孟 昊　胡金焱　徐永林　黄 巍

总　序

党的十九大报告指出:"建设教育强国是中华民族伟大复兴的基础工程。"当前,我们正处于实现中华民族伟大复兴的关键时期,面对世界百年未有之大变局和"两个一百年"奋斗目标历史交汇的关键节点,高等教育作为"一个国家发展水平和发展潜力的重要标志"(习近平,2016)应当主动把握历史发展的关键时期,做到超前识变、积极应变和主动求变。文科教育培养人的自信心、自豪感、自主性,是形成国家民族文化自觉的主战场、主阵地、主渠道,理应在历史发展的关键时期有所作为。2020年11月,全国有关高校和专家齐聚中华文化重要发祥地山东,共商新时代文科教育发展大计,发布了《新文科建设宣言》。对于推动文科教育创新发展、提升国家文化软实力具有重要意义。金融学类专业作为新文科的重要组成部分,需要主动肩负新的时代使命,应对时代挑战,革新金融学科教育体系、培养特色金融人才,积极融入新文科建设。

上海立信会计金融学院地处上海国际金融中心腹地,具有近百年的办学历史,被业界誉为"未来金融家摇篮",是上海高水平地方应用型高校建设试点高校。金融学院坚持以立德树人为根本任务,贯彻落实"三全育人",不断深化产教融合人才培养模式,"金融学"和"金融工程"专业先后入选国家一流本科专业建设点。当前,金融学院积极对标国家"双万计划"建设目标,持续深化本科教育教学改革,不断加强学科专业建设,彰显"诚信为本、学验并重"办学特色,主动对接上海国际金融中心建设,为国家新时代金融事业发展培养高水平应用型金融人才。通过精心策划和深入论证,特推出"十四五"金融学类专业产教融合系列规划教材。本系列教材突出校企合作、产教融合的人才培养特点,主题涵盖现代商业银行经营、国际结算、外汇交易实务、互联网金融、金融科技发展、绿色金融、金融理财规划、金融投资实战、金融专业实验与金融发展史等领域,由高校专业教师与行业专家共同编写,较全面地反映了金融行业发展现状,体现了金融学科发展趋势。本系列教材具有以下特点:

第一,突出校企协同,紧贴金融市场发展前沿。本系列教材采取校企合作开发模式,编委会成员和编写团队由高校专业教师、金融行业专家共同组成,体现了学校与企业相协同、理论与实践相结合。系列教材以金融理论为基础,以金融行业岗位专业知识与能力要求为编写准则,依托企业资源,充分发挥行业专家实践经验丰富、掌握一手前沿信息的优势,在内容上反映了国内外金融市场发展的最新趋势、热点领域和重大理论前沿发展,可帮助在校学生、社会金融从业人员进一步加深对金融领域前沿发展的了解,提高对现代金融运行机制、规律的认识。

第二,秉承"学验并重"办学特色,对标应用型人才培养目标。"学验并重"是理论教学与实验教学并举、理论学习与实验实践互补的教学模式,是立信多年凝练而成的鲜明办学特色。加强金融实验教学建设符合应用型本科院校人才培养定位,满足金融市场和金融机构人才需求,契合金融专业课程特色和教学目标。系列教材包含多本金融实验教材,从具体软件工具与金融的结合运用,到金融专业综合模拟实验,全面融入了金融实务和操作模块,为学生系统掌握金融学分析方法,提升实践运用能力提供有效指导。

第三,彰显学科融合发展趋势,探寻金融行业创新路径。系列教材不断突破既有的学科边界,围绕互联网金融、金融科技、人工智能、绿色金融等新兴技术和先进理念展开,积极响应新文科建设对跨学科融合的现实要求,突出科技创新与金融创新的有机融合,充分阐述金融业新业务模式与服务内涵,面向金融业发展的现状和未来提供有价值的学术引领和知识规范。在展现多学科融合发展趋势的同时,引导读者积极探索金融市场创新路径,致力于培养学生的创新意识和创新能力。

本系列教材凝结了编委会全体专家的殷切关怀,吸收了学校金融学院和兄弟院校同仁们的教学研究成果以及行业专家的宝贵从业经验,系列教材的顺利出版正得益于各位专家的共同努力。在此对各位编委会成员、业界专家学者和主编参编作者们的辛勤工作,致以最诚挚的谢意!同时,还要感谢立信会计出版社的领导和编辑老师们的大力支持和辛劳付出。最后必须要说明的是本系列教材具有筚路蓝缕的探索性质,受各种因素制约,仍不可避免存在着不足,诚恳期望得到大家的批评指正,在今后的教学与研究过程中不断得到完善,共同推进金融学科教育事业的发展。

前　言

随着中国金融行业的快速发展，金融新业态和新趋势不断涌现，市场规模持续扩大，这对金融人才培养提出了新的需求。为了适应新趋势和新需求，强化金融实验教学，培养具有创新精神和实践能力的应用型、复合型、创新性人才，编者团队通过开设 Excel 金融实践课程，将理论教学和实践教学有机结合，提升学生金融数据分析和理论运用能力。

相对于其他软件，Excel 软件很容易获得。其菜单式的操作大大降低了实务工作的难度。在实际工作中，Excel 软件自带的统计分析功能被全世界广泛应用。本教材希望通过 Excel 软件实现基于理论的金融数据分析，从庞杂的金融数据中提炼出实用信息，理清繁杂的金融现象背后的逻辑。

本教材根据"金融学类专业产教融合"的相关规划和要求，主要针对银行、理财、股票、债券和期货、期权相关内容进行了详尽的分步讲解，省略了理论内容，直接以案例形式展开。学生可以仿照相应步骤，理解各过程的意义，判定结果，解决相应的金融实务问题。

本教材的第一章、第六章和第八章由曹雷编写，第二章和第三章由李光洲编写，第四章和第五章由张珺涵编写，第七章、第九章和第十章由张利兵编写。

本教材在编写过程中，得到了总主编上海立信会计金融学院杨力校长和副总主编金融学院张云院长的大力支持，还要感谢立信会计出版社的编辑老师在书稿编校期间的细心和耐心。

虽然编者团队在编写过程中投入了大量的精力，力求严谨准确，但由于自身的学识和能力不足，书中难免存在不足和错误之处，真诚希望广大读者不吝批评指正。

编　者
2021 年 7 月

目 录

第一章　Excel 基础知识 ··· 1
　第一节　Excel 函数 ··· 1
　第二节　数据透视表 ··· 16
　第三节　Excel 快速分析工具 ·· 25
　练习题 ··· 37

第二章　货币时间价值 ··· 38
　第一节　货币时间价值：现值和终值 ·· 38
　第二节　货币时间价值：年金 ··· 42
　第三节　货币时间价值计算：递增或递减现金流量 ··················· 49
　练习题 ··· 51

第三章　银行贷款和金融租赁 ··· 52
　第一节　银行贷款分类 ··· 52
　第二节　贷款还款表的处理和动态模型 ····································· 61
　第三节　银行贷款特殊问题 ·· 66
　第四节　银行贷款综合案例 ·· 75
　第五节　金融租赁 ·· 77
　练习题 ··· 78

第四章　金融理财实验 ··· 79
　第一节　生命周期理论 ··· 79
　第二节　金融理财中常用的 Excel 财务函数 ······························ 80
　第三节　家庭财务报表的编制与分析 ·· 90
　第四节　生涯仿真表的编制与分析 ·· 97
　练习题 ··· 103

第五章　金融理财规划综合案例 ··· 104

第六章　债券收益率曲线及久期、免疫 ·· 135
第一节　债券基础 ·· 135
第二节　债券的久期 ·· 147
第三节　债券的凸性 ·· 154
练习题 ·· 159

第七章　投资组合 ·· 160
第一节　收益率、波动率 ·· 160
第二节　投资组合的有效前沿 ·· 165
第三节　资本市场线与证券市场线 ·· 173
练习题 ·· 175

第八章　股票定价模型及财务分析 ·· 176
第一节　股息贴现模型的两期模型 ·· 176
第二节　上市公司财务报表建模 ·· 188
练习题 ·· 198

第九章　期货交易实验 ·· 200
第一节　开仓交易与盯市结算 ·· 200
第二节　期货定价 ·· 206
练习题 ·· 210

第十章　期权实验 ·· 212
第一节　期权到期损益 ·· 212
第二节　期权交易策略 ·· 213
第三节　B-S模型 ··· 224
第四节　二叉树模型 ·· 230
练习题 ·· 233

第一章　Excel 基础知识

为了激发学生的学习兴趣,并将金融理论与实践相结合,提高他们运用所学专业知识解决问题的能力,我们试图运用 Excel 作为金融实验教学的工具,摆脱烦琐的计算过程,直接通过建模来实证分析各个金融学模块的理论知识。

本章主要讲述三个内容:① Excel 的常见基础函数,针对金融专业的特点,主要是逻辑类、查找核对类等函数;② Excel 的数据透视表:表格动态分类汇总、占比分析、表格拆分等;③ 利用 Excel 作图,以图表展示数据。

第一节　Excel 函数

Excel 作为一个简单易学、功能强大的数据处理软件已经被广泛应用于各类企业日常办公,也是目前应用最广泛的数据处理软件之一。但是,很多人在使用 Excel 时,仅限于建立表格和进行一些简单的计算,对于 Excel 在统计、金融、管理等领域的应用知之甚少。其实,Excel 提供了功能齐全的函数计算和分析工具,如果能熟练地运用它来进行数据分析,必将获取更为精确的信息,并大大提高工作效率,从而增强个人的社会竞争力。

一、逻辑类函数

(一) AND 函数

1. 函数功能

AND 函数用于当所有的条件均为"真"(TRUE)时,返回的运算结果为"真"(TRUE);反之,返回的运算结果为"假"(FALSE),一般用来检验一组数据是否都满足条件。

2. 函数语法

AND(logical1,logical2,logical3,…)

3. 参数解释

logical1,logical2,logical3,…:表示测试条件值或表达式,最多可以有 30 个条件值或表达式。

【例 1-1-1】　在对新员工进行面试时,每个面试官的考评成绩各不相同,根据公司规定,必须 3 个面试官都给出合格成绩时,才准予录取。

(1) 选中 E2 单元格,在公式编辑栏中输入"=AND(B2:D2 ="合格")"。

(2) 按"Shift+Ctrl+Enter"组合键即可根据面试官的评定判断第一位面试人员是否合格。

(3) 将光标移到 E2 单元格的右下角,待光标变成十字形状后,按住鼠标左键向下拖动进行公式填充,即可判断其他面试人员是否被录取(见图 1-1-1)。

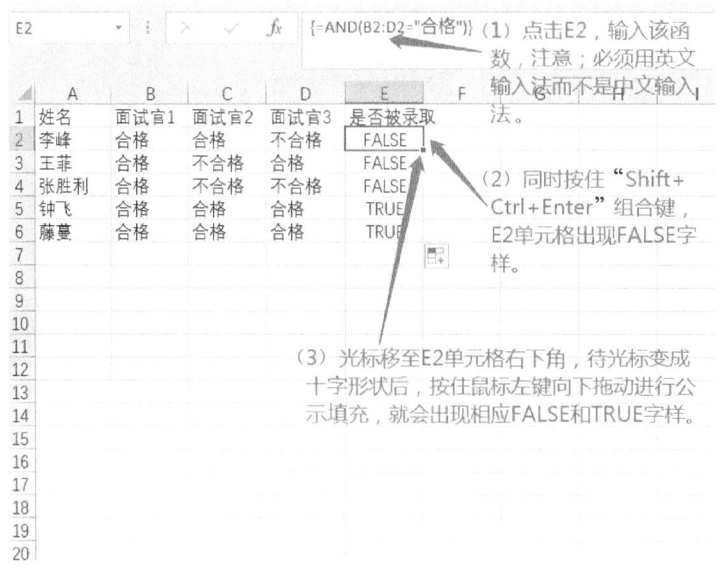

图 1-1-1　例 1-1-1 示意图

(4) 公式解析:

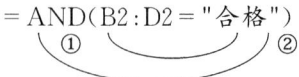

= AND(B2:D2 = "合格")
　　　①　　　　②

① 判断 B2:D2 单元格区域中的值是否为"合格"。
② 当步骤①中值为"合格"时返回 TURE,否则返回 FALSE。

【例 1-1-2】　公司规定,如果员工同时满足业绩超过 30 000 元以及工龄在 5 年以上两个条件,即可对其发放奖金,否则不发放奖金(本实验中的 TRUE 值表示给员工发放奖金,未达到发放奖金条件的则显示为 FALSE)。

(1) 选中 E2 单元格,在公式编辑栏中输入"=AND(C2 > 30000,D2 > 5)"。
(2) 按"Enter"即可根据员工的工龄和业绩判断是否发放奖金。
(3) 将光标移到 E2 单元格的右下角,待光标变成十字形状后,按住鼠标左键向下拖动进行公式填充,即可判断对其他员工是否发放奖金(见图 1-1-2)。
(4) 公式解析:

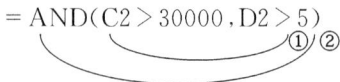

= AND(C2 > 30000,D2 > 5)
　　　　　　　　①②

① 判断 C2 中的业绩值是否大于 30 000,并且 D2 单元格中的值是否大于 5。
② 如果同时满足步骤①中的两个条件,则返回 TURE,否则返回 FALSE。

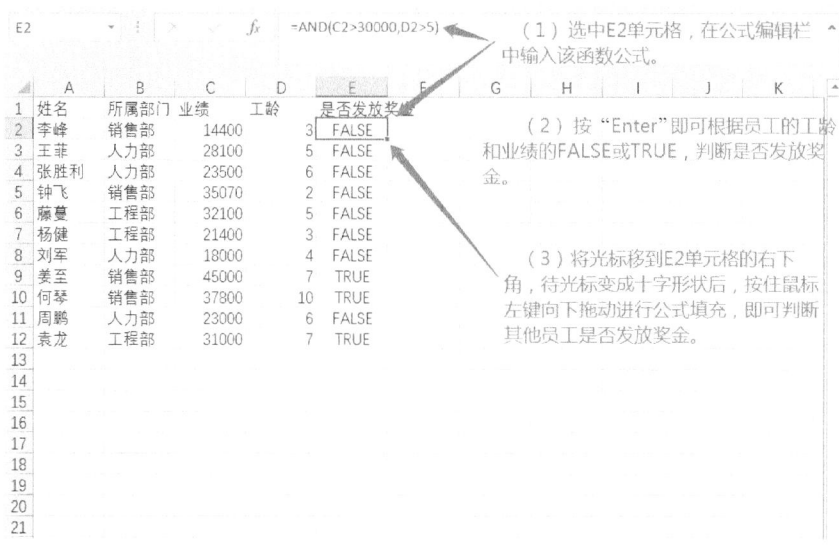

图 1-1-2　例 1-1-2 示意图

（二）OR 函数

1. 函数功能

OR 函数用于在其参数组中，任何一个参数逻辑值为 TRUE，即返回 TRUE；任何一个参数的逻辑值为 FALSE，即返回 FALSE。

2. 函数语法

OR(logical1，[logical2]，…)

3. 参数解释

logical1，logical2，…：logical1 是必需的，后续逻辑值是可选的。可以有 1～255 个需要进行测试的条件，测试结果可以为 TRUE 或 FALSE。

【例 1-1-3】　判断输入的身份证号码长度是否正确（这里可以用 LEN 函数，其功能是返回文本字符串中的字符数，语法格式为 Len(text)）。身份证号码具有 15 位和 18 位两种长度形式。使用 OR 函数可以判断当其长度为 15 或 18 位中的任何一个时都是正确的。

（1）选中 C2 单元格，在公式编辑栏中输入"=OR(LEN(B2:B6)={15,18})"。

按"Enter"即可根据身份证号的长度自动判断是否正确。

（2）将光标移到 C2 单元格的右下角，待光标变成十字形状后，按住鼠标左键向下拖动进行公式填充，即可判断其他号码的长度是否正确（见图 1-1-3）。

（3）公式解析：

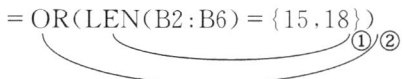

① 使用 LEN 函数查找 B2:B6 单元格区域中的字符文本长度是否等于 15 或者 18。

② 如果满足步骤①中的任意一个条件即返回 TURE，否则返回 FALSE。

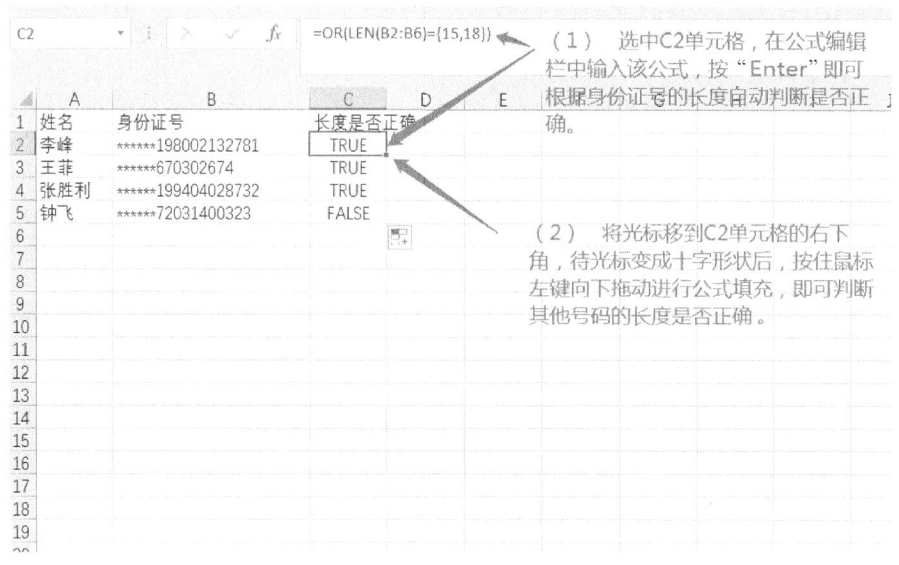

图 1-1-3　例 1-1-3 示意图

【例 1-1-4】　在考核成绩表中,学校规定每一项成绩都必须达到 60 分,其综合评定成绩才算达标,我们在这里运用 OR 函数,只要有一门没有达到 60 分,就判定为不合格。

(1) 选中 F2 单元格,在公式编辑栏中输入"=OR(B2<=60,C2<=60,D2<=60)"。

按"Enter"即可判断出该学生每门功课考核是否有一项没有达到 60 分,如果有则返回 TRUE(没有达标),否则返回 FALSE(达标)。

(2) 将光标移到 F2 单元格的右下角,待光标变成十字形状后,按住鼠标左键向下拖动进行公式填充,即可根据返回的 TRUE 或 FALSE 的结果判断每位学生的考核是否达标(见图 1-1-4)。

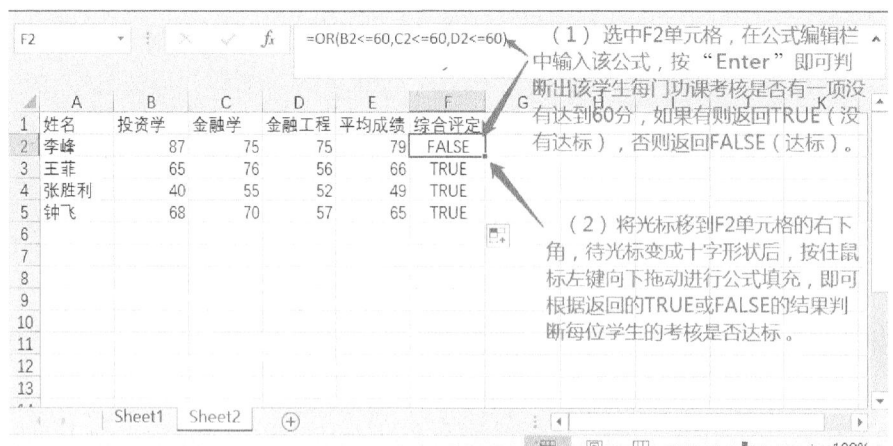

图 1-1-4　例 1-1-4 示意图

(3) 公式解析：

=OR(B2<=60,C2<=60,D2<=60)

① 判断 B2、C2、D2 单元格中的数值是否满足有一项小于等于 60 的条件。

② 如果是则返回 TRUE,否则返回 FALSE。

【例 1-1-5】 在对学生进行 3 门功课的考核后,要求 3 门功课成绩都大于或等于 60 分才达标,或者平均分大于或等于 60 时也达标。可以使用 OR 函数配合 AND 函数来实现。

(1) 选中 F2 单元格,在公式编辑栏中输入"=OR(AND(B2>=60,C2>=60,D2>=60),E2>=60)"。

按"Enter"即可根据学生 3 门功课考核来判断是否全部达标或平均成绩是否达标,如果两者中有一项结果为 TRUE,那么最终结果为 TRUE;否则结果为 FALSE。

(2) 将光标移到 F2 单元格的右下角,待光标变成十字形状后,按住鼠标左键向下拖动进行公式填充,即可显示其他员工的综合评定结果(见图 1-1-5)。

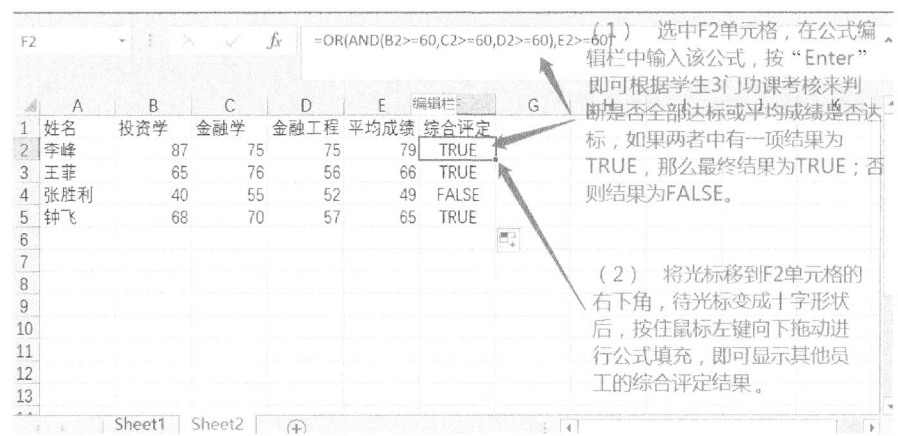

图 1-1-5　实验 1-1-5 示意图

(3) 公式解析：

= OR(AND(B2 >= 60, C2 >= 60, D2 >= 60), E2 >= 60)
　　　　　　　　　①　　　　　　　　　②

① 用 AND 函数判断三门功课成绩是否都大于或等于 60 分,即判断是否满足"B2>=60, C2>=60, D2>=60"。

② 当满足步骤②中的任意一个条件时即返回 TURE,如果两个都不满足则返回 FALSE。

(三) NOT 函数

1. 函数功能

对参数值求反。当要确保一个值不等于某一特定值时,可以使用 NOT 函数。

2. 函数语法

NOT(logical)

3. 参数解释

logical:表示一个计算结果可以为 TRUE 或 FALSE 的值或表达式。

【例 1-1-6】 如果需要从招聘名单中筛选出"25 岁以下"的应聘人员,可以利用 NOT 函数来进行判断。

(1) 选中 E2 单元格,在公式编辑栏中输入"=NOT(B2＜25)"。按"Enter"后,如果是"25 岁以下"的应聘人员,显示为 FALSE;反之,显示为 TRUE。

(2) 将光标移到 E2 单元格的右下角,待光标变成十字形状后,按住鼠标左键向下拖动进行公式填充,即可判断其他人员是否满足年龄要求(见图 1-1-6)。

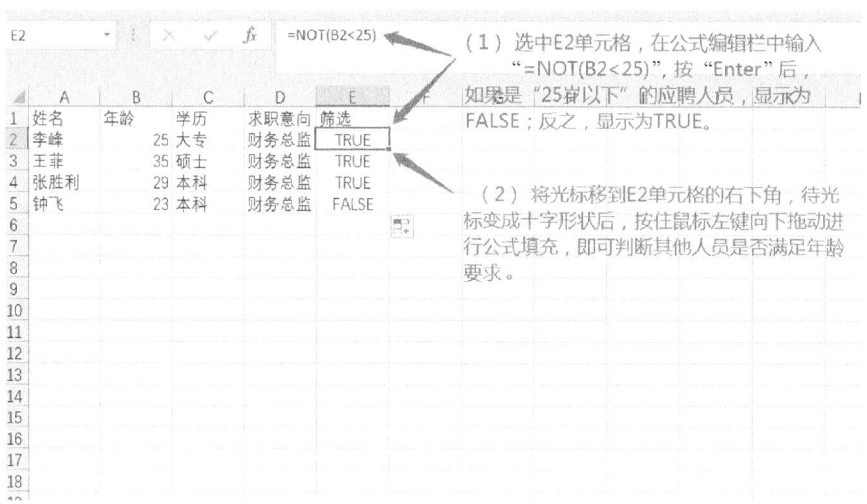

图 1-1-6　例 1-1-6 示意图

(3) 公式解析:

=NOT(B2＜25)

当 B2 中的数值小于 25 时则返回 FALSE,否则返回 TURE。

（四）IF 函数

1. 函数功能

根据指定的条件判断其"真"(TRUE)、"假"(FALSE),从而返回其相对应的内容。

2. 函数语法

IF(logical_test, value_if_true, value_if_false)

3. 参数解释

IF 函数可以嵌套 7 层关系式,这样可以构造复杂的判断条件,从而进行综合评测。

logical_test:表示逻辑判决表达式。

value_if_true:表示当判断条件为逻辑"真"(TRUE)时,显示该处给定的内容。如果忽略,返回 TRUE。

value_if_false:表示当判断条件为逻辑"假"(FALSE)时,显示该处给定的内容。如果忽略,返回 FALSE。

【例1-1-7】 在对应聘人员进行面试后,主管人员可以对员工的考核成绩进行评定,如果各项成绩都在 60 分及以上即可评定为合格,并予以录用;当某项成绩低于 60 分时则评定为不合格,不予录用。

(1) 选中 E2 单元格,在公式编辑栏中输入"=IF(AND(B2>=60,C2>=60,D2>=60),"合格","不合格")"。

按"Enter"即可根据员工的各项成绩判断面试人员是否合格。

(2) 将光标移到 E2 单元格的右下角,待光标变成十字形状后,按住鼠标左键向下拖动进行公式填充,即可判断其他人员的面试成绩是否合格(见图 1-1-7)。

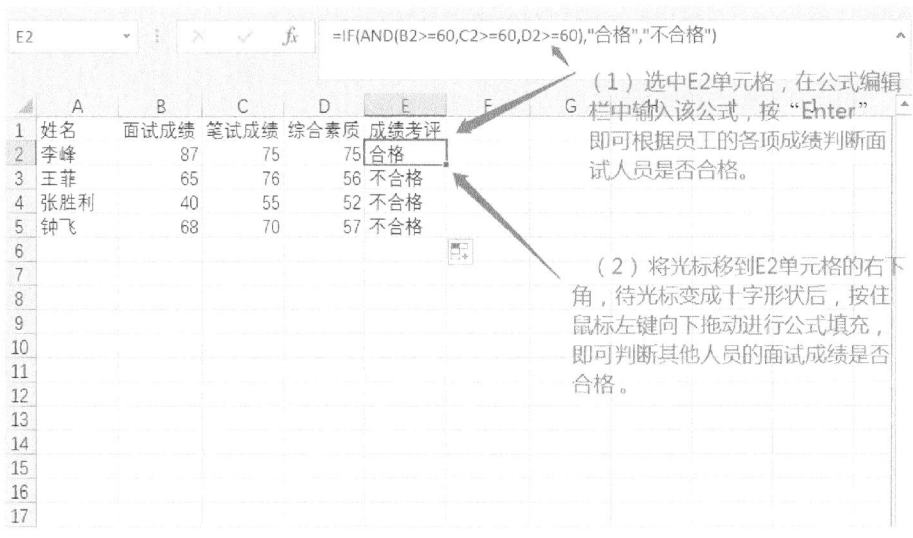

图 1-1-7 例 1-1-7 示意图

(3) 公式解析:

= IF(AND(B2>=60,C2>=60,D2>=60),"合格","不合格")
                                    ①   ②

① 分别判断 B2、C2、D2 单元格中的数值是否都大于或等于 60。如果满足条件则返回 TRUE 值并显示"合格"。

② 如果 B2、C2、D2 单元格中的任一数值小于 60,则返回 FALSE 并显示为"不合格"。

【例1-1-8】 使用公式进行累计运算时,当引用单元格中都没有输入数值时,结果单元格会显示"0"值。例如,图 1-1-8 中 D4 单元格的公式(输入"=IF(AND(B4="",C4=""),B4+C4)")引用了 B4、C4 单元格区域,结果会显示"0"值,如图 1-1-8 的 D4 所示。

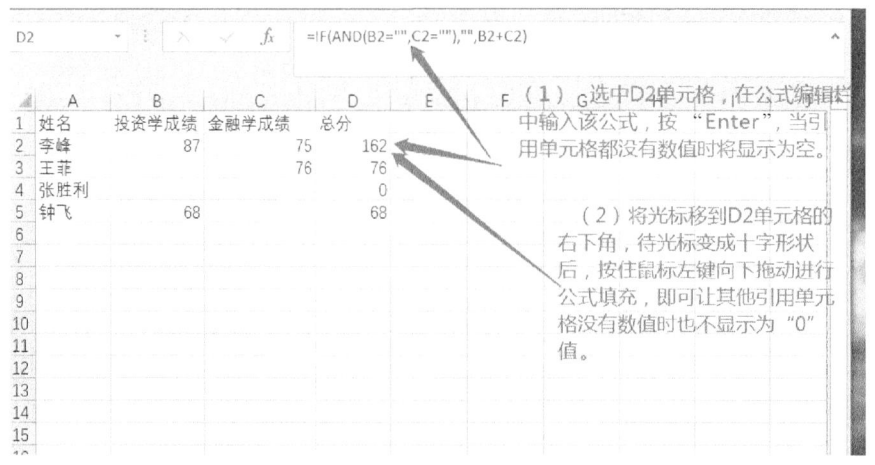

图 1-1-8　例 1-1-8 示意图

(1) 选中 D2 单元格,在公式编辑栏中输入"= IF(AND(B2 = "",C2 = ""),"",B2 + C2)"。

按"Enter",当引用单元格都没有数值时将显示为空。

(2) 将光标移到 D2 单元格的右下角,待光标变成十字形状后,按住鼠标左键向下拖动进行公式填充,即可让其他引用单元格没有数值时也不显示为"0"值。

(3) 公式解析:

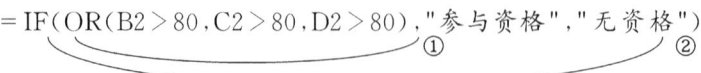

① 用 AND 函数判断当 B2、C2 单元格同时为空值时,则返回空。

② 当步骤①的条件为 FALSE 时,返回 B2、C2 的合计值。

【例 1-1-9】　在员工考核成绩统计表中,判断一组考评数据中是否有一个大于"80",如果有则具备参与培训的资格,否则不具备资格。

(1) 选中 E2 单元格,在公式编辑栏中输入"= IF(OR(B2 > 80,C2 > 80,D2 > 80),"参与资格","无资格")"。

按"Enter"即可根据员工的考核成绩判断出其是否具备参与培训的资格。

(2) 将光标移到 E2 单元格的右下角,待光标变成十字形状后,按住鼠标左键向下拖动进行公式填充,即可得出其他员工参与培训的资格情况(见图 1-1-9)。

(3) 公式解析:

= IF(OR(B2>80,C2>80,D2>80),"参与资格","无资格")

① 判断 B2>80、C2>80、D2>80 这 3 个条件中是否有一个条件满足。

② 当满足步骤①中的任何一个条件时,返回"参与资格",否则返回"无资格"。

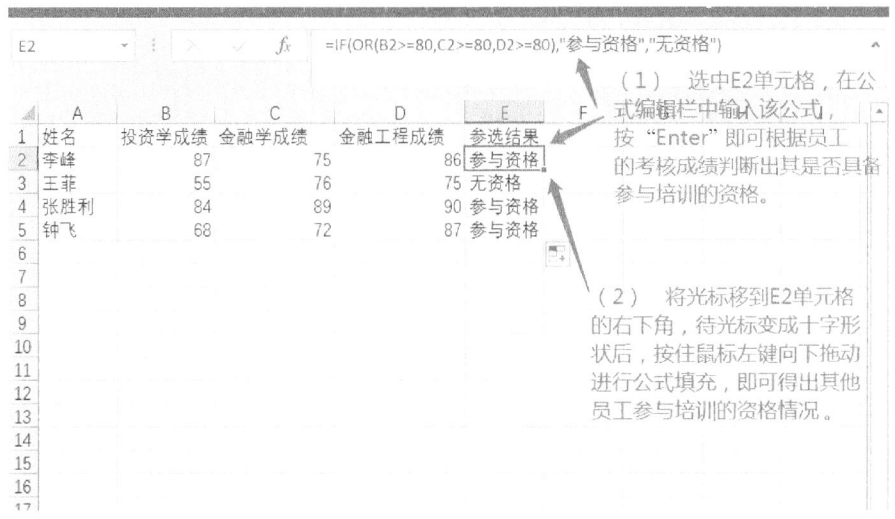

图 1-1-9　例 1-1-9 示意图

二、OFFSET 函数

1. 函数功能

在制作动态图表时，利用 OFFSET 函数可直接从数据源表中引用源数据，一般为一个行(1×N)或一个列(N×1)的单元格区域。以指定的单元格为参照，通过给定行、列的偏移量确定新位置，并以此为起点，返回一个指定行数和列数的引用。OFFSET 函数是 Excel 动态图表制作中最核心、最重要的函数。将这个函数熟稔于心，无论面对任何动态图表的制作，都能够从容应对。

2. 函数语法

OFFSET(reference,rows,cols,height,width)

3. 参数解释

reference：指定的参照单元格(初始位置)。

rows：向下偏移的行数(如果为负数，则向上偏移)。

cols：向右偏移的列数(如果为负数，则向左偏移)。

height：指定要返回的单元格区域的行数。

width：指定要返回的单元格区域的列数。

【例 1-1-10】　(1) 图 1-1-10 中输入的"=OFFSET(A4,2,3,1,1)"，即以 A4 单元格为参照，先向下偏移两行(至 A6)，再向右偏移三列(至 D6)，返回自 D6 起的一行一列，即 D6 单元格数据(16)。

(2) "=OFFSET(A11,2,1,1,4)"以 A11 单元格为参照，先向下偏移两行(至 A13)，再向右偏移一列(至 B13)，返回自 B13 起的一行四列数据(即 B13:E13 单元格区域数据)(见图 1-1-10)。

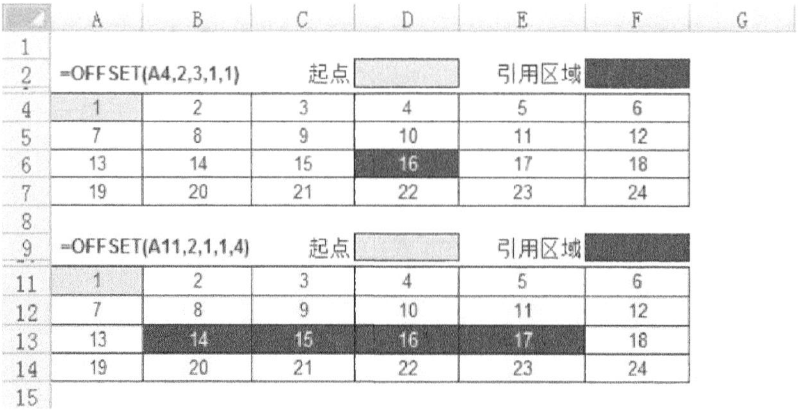

图 1-1-10　例 1-1-10 示意图

三、VLOOKUP 函数

1. 函数功能

在制作动态图表时，也可以通过辅助区域法来进行，其核心思想是从数据源中逐个提取数据，从而形成源数据的辅助区域。这个过程中主要用到几个关键的查找匹配类函数。VLOOKUP 函数的主要功能是实现数据的查找和关联匹配，能够根据指定的规则从数据源表中提取目标单元格的数值。可以从指定的表格区域首列中查找指定的数值或文本，并返回指定数值或文本所在行与表格指定列交叉的单元格数据。

2. 函数语法

VLOOKUP(lookup_value, table_array, col_index_num, range_lookup)

3. 参数解释

lookup_value：指定的数值或文本（查找目标）。

table_array：指定的表格区域（查找区域）。

col_index_num：自指定表格区域第一列开始计数的列序数（指定列）。

range_lookup：为 1 或 0，1 为模糊匹配；0 或省略，为精确匹配。通常使用精确匹配。

【例 1-1-11】　图 1-1-11 中的 A5:C24 表格区域记录了各大银行在两个业务上的收入数据，分别为"收入 1"和"收入 2"，现要求在 B3 和 C3 单元格根据 A3 单元格内所选择的"建设银行"返回该银行对应的"收入 1"和"收入 2"数据。

（1）显然，这是一个数据查找和匹配问题，使用 VLOOKUP 函数可以解决。B3 单元格输入"=VLOOKUP(A3,＄A＄5:＄C＄24,2,0)"，C3 单元格输入"=VLOOKUP(A3,＄A＄5:＄C＄24,3,0)"。

（2）公式解析：

这里以 C3 单元格公式为例来说明 VLOOKUP 函数的功能。由于 A3 单元格所呈现的银行名称与 A5:A24 区域的列表名称完全一致，因此可以精确匹配。输入的"=VLOOKUP(A3,＄A＄5:＄C＄24,3,0)"意为从 A5:C24 区域数据表首列中查找 A3 单元格内容（如"建设银行"），找到匹配项后返回匹配项所在行（第 9 行）与指定列（第 3 列）交叉的单元格数据（C9，即 67490）。0 代表精确匹配，可省略。

由于编写函数时经常会涉及函数的复制粘贴，因此对于单元格或单元格区域的引用要注意区分绝对引用和相对引用。为了保证公式复制粘贴时不出错，对于单元格区域的引用，建议尽量使用绝对引用，如"＄A＄5:＄C＄24"。

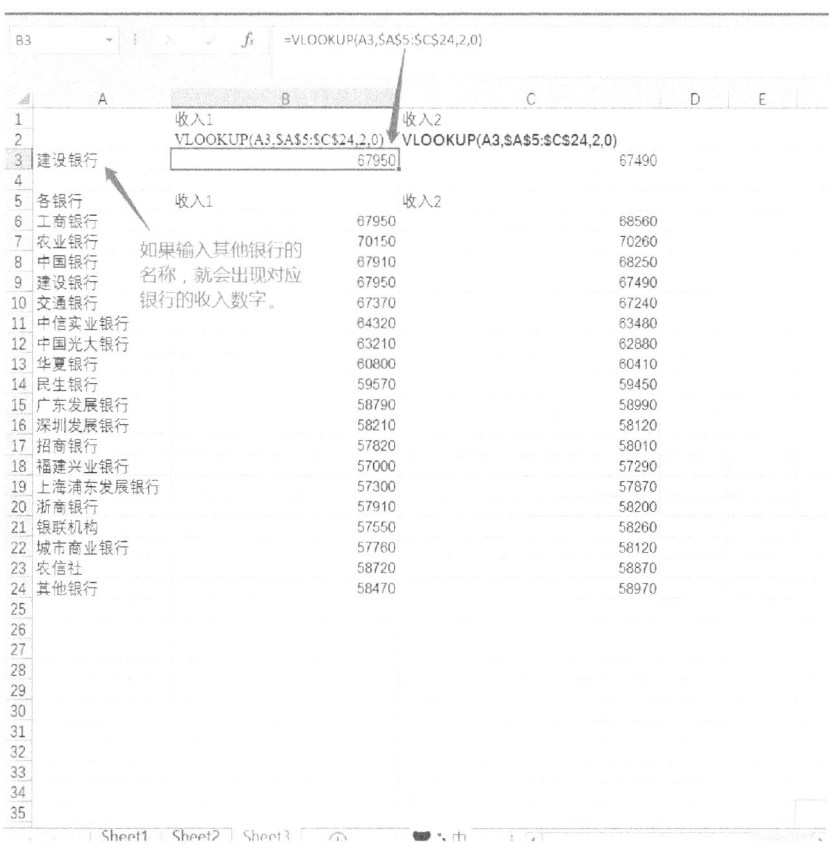

图 1-1-11　例 1-1-11 示意图

四、HLOOKUP 函数

1. 函数功能

HLOOKUP 函数的功能与 VLOOKUP 完全一样，只是查询的方向正好相反。它是从表格区域首行中查找指定的数值或文本，返回指定数值或文本所在列与表格指定行相交叉的单元格数据。

2. 函数语法

HLOOKUP(lookup_value, table_array, row_index_num, [range_lookup])

3. 参数解释

lookup_value：指定的数值或文本（查找目标）。

table_array：指定的表格区域(查找区域)。

row_index_num：自指定表格区域第一行开始计数的行序数(指定行)。

[range_lookup]：值为1或0,1为模糊匹配,0或省略为精确匹配。

【例1-1-12】 与例1-1-11同样的收入数据,但是表格结构相反,收入为行,银行名称为列。现要求B3和C3单元格根据A3单元格内所选银行返回该银行对应的"收入1"和"收入2"数据。

(1) B3单元格输入"=HLOOKUP(A3,＄A＄5:＄T＄7,2,0)",C3单元格输入"=HLOOKUP(A3,＄A＄5:＄T＄7,3,0)"。

(2) 这里以C3单元格公式为例,对HLOOKUP函数的功能进行说明。"=HLOOKUP(A3,＄A＄5:＄T＄7,3,0)"意为从A5:T7表格区域首行中寻找A3单元格中的银行名称(如"招商银行"),找到匹配项后返回匹配项所在列(M列)与表格指定行(第7行)相交叉的单元格数值(M7,即58010)。(见图1-1-12)。

(3) 如何区分VLOOKUP和HLOOKUP这两个函数及功能呢? 都是LOOKUP,但一个是V,一个是H。V代表Vertical(纵向的,垂直的),意为从首列纵向查找;H代表Horizontal(横向的,水平的),意为从首行横向查找。记住这两个字母的含义,就不至于造成混淆了。

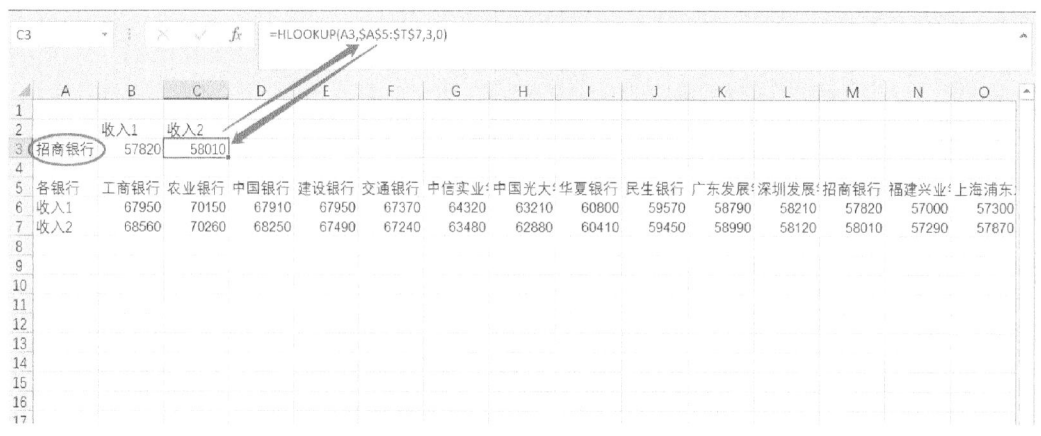

图1-1-12 例1-1-12示意图

五、CHOOSE函数

1. 函数功能

CHOOSE函数用于从给定的参数中返回指定的值。

2. 函数语法

CHOOSE(index_num, value1, [value2], …)

3. 参数解释

index_num：表示指定所选定的值参数。index_num必须为1~254之间的数字,或者为公式或对包含1~254之间某个数字的单元格的引用。

value1,[value2],…:value1 是必需的,后续值是可选的。这些值参数的个数介于 1~254 之间,CHOOSE 函数基于 index_num 从这些值参数中选择一个数值或一项要执行的操作。参数可以为数字、单元格引用、已定义名称、公式、函数或文本。

【例 1-1-13】 学院规定:总分大于或等于 400 分的,可以评定为优;小于 300 分的为一般,其他均被评定为良。

(1) 设置好各项列标识后,选中 C2 单元格,在公式编辑栏中输入"=CHOOSE(IF(B2<300,1,IF(B2>=400,3,2)),"一般","良","优秀")"。

(2) 按"Enter"即可根据每名学生总分评定其等级。

(3) 选中 C2 单元格,拖动右下角的填充柄向下填充公式,即可批量得出其他学生的等级评定(见图 1-1-13)。

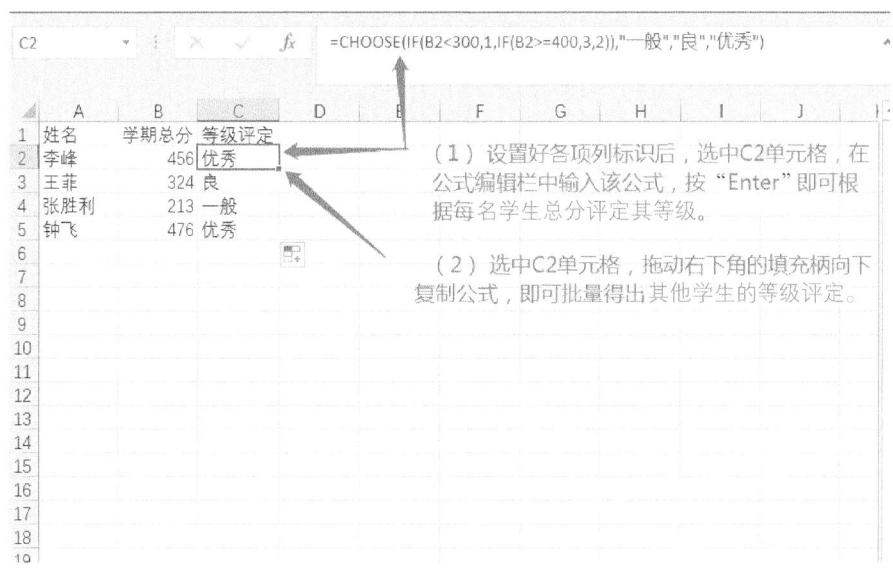

图 1-1-13 例 1-1-13 示意图

(4) 公式解析:

=CHOOSE(IF(B2<300,1,IF(B2>=400,3,2)),"一般","良","优秀")
　　　　　　①　　　　　　　　　　　　　　　②

① IF 函数判断 B2 单元格中的数值是否小于 300。如果是则返回 1,即作为 CHOOSE 函数的第一个参数,返回"一般"结果。

② 第二个 IF 函数判断其是否大于或等于 400,以便返回"良"和"优秀"的评定结果。

【例 1-1-14】 表格中统计了所持基金的超额收益率与标准差,现在需要根据其夏普比率来决定对各基金的处理办法,具体规则如下:夏普比率在 0~0.5 之间时,"抛出";夏普比率在 0.5~1 之间时,"持有";夏普比率超过 1 时,"加仓"。

(1) 选中 D2 单元格,在公式编辑栏中输入"=CHOOSE((SUM(N(C2/B2>={0,0.5,1}))),"抛出","持有","加仓")"。

(2) 按"Enter"得出对第一种基金的处理办法。

(3) 选中 D2 单元格,拖动右下角的填充柄向下填充公式,即可批量得出对其他各基金的处理办法(见图 1-1-14)。

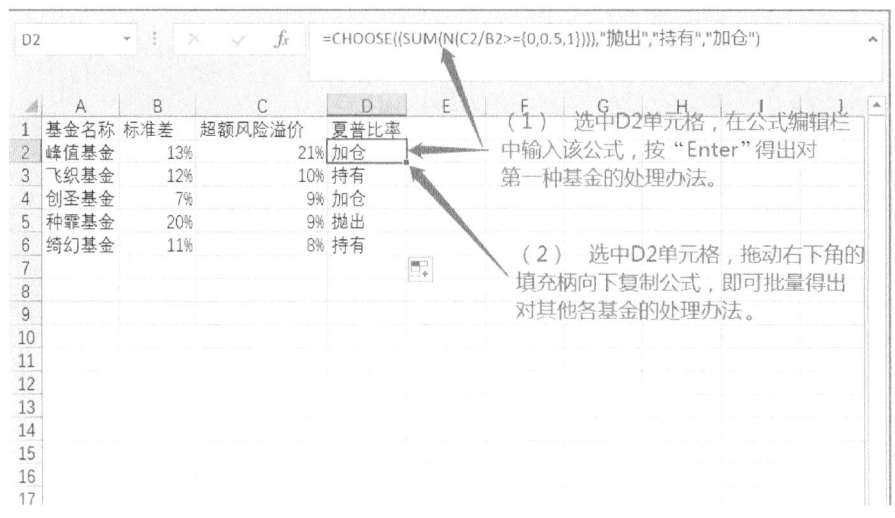

图 1-1-14 例 1-1-14 示意图

(4) 公式解析:

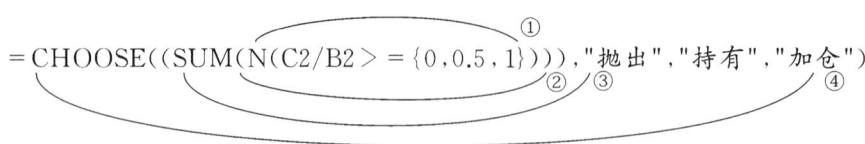

① 判断 C2/B2 的值是在哪个区间,返回的是一组逻辑值。
② 用 N 函数将步骤①的逻辑值转换为数字,TRUE 转换为 1,FALSE 转换为 0。
③ 用 SUM 函数将步骤②的结果求和,作为 CHOOSE 函数中指定返回哪个值的参数。
④ 根据步骤③中的指定,返回指定值。

六、INDEX 函数

1. 函数功能

与 CHOOSE 函数相似,INDEX 函数同样可以根据指定位置从一组数据中获取目标数据,但相对来说,INDEX 函数更简单,功能更强大。

INDEX 函数用于返回表格或区域中的值或值的引用。INDEX 函数有两种形式:数组形式和引用形式。INDEX 函数的引用形式通常返回引用,数组形式通常返回数值或数值数组。当函数 INDEX 的第一个参数为数组常数时,使用数组形式。

2. 函数语法

语法 1(引用型):INDEX(reference, row_num, [column_num], [area_num])

语法 2(数组型):INDEX(array, row_num, [column_num])

3. 参数解释

(1) 语法 1 参数说明:

reference:表示对一个或多个单元格区域的引用。

row_num:表示引用中某行的行号,函数从该行返回一个引用。

[column_num]:可选。表示引用中某列的列标,函数从该列返回一个引用。

[area_num]:可选。表示选择引用中的一个区域,以从中返回 row_num 和[column_num]的交叉区域。选中或输入的第一个区域序号为 1,第二个为 2,依此类推。如果省略[area_num],则函数 INDEX 使用区域 1。

(2) 语法 2 参数说明:

array:表示单元格区域或数组常量。

row_num:表示选择数组中的某行,函数从该行返回数值。

[column_num]:可选。表示选择数组中的某列,函数从该列返回数值。

【例 1-1-15】 检查某基金的夏普比率(见图 1-1-15)。

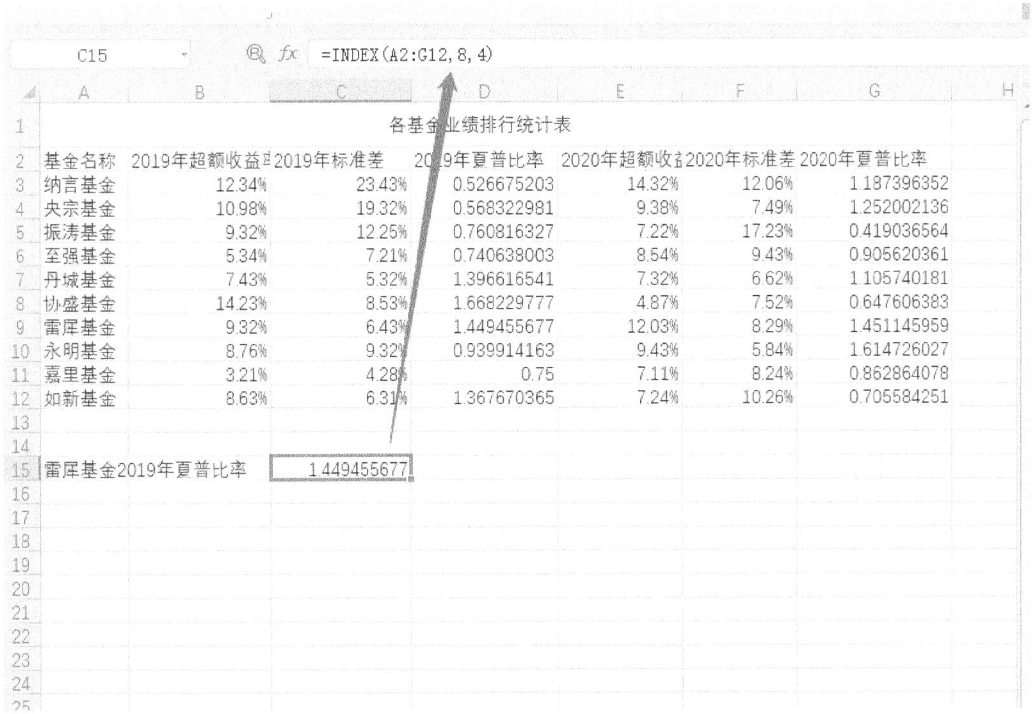

C15 =INDEX(A2:G12,8,4)

	A	B	C	D	E	F	G
1	各基金业绩排行统计表						
2	基金名称	2019年超额收益率	2019年标准差	2019年夏普比率	2020年超额收益	2020年标准差	2020年夏普比率
3	纳言基金	12.34%	23.43%	0.526675203	14.32%	12.06%	1.187396352
4	央宗基金	10.98%	19.32%	0.568322981	9.38%	7.49%	1.252002136
5	振涛基金	9.32%	12.25%	0.760816327	7.22%	17.23%	0.419036564
6	至强基金	5.34%	7.21%	0.740638003	8.54%	9.43%	0.905620361
7	丹城基金	7.43%	5.32%	1.396616541	7.32%	6.62%	1.105740181
8	协盛基金	14.23%	8.53%	1.668229777	4.87%	7.52%	0.647606383
9	雷犀基金	9.32%	6.43%	1.449455677	12.03%	8.29%	1.451145959
10	永明基金	8.76%	9.32%	0.939914163	9.43%	5.84%	1.614726027
11	嘉里基金	3.21%	4.28%	0.75	7.11%	8.24%	0.862864078
12	如新基金	8.63%	6.31%	1.367670365	7.24%	10.26%	0.705584251
15	雷犀基金2019年夏普比率		1.449455677				

图 1-1-15 例 1-1-15 示意图

七、MATCH 函数

1. 函数功能

该函数是对单位格位置的引用,需要注意的是,它既不是对于单元格数值的引用,也不是对单元格区域的引用。

2. 函数公式

MATCH(lookup_value,lookup_array,match_type)

3. 参数解释

lookup_value:指定的数值,即需要在 lookup_array 中查找的值,可以为数字、文本或逻辑值,或对数字、文本或逻辑值的单元格引用(查找目标)。

lookup_array:数组(查找区域)。

match_type:指定的查找方式。如果 match_type 为 1,MATCH 函数查找小于或等于 lookup_value 的最大数值。lookup_array 必须按升序排列,如…、-2、-1、0、1、2、…,A-Z、FALSE、TRUE。如果 match_type 为 0,MATCH 函数查找等于 lookup_value 的第一个数值。lookup_array 可以按任何顺序排列。如果 match_type 为 -1,MATCH 函数查找大于或等于 lookup_value 的最小数值。lookup_array 必须按降序排列,如 TRUE、FALSE,Z-A、…、2、1、0、-1、-2、…。如果 match_type 省略,则默认为 1。

例如输入"=MATCH("b",{"a","b","c"},0)",即从数组{"a","b","c"}中精确查找字母 b,并返回字母 b 在数组中的位置"2"。

第二节 数据透视表

Excel 的强大之处在于对数据的处理能力。作为一个开放的结构化表格系统,早期的 2003 版本最多能够处理 65 000 多行数据,而 2007 版本已经可以处理百万行以上的数据。对于简单日常表格的数据处理,我们使用函数、数组等常规方法就足以应付了。但是,对于大数据量的处理,常规手段固然可以达到目的,但可能就像用水果刀来杀牛一样费时费力,且容易出错。应运而生的数据透视表是处理大量数据表格的绝佳工具。

一、数据透视表概述

数据透视表就是能够对数据进行"透视"的交互式表格,通过对基础表字段的行、列布局从而生成汇总表,以满足数据统计需求。数据透视表是 Excel 的精华所在。

为什么数据需要"透视"呢?这是因为不论是企业的数据库,还是很多手工记录的表格,数据通常都是以"记录"形式存储起来的,如银行的业务流水数据,只有经过"透视",把记录数据按照相关属性和方式进行汇总,才能满足数据统计和分析的需求。通常,表格中的一行数据即代表一条记录,而一列数据则常常代表一个字段。以记录形式存在的数据往往是最原始的底层数据(见图 1-2-1),它的功能是存储基础数据,我们只有在对数据进行汇总之后,才能获取更多关于字段的信息,利用数据透视表,我们就可以对"记录"表字段进行灵活组合和数据汇总，获得我们想要的信息，这就是数据透视表的功能所在（见图1-2-2）。

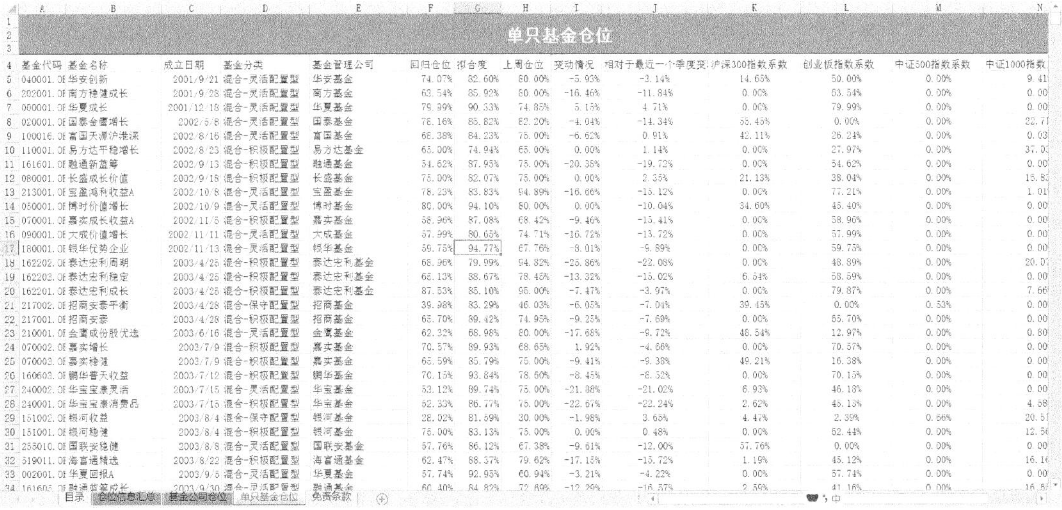

单只基金仓位

基金代码	基金名称	成立日期	基金分类	基金管理公司	回归仓位	拟合度	上周仓位	变动情况	相对于最近一个季度变	沪深300指数系数	创业板指数系数	中证500指数系数	中证1000指数
040001.OF	华安创新	2001/9/21	混合-灵活配置型	华安基金	74.07%	82.60%	80.00%	-5.93%	-3.14%	14.65%	50.00%	0.00%	9.41
202001.OF	南方稳健成长	2001/9/28	混合-灵活配置型	南方基金	63.54%	85.92%	80.00%	-16.46%	-11.84%	0.00%	63.54%	0.00%	0.00
000001.OF	华夏成长	2001/12/18	混合-灵活配置型	华夏基金	79.99%	90.53%	74.85%	5.15%	4.71%	0.00%	79.99%	0.00%	0.00
020001.OF	国泰金鹰增长	2002/5/8	混合-灵活配置型	国泰基金	76.16%	85.82%	82.20%	-4.04%	-14.34%	55.45%	0.00%	0.00%	22.71
100016.OF	富国天源沪港深	2002/8/16	混合-灵活配置型	富国基金	68.38%	84.23%	75.00%	-6.62%	0.91%	42.11%	26.24%	0.00%	0.03
110001.OF	易方达平稳增长	2002/8/23	混合-积极配置型	易方达基金	65.00%	74.94%	65.00%	0.00%	1.14%	0.00%	27.97%	0.00%	37.03
161601.OF	融通新蓝筹	2002/9/13	混合-积极配置型	融通基金	54.62%	87.95%	75.00%	-20.38%	-19.72%	0.00%	54.62%	0.00%	0.00
080001.OF	长盛成长价值	2002/9/18	混合-积极配置型	长盛基金	75.00%	82.07%	75.00%	0.00%	2.35%	21.13%	38.04%	0.00%	15.83
213001.OF	宝盈鸿利收益A	2002/10/8	混合-灵活配置型	宝盈基金	78.23%	83.83%	94.89%	-16.66%	-15.12%	0.00%	77.21%	0.00%	1.01
050001.OF	博时价值增长	2002/10/9	混合-灵活配置型	博时基金	80.00%	94.10%	80.00%	0.00%	-10.04%	34.60%	45.40%	0.00%	0.00
070001.OF	嘉实成长收益A	2002/11/5	混合-积极配置型	嘉实基金	58.96%	87.08%	68.42%	-9.46%	-15.41%	0.00%	58.96%	0.00%	0.00
090001.OF	大成价值增长	2002/11/11	混合-灵活配置型	大成基金	57.99%	80.65%	74.71%	-16.72%	-13.72%	0.00%	57.99%	0.00%	0.00
180001.OF	银华优势企业	2002/11/13	混合-灵活配置型	银华基金	59.75%	94.77%	67.76%	-8.01%	-9.89%	0.00%	59.75%	0.00%	0.00
162202.OF	泰达宏利周期	2003/4/25	混合-积极配置型	泰达宏利基金	68.96%	79.99%	94.82%	-25.86%	-22.08%	0.00%	48.89%	0.00%	20.07
162203.OF	泰达宏利稳定	2003/4/25	混合-积极配置型	泰达宏利基金	65.13%	88.67%	78.45%	-13.32%	-15.02%	6.54%	58.59%	0.00%	0.00
162201.OF	泰达宏利成长	2003/4/25	混合-积极配置型	泰达宏利基金	87.53%	85.10%	95.00%	-7.47%	-3.97%	0.00%	79.87%	0.00%	7.66
217002.OF	招商安泰平衡	2003/4/28	混合-保守配置型	招商基金	39.98%	83.29%	46.03%	-6.05%	-7.04%	39.45%	0.00%	0.53%	0.00
217001.OF	招商安泰	2003/4/28	混合-积极配置型	招商基金	65.70%	89.42%	74.95%	-9.25%	-7.69%	0.00%	65.70%	0.00%	0.00
210001.OF	金鹰成份股优选	2003/6/16	混合-灵活配置型	金鹰基金	62.32%	68.98%	80.00%	-17.68%	-9.72%	48.54%	12.97%	0.00%	0.80
070002.OF	嘉实增长	2003/7/9	混合-积极配置型	嘉实基金	70.57%	89.93%	68.65%	1.92%	-4.66%	0.00%	70.57%	0.00%	0.00
070003.OF	嘉实稳健	2003/7/9	混合-积极配置型	嘉实基金	65.59%	85.79%	75.00%	-9.41%	-9.38%	49.21%	16.38%	0.00%	0.00
160603.OF	鹏华普天收益	2003/7/12	混合-积极配置型	鹏华基金	70.15%	93.84%	78.60%	-8.45%	-6.52%	0.00%	70.15%	0.00%	0.00
240002.OF	华宝宝康灵活	2003/7/15	混合-灵活配置型	华宝基金	53.12%	89.74%	75.00%	-21.88%	-21.02%	6.93%	46.18%	0.00%	0.00
240001.OF	华宝宝康消费品	2003/7/15	混合-积极配置型	华宝基金	52.33%	86.77%	75.00%	-22.67%	-22.24%	2.62%	45.13%	0.00%	4.58
151002.OF	银河收益	2003/8/4	混合-保守配置型	银河基金	28.02%	81.59%	30.00%	-1.98%	3.65%	4.47%	2.39%	0.66%	20.51
151001.OF	银河稳健	2003/8/4	混合-积极配置型	银河基金	75.00%	83.13%	75.00%	0.00%	0.48%	0.00%	62.44%	0.00%	12.56
253010.OF	国联安稳健	2003/8/8	混合-灵活配置型	国联安基金	57.76%	86.12%	67.38%	-9.61%	-12.00%	57.76%	0.00%	0.00%	0.00
519011.OF	海富通精选	2003/8/22	混合-积极配置型	海富通基金	62.47%	88.37%	79.62%	-17.15%	-15.72%	1.19%	45.12%	0.00%	16.16
002001.OF	华夏回报A	2003/9/5	混合-灵活配置型	华夏基金	57.74%	92.95%	60.94%	-3.21%	-4.22%	0.00%	57.74%	0.00%	0.00
161605.OF	融通蓝筹成长	2003/9/30	混合-灵活配置型	融通基金	60.40%	84.82%	72.69%	-12.29%	-16.57%	2.59%	41.16%	0.00%	16.8

图 1-2-1　底层数据

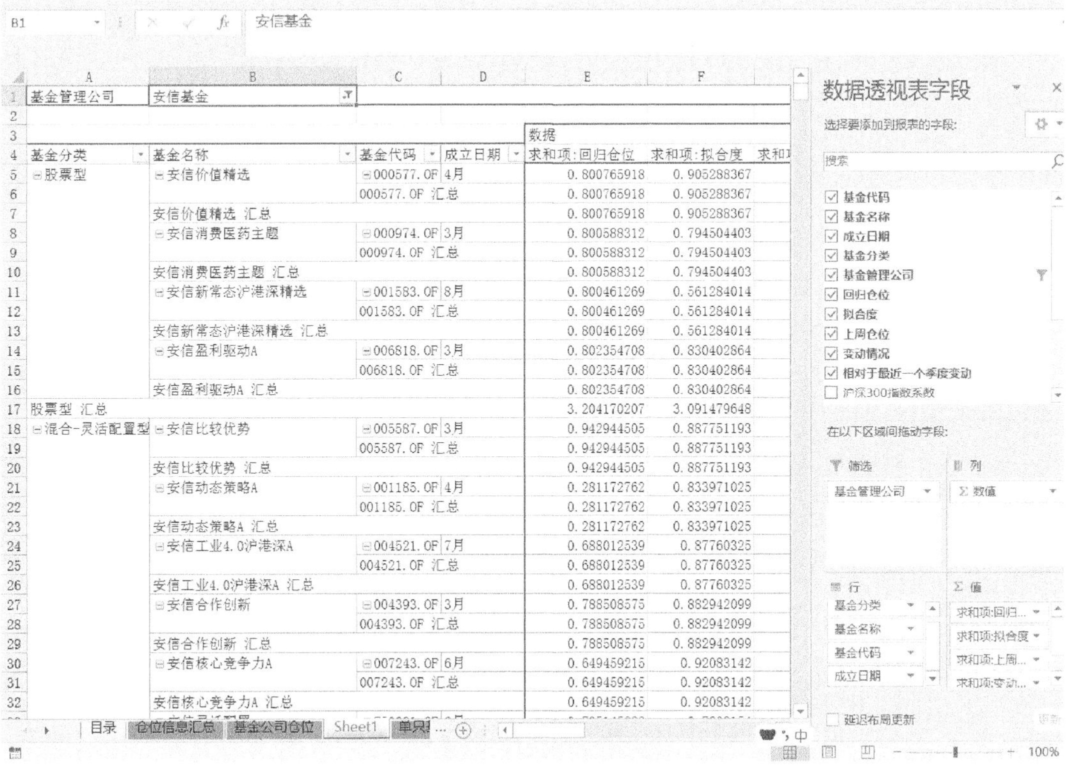

B1　安信基金

基金管理公司	安信基金				
				数据	
基金分类	基金名称	基金代码	成立日期	求和项:回归仓位	求和项:拟合度
股票型	安信价值精选	000577.OF	4月	0.800765918	0.905288367
		000577.OF 汇总		0.800765918	0.905288367
	安信价值精选 汇总			0.800765918	0.905288367
	安信消费医药主题	000974.OF	3月	0.800588312	0.794504403
		000974.OF 汇总		0.800588312	0.794504403
	安信消费医药主题 汇总			0.800588312	0.794504403
	安信新常态沪港深精选	001583.OF	8月	0.800461269	0.561284014
		001583.OF 汇总		0.800461269	0.561284014
	安信新常态沪港深精选 汇总			0.800461269	0.561284014
	安信盈利驱动A	006818.OF	3月	0.802354708	0.830402864
		006818.OF 汇总		0.802354708	0.830402864
	安信盈利驱动A 汇总			0.802354708	0.830402864
股票型 汇总				3.204170207	3.091479648
混合-灵活配置型	安信比较优势	005587.OF	3月	0.942944505	0.887751193
		005587.OF 汇总		0.942944505	0.887751193
	安信比较优势 汇总			0.942944505	0.887751193
	安信动态策略A	001185.OF	4月	0.281172762	0.833971025
		001185.OF 汇总		0.281172762	0.833971025
	安信动态策略A 汇总			0.281172762	0.833971025
	安信工业4.0沪港深A	004521.OF	7月	0.688012539	0.87760325
		004521.OF 汇总		0.688012539	0.87760325
	安信工业4.0沪港深A 汇总			0.688012539	0.87760325
	安信合作创新	004393.OF	3月	0.788508575	0.882942099
		004393.OF 汇总		0.788508575	0.882942099
	安信合作创新 汇总			0.788508575	0.882942099
	安信核心竞争力A	007243.OF	6月	0.649459215	0.92083142
		007243.OF 汇总		0.649459215	0.92083142
	安信核心竞争力A 汇总			0.649459215	0.92083142

图 1-2-2　数据透视表

在"数据透视表字段列表"面板中,上部方框内显示的是数据源表中的所有字段,下方的四个小方框分别显示为筛选区、行标签区、列标签区和数值区。上部方框内的任何字段都可以被拖曳至下方的四个小方框内,Excel 会根据行标签区、列标签区内的字段生成行列结构的数据透视表,并根据指定的汇总方式(如计数、求和)对数值区的字段汇总处理。数据透视表的交互性就体现在这里,只要设定数据源表,就可以在这里随意定制需要的表格。

二、数据透视表的制作

(1) 选中数据的区域 A4:N2420。

(2) 在"插入"选项卡下单击"数据透视表"图标,弹出"创建数据透视表"对话框(见图 1-2-3、图 1-2-4)。

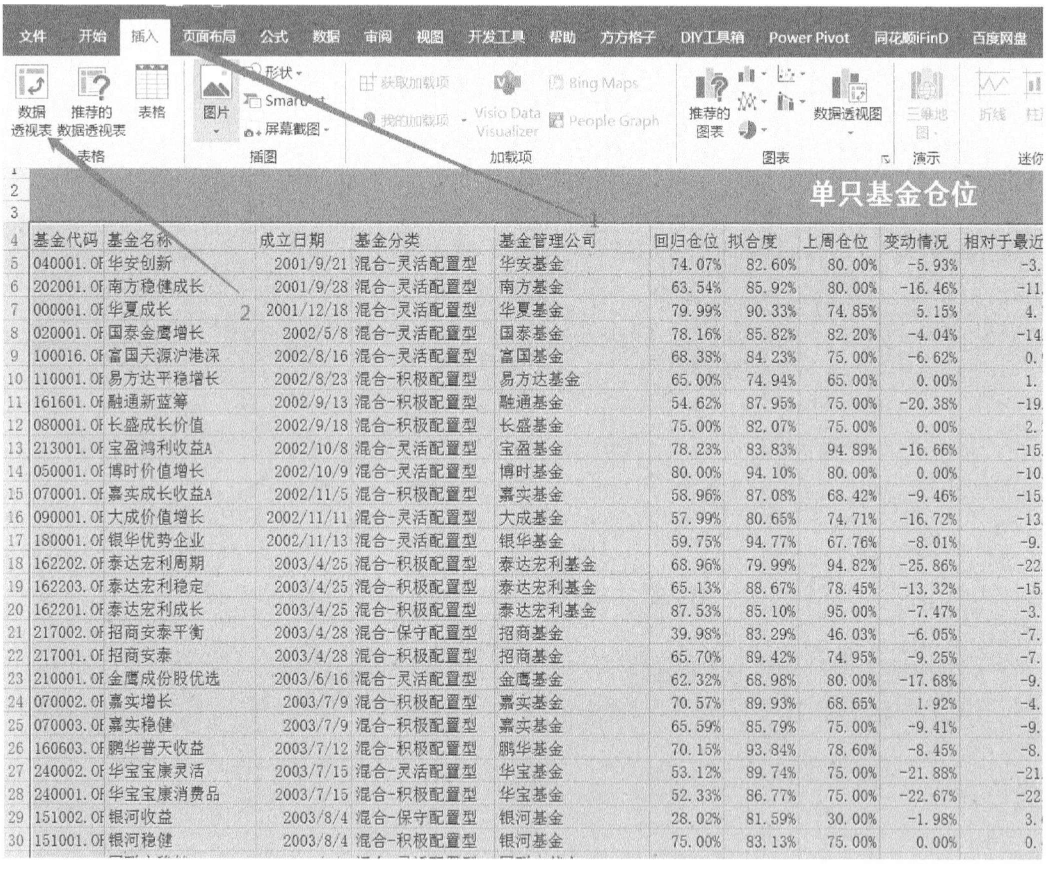

图 1-2-3 创建数据透视表(1)

此时,"表/区域(I)"编辑框中自动显示当前选中的数据区,即为数据透视表的数据源。"新工作表"选项意为在一个新的工作表中创建数据透视表,"现有工作表"选项意为在数据源所在的工作表中创建数据透视表。

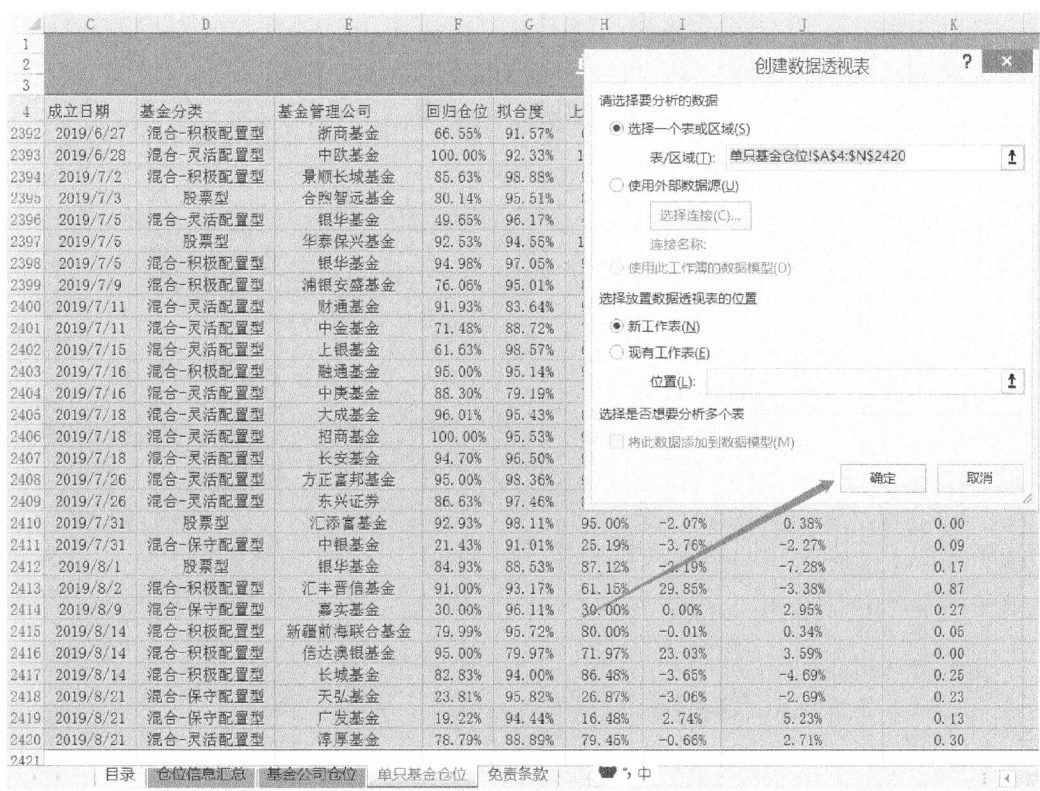

图 1-2-4　创建数据透视表(2)

(3) 单击"确定",此时系统生成一个数据透视表页面(见图 1-2-5)。

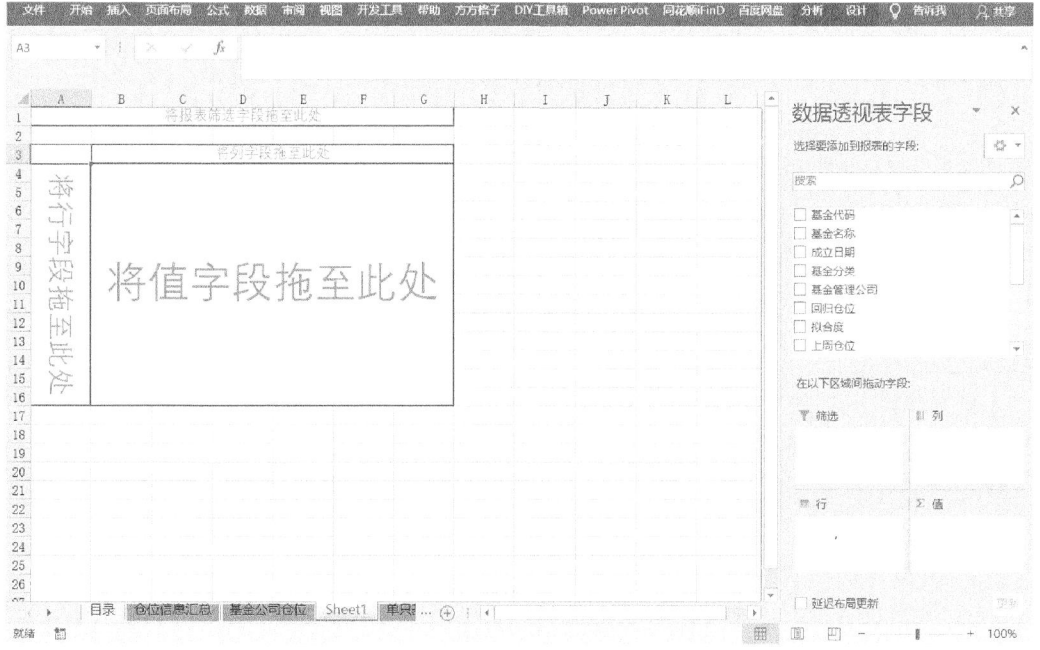

图 1-2-5　生成数据透视表(1)

在右侧面板中,将"基金管理公司"字段拖至筛选区,将"基金名称"字段拖至行标签区,将"回归仓位"和"拟合度""上周仓位""变动情况""相对于最近一个季度变动"字段依次拖入数值区。这样,一个数据透视表就生成了(见图1-2-6)。

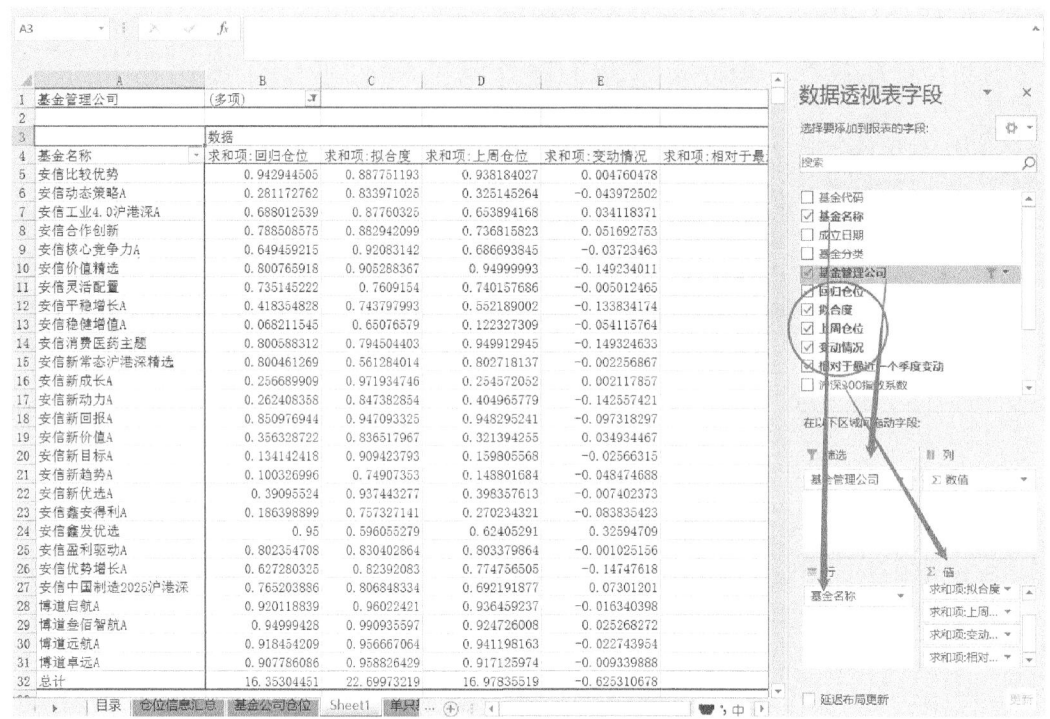

图1-2-6　生成数据透视表(2)

单击B1单元格中的下拉箭头,可以筛选数据透视表中想要展现的基金管理公司,可展现某一个公司或某几个公司,也可以全部展示。

对于拖入数值区的字段,如果字段为文本型数据,则生成数据透视表时会自动对该字段进行计数;如果字段为数值型数据,则生成数据透视表时会自动对该字段进行求和。数值型数据除求和外也可以进行计数。

这样,只需要简单的几个步骤,我们就得到了一个各基金公司名下基金的各种信息,如果想要看指定分类基金的信息(如广发基金),只需在B2单元格下拉菜单中选择相应选项即可(见图1-2-7)。

数据透视表最常用的处理功能为计数和求和。除此以外,我们还可以对数值区字段进行求平均值、最大值、最小值,甚至方差、标准偏差等统计处理。可以在透视表中的数据所在列的任意位置右击在弹出的快捷菜单中选择"数据汇总依据→平均值"命令即可。如需其他处理,请在"其他选项"中选择(见图1-2-8)。

此时,数据透视表中"回归仓位"的求和项变成了平均值项(见图1-2-9)。

另外,数据透视表还可以对结果进行排序、设置数字及单元格格式等操作,读者可尝试操作。

	A	B	C	D	E
1	基金管理公司	广发基金			
2					
3		数据			
4	基金名称	求和项:回归仓位	求和项:拟合度	求和项:上周仓位	求和项:变动情况	求和项:相对于
5	广发安宏回报A	0.287685773	0.956457251	0.413465968	-0.125780195
6	广发安享A	0.138578961	0.947141241	0.153730989	-0.015152028
7	广发安盈	0.224854301	0.99150336	0.219215952	0.005638349
8	广发安悦回报	0.134853257	0.988663886	0.141717314	-0.006864056
9	广发百发大数据A	0.9499975	0.970842188	0.949999326	-1.82602E-06
10	广发百发大数据策略成长A	0.95	0.927164426	0.949999833	1.67266E-07
11	广发百发大数据策略价值A	0.949999998	0.938709362	0.941870228	0.00812977
12	广发策略优选	0.7136923	0.806610312	0.949997915	-0.236305615
13	广发成长优选	0.251770737	0.910352733	0.325278069	-0.073507332
14	广发创新驱动	0.443317249	0.877849616	0.494891633	-0.051574384
15	广发创新升级	0.943434789	0.908513761	0.949999989	-0.0065652
16	广发大盘成长	0.84072098	0.949203763	0.949999928	-0.109278948
17	广发电子信息传媒产业精选A	0.949999999	0.957594056	0.949999294	7.05688E-07
18	广发东财大数据精选	0.363583662	0.967968881	0.327654061	0.035929602
19	广发多策略	0.653074791	0.826690427	0.666846157	-0.013771366
20	广发多元新兴	0.935051444	0.977863866	0.949999962	-0.014948517
21	广发改革先锋	0.949999666	0.880176265	0.949999988	-3.21221E-07
22	广发港股通优质增长	0.843367204	0.967787217	0.675278917	0.168088287
23	广发高端制造A	0.949999984	0.884881672	0.803485245	0.146514739
24	广发估值优势	0.949998326	0.973696373	0.949999997	-1.67095E-06
25	广发行业领先A	0.656271886	0.809257709	0.815576912	-0.159305026
26	广发核心精选	0.644703094	0.79817715	0.798085974	-0.15338288
27	广发沪港深行业龙头	0.664827361	0.975286562	0.716853998	-0.052026636
28	广发沪港深新机遇	0.801611337	0.966679711	0.809483739	-0.007872401
29	广发沪港深新起点A	0.877974222	0.979445137	0.848963276	0.029010946
30	广发价值回报A	0.223466416	0.962109636	0.213265808	0.010200607
31	广发竞争优势	0.780322968	0.937972006	0.949999611	-0.169676663
32	广发聚安	0.18285126	0.805058236	0.238866573	-0.056015313

图 1-2-7 指定分类

图 1-2-8 数据汇总

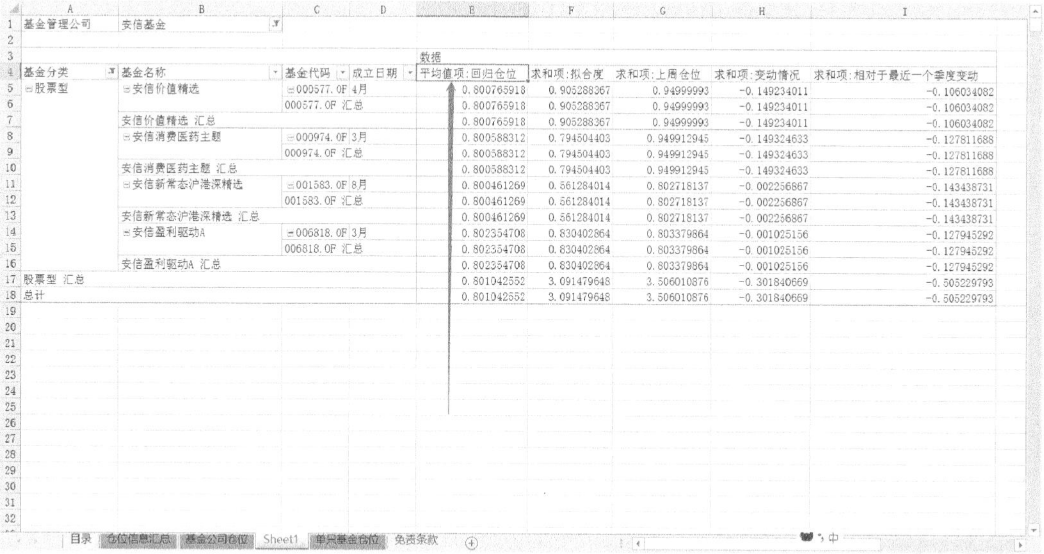

图 1-2-9　数据汇总结算

三、利用数据透视表提取记录

数据透视表有一个非常棒的功能,即数据记录的瞬间提取——通过双击数值瞬间提取数值所指向的数据记录。

如在图 1-2-9 中,我们想要看到所有安信基金公司的股票型基金具体信息时,我们不需要返回数据源表中查找,只要在数值所在单元格(即 E17)双击,安信基金的股票型基金信息就自动在一张新的工作表里生成(见图 1-2-10)。

图 1-2-10　数据记录提取

四、利用数据透视表进行分页

在图 1-2-9 中,由于筛选区选择的是安信基金公司,因此数据透视表中显示的数据为安信基金公司基金的信息。当我们想要看任何一个基金公司的所发基金信息时,每次都需要在筛选区进行选择。那么,有没有办法像图 1-2-9 那样,让每个基金公司的基金信息都独立成一张表来显示呢?

第一章 Excel 基础知识

这需要用到数据透视表的分页功能。以下是具体操作步骤。

（1）在数据透视表任意位置单击，此时在 Excel 操作界面上方出现"数据透视表工具"标签（见图 1-2-11）。

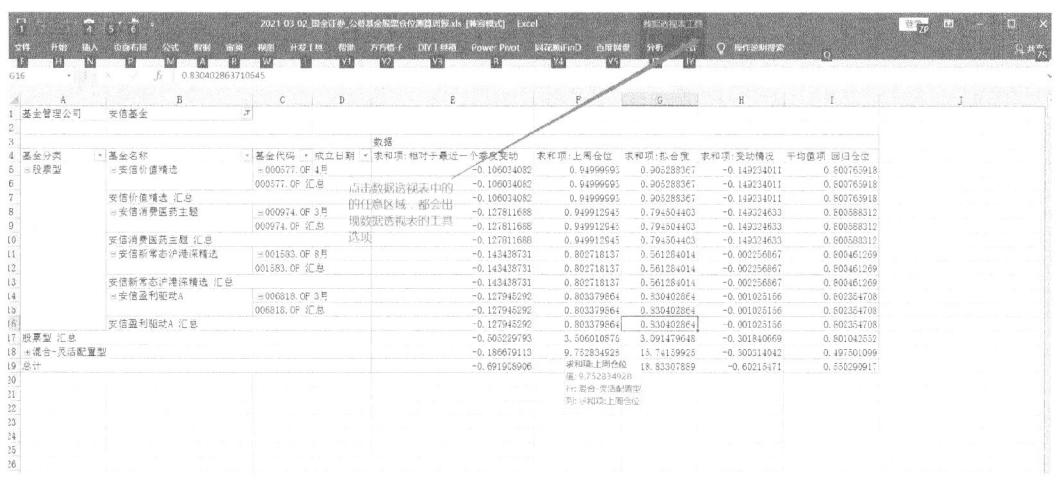

图 1-2-11　分页功能(1)

（2）单击"数据透视表工具"标签，在左侧"选项"下拉菜单中选择"显示报表筛选页"选项（见图 1-2-12）。

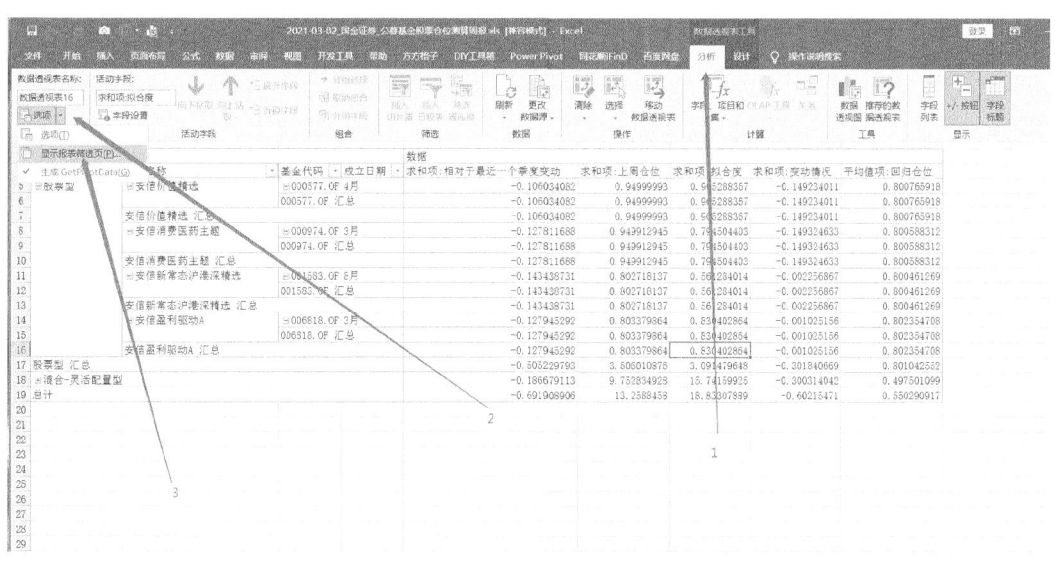

图 1-2-12　分页功能(2)

（3）此时，会弹出"显示报表筛选页"对话框（见图 1-2-13）。单击"确定"，此时，Excel 会动生成多张以基金公司命名的数据透视表（见图 1-2-14）。每张表实际上都是一张以本省份为筛选项的数据透视表，结构与图 1-2-9 完全相同。

23

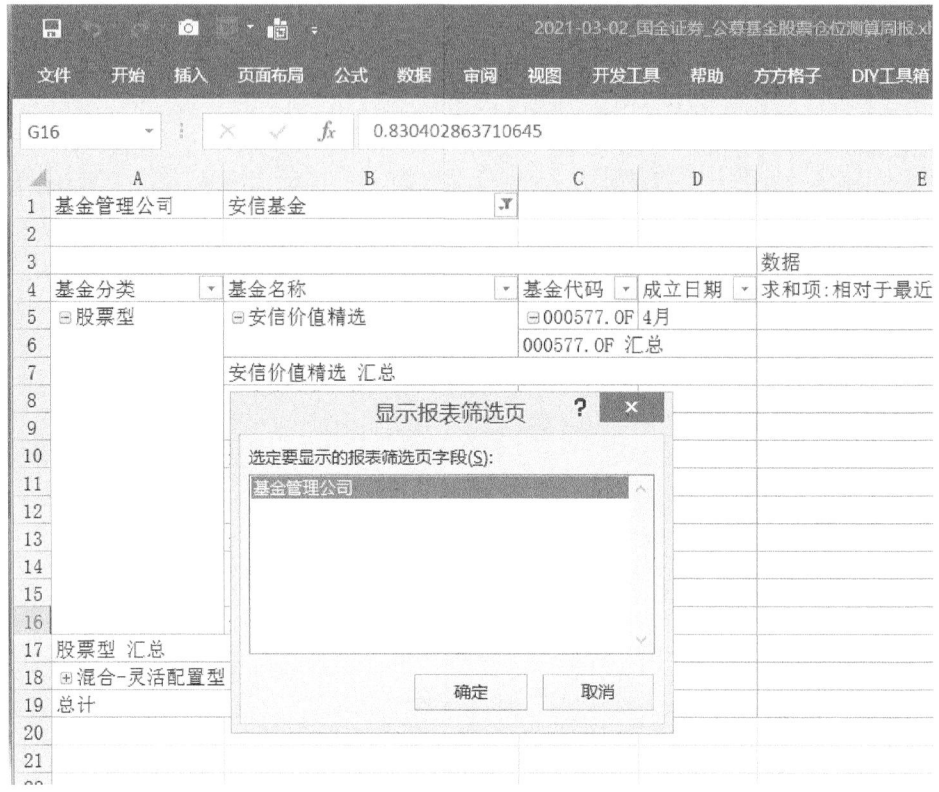

图 1-2-13 分页功能(3)

分页显示功能可用于数据的分发,尤其是对于有众多分支机构的企业或组织,使用数据透视表可以快速实现分支机构数据的提取。

图 1-2-14 分页功能(4)

第三节 Excel 快速分析工具

一、快速分析

从 Excel 2013 开始,Office 提供了一个非常强大的工具——快速分析,帮助我们进行常见的数据分析。在菜单栏的文件-选项,将图 1-3-1 中的画圈的"选择时显示快速分析选项"打勾。

图 1-3-1　快速分析(1)

按住鼠标左键选定相应区域,放开后在右下方就会出现一个快速分析的图标(见图 1-3-2)。

打开快速分析的另一个方法是选定相关区域后,按"Ctrl+Q",也可以出现快速分析的内容(见图 1-3-3)。

图 1-3-2　快速分析(2)

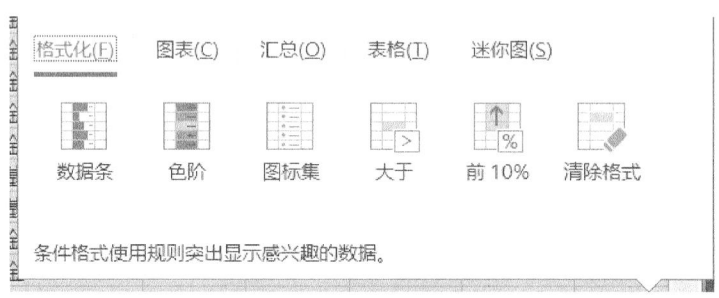

图 1-3-3　快速分析(3)

二、格式化

(1) 点击图 1-3-3 中的数据条图标,在选定的区域中,数字部分的单元格就会以红色或蓝色的横向条幅表现(见图 1-3-4)。

(2) 色阶:通过颜色刻度作为一种直观的提示,可以帮助用户了解数据的分布和数据的变化。刻度使用两种颜色的深浅程序来帮助用户比较某个区域的单元格,颜色的深浅表示值的高低(见图 1-3-5)。

第一章 Excel基础知识

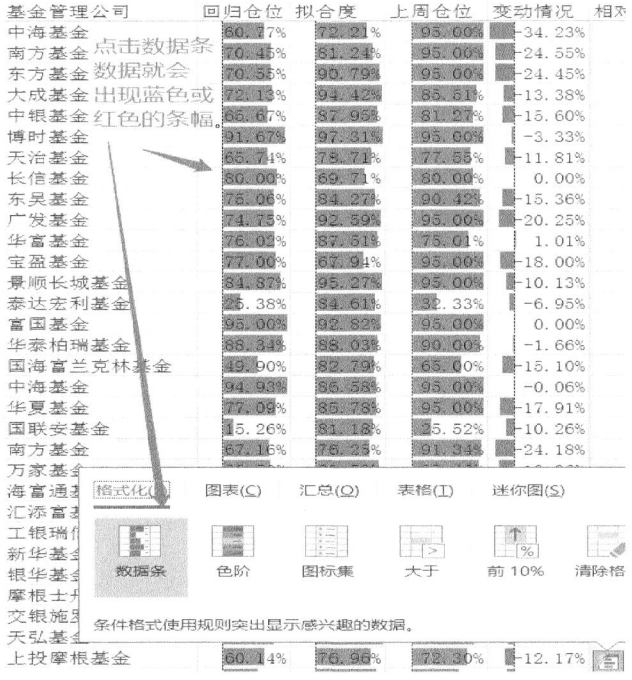

图1-3-4 数据条

图1-3-5 色阶

(3) 图标集:图标集可以使数据可视化(如图 1-3-6 所示)。

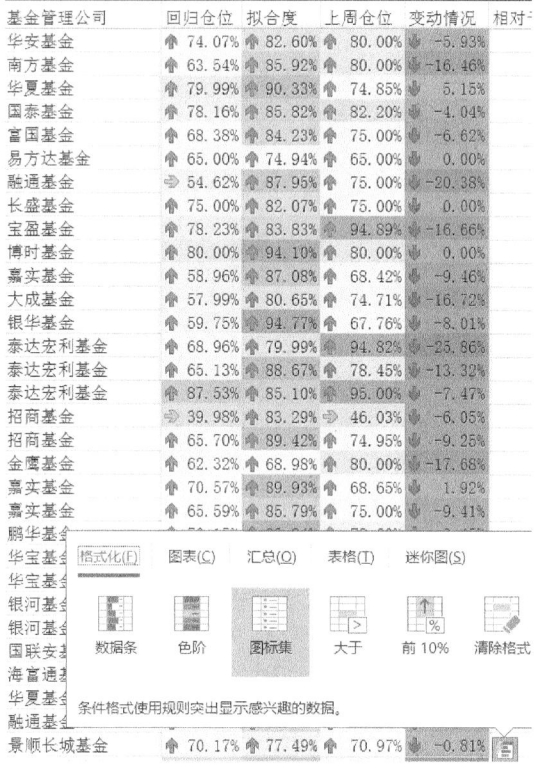

图 1-3-6　图标集

(4) 调整数据条、色阶和图标集的条件格式。

上述 3 个格式化内容的表现形式可以自己调整,在菜单栏里打开"开始—条件格式",就显示这 3 个格式化内容调试的参数,图 1-3-7 是数据条的调整,鼠标放在相应图标上面,就可以进行渐变填充或实心填充,颜色也随之改变。

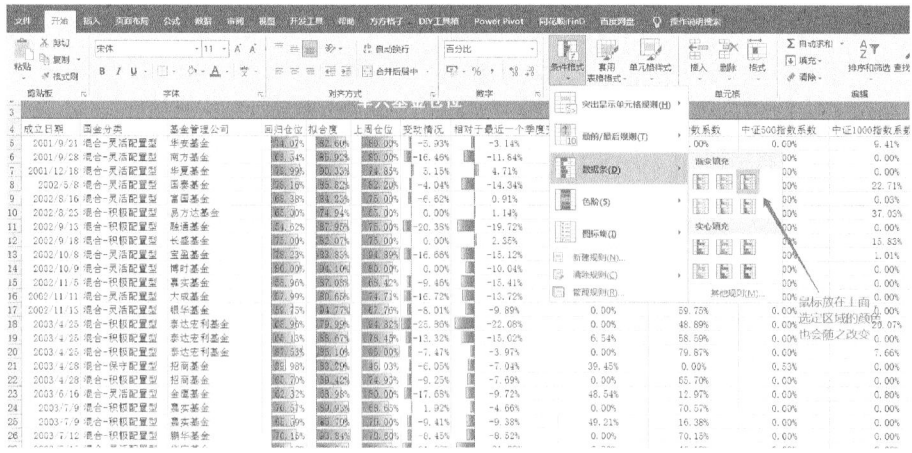

图 1-3-7　数据条调整

图 1-3-8 是色阶的参数调整,鼠标放在相应图标上面,色阶的颜色也会改变。

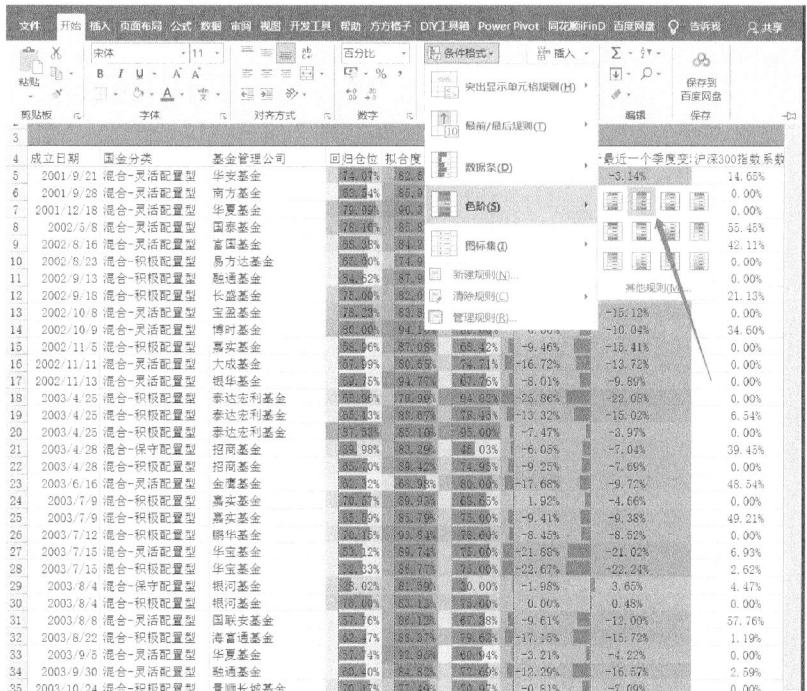

图 1-3-8　色阶参数调整

还可以根据数据的内容选择其他图标集图标(见图 1-3-9)。

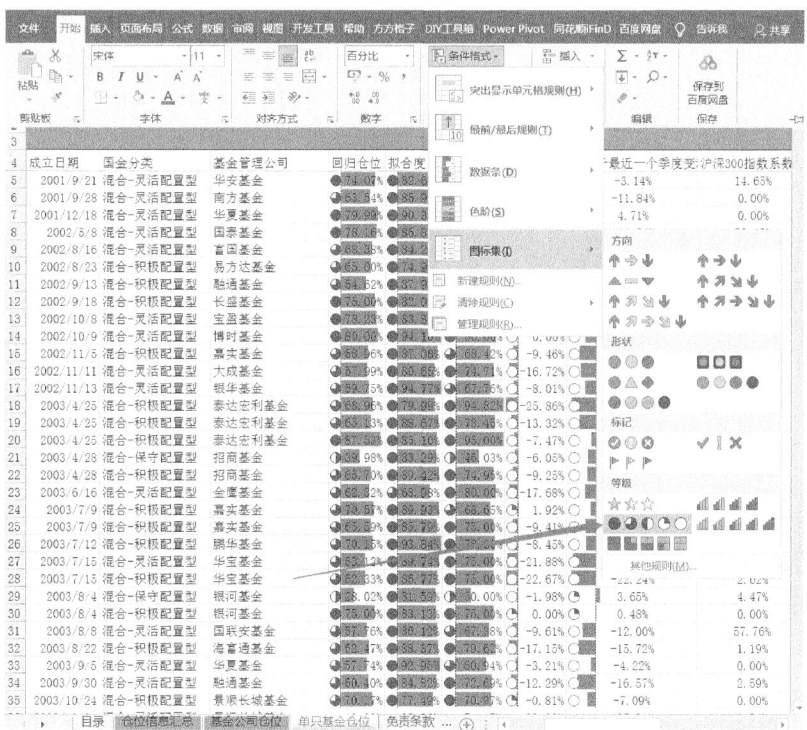

图 1-3-9　图标选择

(5) 特别标注大于某一个临界点的所有数据(见图 1-3-10、图 1-3-11)。

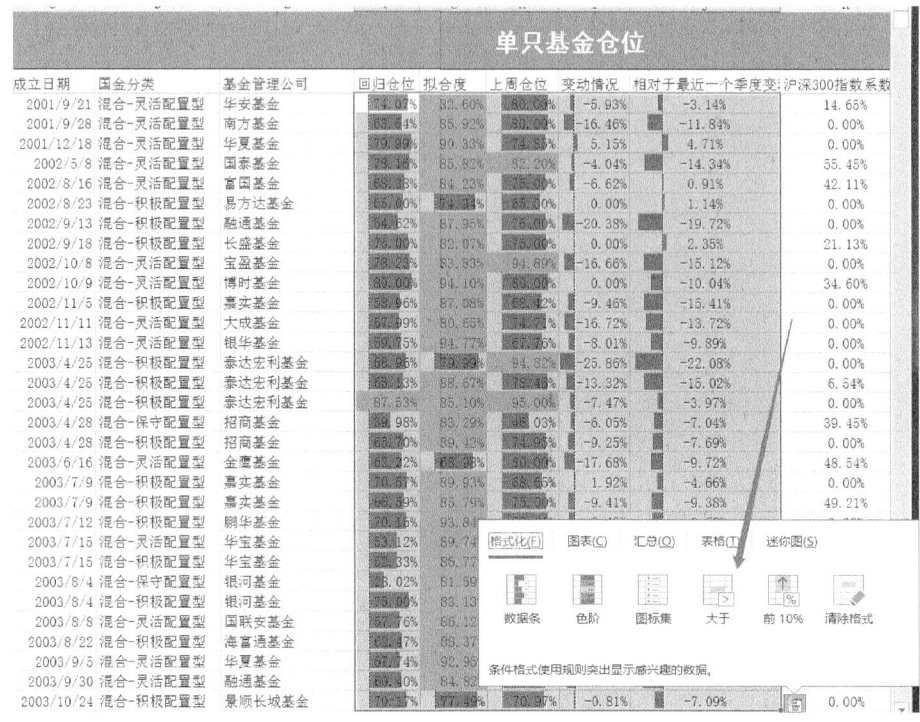

图 1-3-10　标注临界点数据(1)

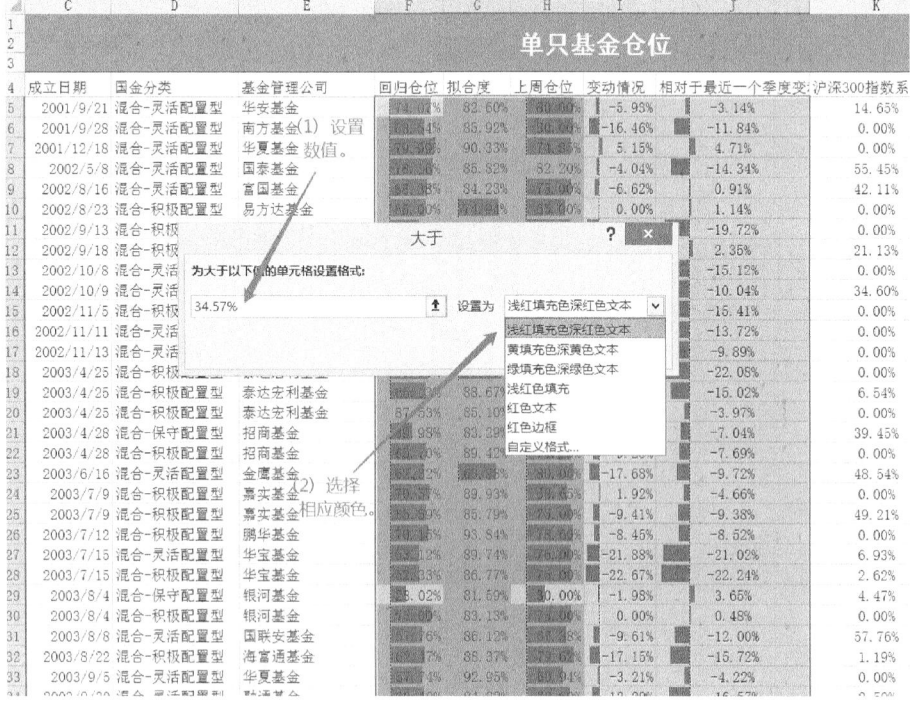

图 1-3-11　标注临界点数据(2)

三、图表

根据数据,可以快速制作各种图表。选定相应的单元格区域,点击右下方的图标或同时按"Ctrl+Q",并点击"图表",出现图 1-3-12。

图 1-3-12 制作图表

将鼠标放在对应的图表上,分别出现图 1-3-13 和图 1-3-14 的情形,点击图形,就出现图 1-3-15。

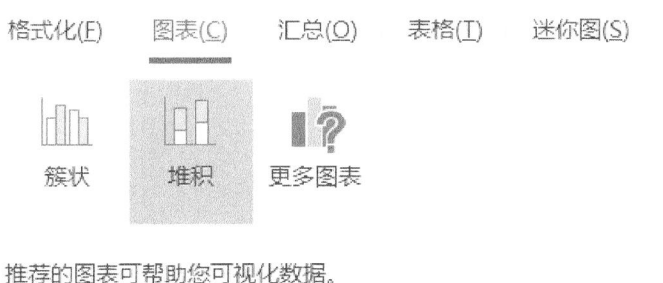

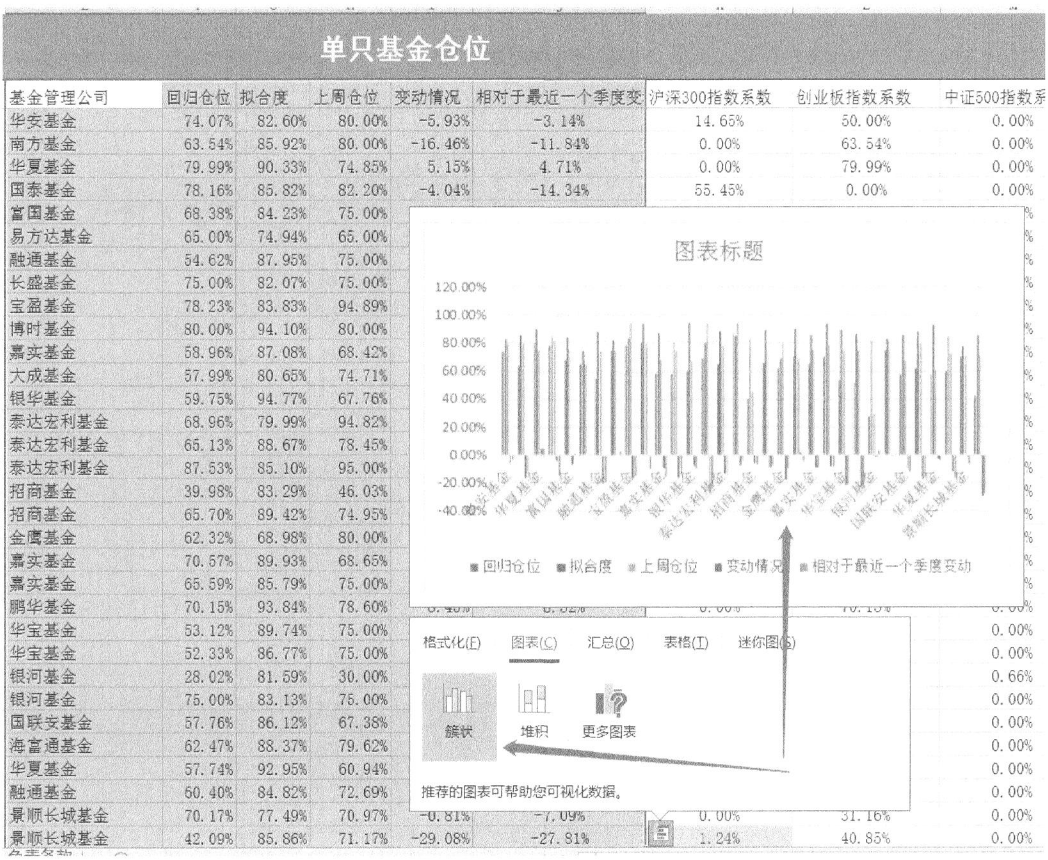

图 1-3-13 簇状图表

Excel 与金融实验

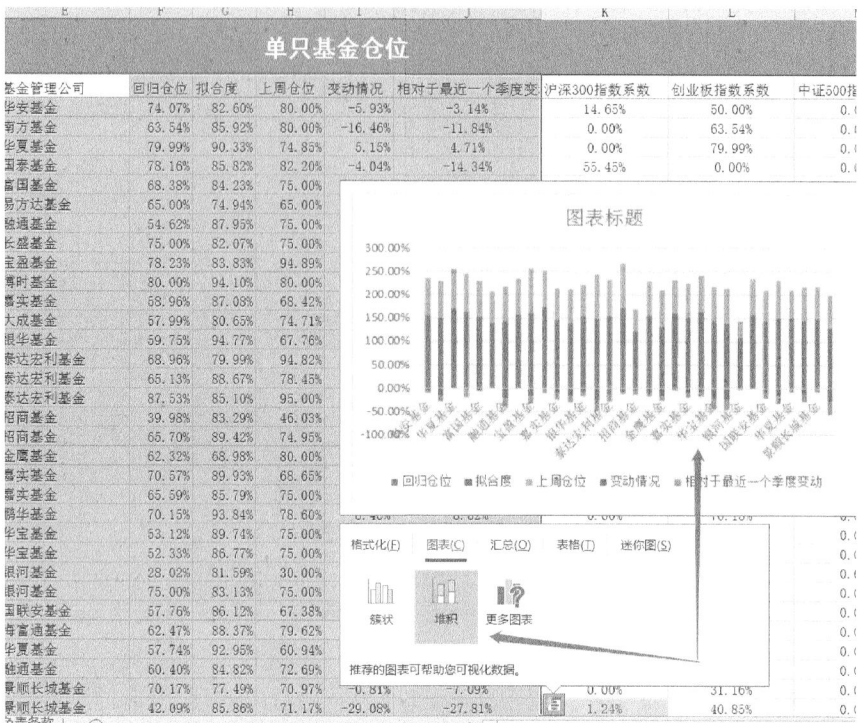

图 1-3-14 堆积图表

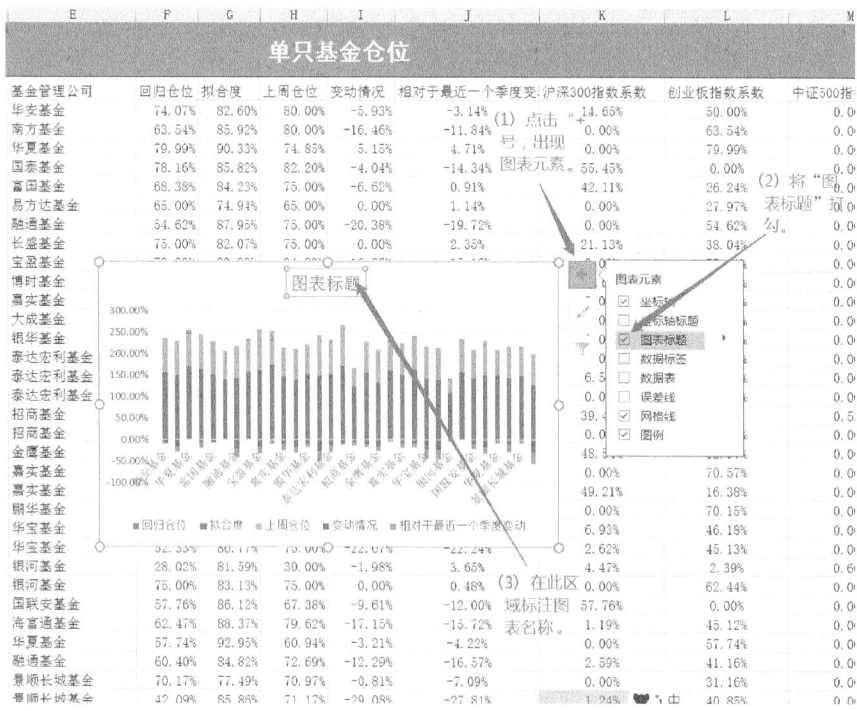

图 1-3-15 图表设置(1)

除了推荐的这两种图表之外,还可以选择更多的图表(见图 1-3-16)。

图 1-3-16　更多图表

如图 1-3-17 所示,选择相应图表,进行设置。

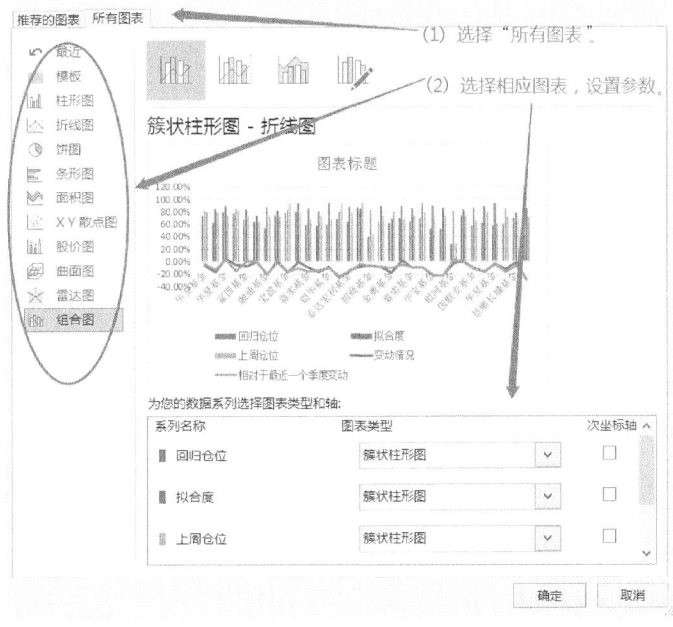

图 1-3-17　图表设置(2)

四、汇总

汇总是对选定数据进行相应的统计分析(见图 1-3-18、图 1-3-19)。前五个在表格下面显示统计结果,后五个在右侧显示统计结果。

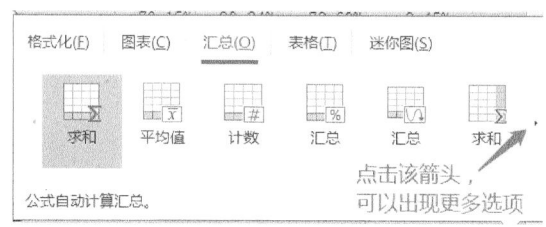

图 1-3-18　汇总(1)

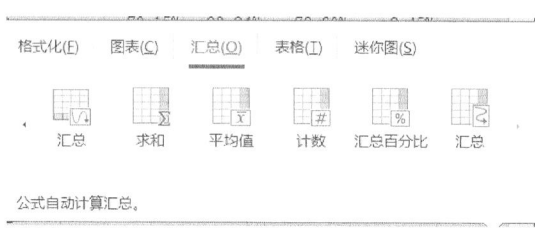

图 1-3-19　汇总(2)

五、表格

"表格"功能可以生成各种选定项目的表格和数据透视表(见图 1-3-20)。

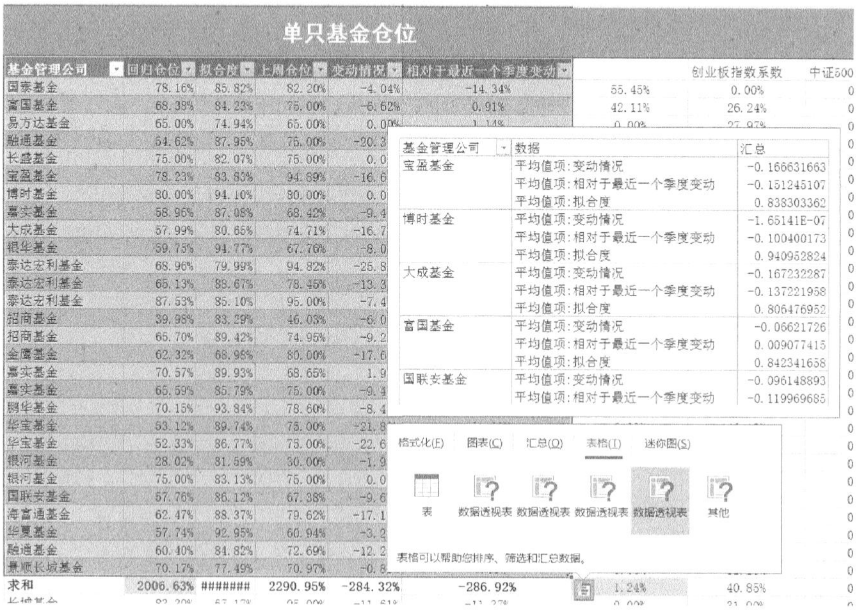

图 1-3-20　表格生成

六、迷你图

迷你图是单个工作表单元格内的微型图表,可用于直观地表示和显示数据趋势。迷你图可以通过不同颜色吸引对重要项目(如季节性变化或经济周期)的注意,并突出显示最大和最小值。显示工作表数据的趋势非常有用,特别是当与其他人共享数据时。快速分析中迷你图的设置如图 1-3-21 所示。图 1-3-22、1-3-23、1-3-24 分别显示了折线图、柱形图和盈亏图。

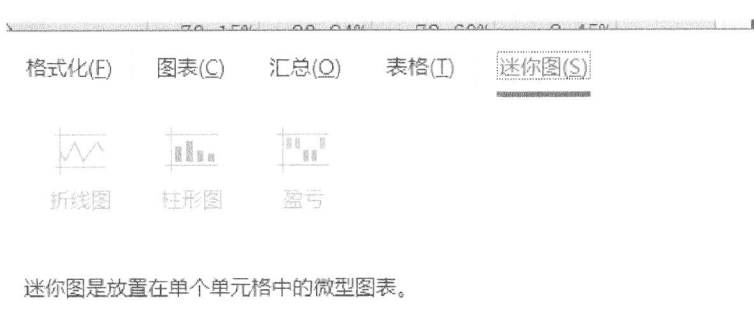

图 1-3-21　迷你图

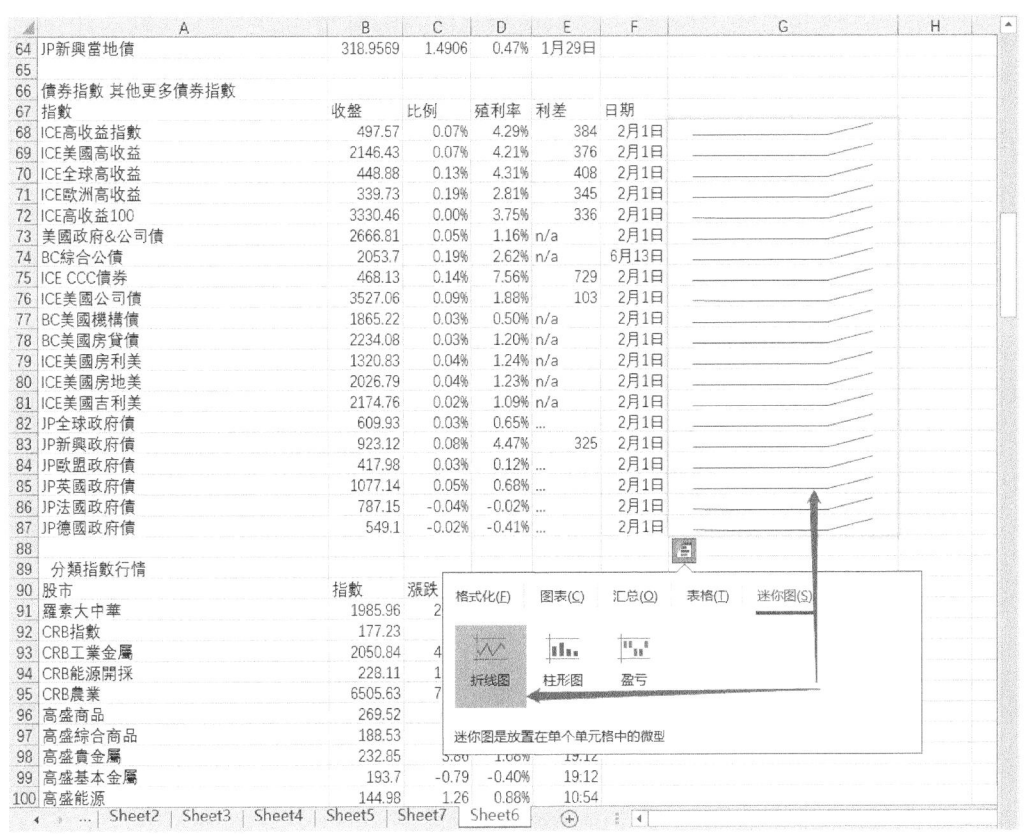

图 1-3-22　折线图

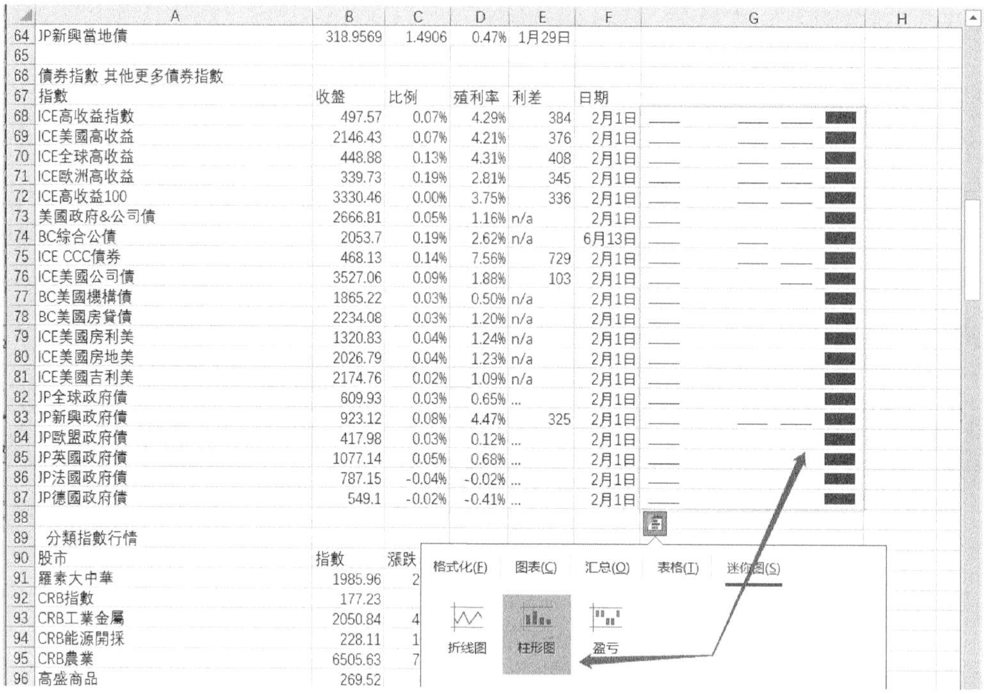

	A	B	C	D	E	F
64	JP新興當地債	318.9569	1.4906	0.47%	1月29日	
65						
66	債券指數 其他更多債券指數					
67	指數	收盤	比例	殖利率	利差	日期
68	ICE高收益指數	497.57	0.07%	4.29%	384	2月1日
69	ICE美國高收益	2146.43	0.07%	4.21%	376	2月1日
70	ICE全球高收益	448.88	0.13%	4.31%	408	2月1日
71	ICE歐洲高收益	339.73	0.19%	2.81%	345	2月1日
72	ICE高收益100	3330.46	0.00%	3.75%	336	2月1日
73	美國政府&公司債	2666.81	0.05%	1.16%	n/a	2月1日
74	BC綜合公債	2053.7	0.19%	2.62%	n/a	6月13日
75	ICE CCC債券	468.13	0.14%	7.56%	729	2月1日
76	ICE美國公司債	3527.06	0.09%	1.88%	103	2月1日
77	BC美國機構債	1865.22	0.03%	0.50%	n/a	2月1日
78	BC美國房貸債	2234.08	0.03%	1.20%	n/a	2月1日
79	ICE美國房利美	1320.83	0.04%	1.24%	n/a	2月1日
80	ICE美國房地美	2026.79	0.04%	1.23%	n/a	2月1日
81	ICE美國吉利美	2174.76	0.02%	1.09%	n/a	2月1日
82	JP全球政府債	609.93	0.03%	0.65%	...	2月1日
83	JP新興政府債	923.12	0.08%	4.47%	325	2月1日
84	JP歐盟政府債	417.98	0.03%	0.12%	...	2月1日
85	JP英國政府債	1077.14	0.05%	0.68%	...	2月1日
86	JP法國政府債	787.15	-0.04%	-0.02%	...	2月1日
87	JP德國政府債	549.1	-0.02%	-0.41%	...	2月1日
88						
89	分類指數行情					
90	股市	指數	漲跌			
91	羅素大中華	1985.96	2			
92	CRB指數	177.23				
93	CRB工業金屬	2050.84	4			
94	CRB能源開採	228.11	1			
95	CRB農業	6505.63	7			
96	高盛商品	269.52				

图 1-3-23 柱形图

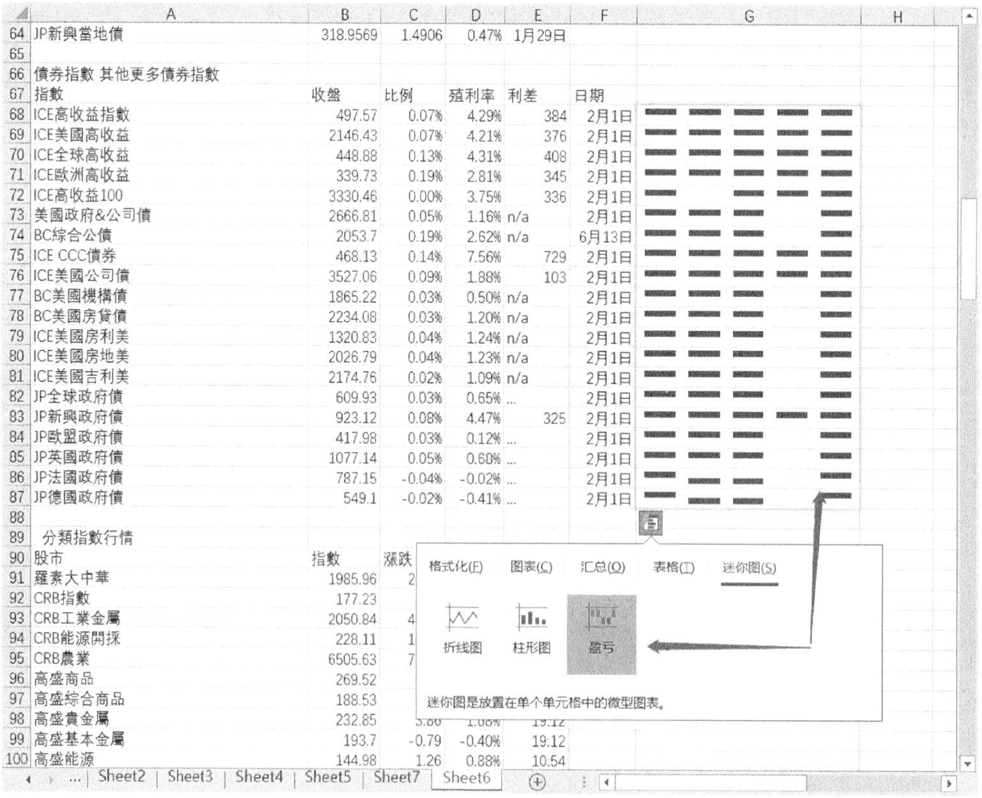

	A	B	C	D	E	F
64	JP新興當地債	318.9569	1.4906	0.47%	1月29日	
65						
66	債券指數 其他更多債券指數					
67	指數	收盤	比例	殖利率	利差	日期
68	ICE高收益指數	497.57	0.07%	4.29%	384	2月1日
69	ICE美國高收益	2146.43	0.07%	4.21%	376	2月1日
70	ICE全球高收益	448.88	0.13%	4.31%	408	2月1日
71	ICE歐洲高收益	339.73	0.19%	2.81%	345	2月1日
72	ICE高收益100	3330.46	0.00%	3.75%	336	2月1日
73	美國政府&公司債	2666.81	0.05%	1.16%	n/a	2月1日
74	BC綜合公債	2053.7	0.19%	2.62%	n/a	6月13日
75	ICE CCC債券	468.13	0.14%	7.56%	729	2月1日
76	ICE美國公司債	3527.06	0.09%	1.88%	103	2月1日
77	BC美國機構債	1865.22	0.03%	0.50%	n/a	2月1日
78	BC美國房貸債	2234.08	0.03%	1.20%	n/a	2月1日
79	ICE美國房利美	1320.83	0.04%	1.24%	n/a	2月1日
80	ICE美國房地美	2026.79	0.04%	1.23%	n/a	2月1日
81	ICE美國吉利美	2174.76	0.02%	1.09%	n/a	2月1日
82	JP全球政府債	609.93	0.03%	0.65%	...	2月1日
83	JP新興政府債	923.12	0.08%	4.47%	325	2月1日
84	JP歐盟政府債	417.98	0.03%	0.12%	...	2月1日
85	JP英國政府債	1077.14	0.05%	0.68%	...	2月1日
86	JP法國政府債	787.15	-0.04%	-0.02%	...	2月1日
87	JP德國政府債	549.1	-0.02%	-0.41%	...	2月1日
88						
89	分類指數行情					
90	股市	指數	漲跌			
91	羅素大中華	1985.96	2			
92	CRB指數	177.23				
93	CRB工業金屬	2050.84	4			
94	CRB能源開採	228.11	1			
95	CRB農業	6505.63	7			
96	高盛商品	269.52				
97	高盛綜合商品	188.53				
98	高盛貴金屬	232.85	3.80	1.08%	19.12	
99	高盛基本金屬	193.7	-0.79	-0.40%	19.12	
100	高盛能源	144.98	1.26	0.88%	10.54	

图 1-3-24 盈亏图

练习题

1. 股票模拟交易比赛规定:收益率超过10%给予奖金2 000元,否则是1 000元。如果参赛选手有八位,请编写函数统计共需发放多少奖金。

2. 请利用VLOOKUP函数建立一个导入上市公司年报数据,自动计算各项财务指标的报表。

第二章 货币时间价值

金融学中有很多模型分析、模型优化和决策都涉及大量的运算，非常繁杂。Excel 为我们提供了解决此类问题的非常有效的方法。

货币时间价值是金融计算的基础，金融学的很多理论、方法和模型都是建立在货币时间价值基础上的，如银行贷款、债券定价、股票定价、保险、资本预算、投资项目可行性研究和金融理财等。

本章在货币时间价值及其等值运算中，除了介绍现值、终值和年金的相互换算外，还将介绍特殊年金、有限期和无限期递增、递减模型。

第一节 货币时间价值：现值和终值

货币时间价值是公司金融最基本的理论基础。货币时间价值揭示了金额相同的货币在不同的时点上具有不同的价值。

一、货币时间价值的概念

由于利息的存在，一定量的货币在不同的时点上具有不同的价值。我们将货币资金在周转使用中由于时间因素形成的价值差额，称为货币的时间价值。货币的时间价值来源于金融学上的利息理论。

二、现值与终值

现值（present value）是指一笔货币在现在这个时点上的价值，本书用字母 P 来表示现值。终值（final value），也称将来值（future value），是指一笔货币在将来的某个时点上的价值，本书用字母 F 来表示将来值（终值）。由于货币时间价值的存在，不同时点上的货币金额是不能够直接比较大小的，更不能直接相加减。要使在不同时点上的货币金额能够相互比较大小，必须首先将他们折算到同一时点上。理论上，将他们折算到过去、现在、将来的任意一个时点上都可以比较大小，但是通常为了简便和易于理解，大都折算到现在，即比较现值的大小。

对于一笔确定金额的货币，它的现值等于其将来值减除这段时间产生的利息；其将来值等于现值加上这段时间产生的利息。

利息的计算有两种方式，即单利计息和复利计息。在单利计息方式下，本金产生利息，但是利息并不再产生利息；在复利计息方式下，不仅本金产生利息，而且前期的利息要并入本金一起计算后期的利息,即通常所说的"利滚利"(interest-on-interest)。没有特别的说明,货币的时间价值都是按照复利计息的方式进行计算的。

(一) 单利计息

在单利计息方式下,本金产生利息,但是利息并不再产生利息。

单利的利息和终值计算公式为:

$$I = P \times n \times r$$
$$F = P \times (1 + n \times r)$$

式中:I —— 利息;

F —— 终值;

P —— 现值;

n —— 期数;

r —— 利息率。

由单利的终值计算公式可得单利的现值计算公式为:

$$P = \frac{F}{1 + n \times r}$$

公式中各字母的含义同上。

【例 2-1-1】 假设某人将于 3 年后支付 10 000 元,银行存款条件为:3 年期定期存款的年利息率为 10%,按单利计息。他现在需将多少钱存入银行,到期才能够得到 10 000 元本息呢?

解:

$$P = \frac{F}{1 + n \times r} = \frac{10\,000}{1 + 3 \times 10\%} \approx 7\,692.31(元)$$

	F	G	H
F		10000	
i		0.1	
n		3	
P		7692.31	=G2/(1+G3*3)

图 2-1-1 单利现值计算函数和公式

因此,他现在只需要将 7 692.31 元存入银行,3 年以后便可以得到 10 000 元本息和用于支付。

(二) 复利计息

在复利计息方式下,不仅本金产生利息,前期的利息要并入本金一起计算后期的利息。没有特别说明,货币的时间价值都是按照复利计息的方式进行计算的。

由此可见,复利的终值计算公式为:

$$F = P \times (1 + r)^n$$

$$I = P \times [(1+r)^n - 1]$$

式中：F ——终值；

P ——现值；

n ——期数；

r ——利息率；

I ——利息。

由复利的终值计算公式可得复利的现值计算公式为：

$$P = \frac{F}{(1+r)^n}$$

公式中各字母的含义同上。

【例 2-1-2】 假设某人将于 3 年后支付 10 000 元,银行存款条件为:存期 3 年,年利息率为 10%,复利计息。他现在需将多少钱存入银行,到期才能够得到 10 000 元本息呢?

解：

$$P = \frac{F}{(1+r)^n} = \frac{10\,000}{(1+10\%)^3} \approx 7\,513.15(元)$$

	F	G	H
	F	10000	
	i	0.1	
	n	3	
	P	7513.15	=G2/(1+G3)^G4
		-7513.15	=PV(G3,G4,,G2)

图 2-1-2 复利现值计算函数和公式

因此,他现在需要存入银行 7 513.15 元,以便 3 年后得到 10 000 元本息和用于支付。

【例 2-1-3】 假设某人将 10 000 元存入银行,存期 10 年,年利息率为 10%,复利计息,到期能够得到多少本息和呢?

解：

$$F = P(1+r)^n = 10\,000 \times (1+10\%)^{10} \approx 25\,937.43(元)$$

	F	G	H
	P	10000	
	i	0.1	
	n	10	
	F	25937.424601	=G2*(1+G3)^G4
		-25937.424601	=FV(G3,G4,,G2)

图 2-1-3 复利终值计算函数和公式

10 年后,他将获得 25 934.43 元本息和。

（三）复利现值系数和复利终值系数

(1) 复利现值计算公式为：

$$P = \frac{F}{(1+r)^n}$$

我们将系数 $\dfrac{1}{(1+r)^n}$ 称为折现率为 r、n 年期的复利现值系数,表示为 $(P/F, r, n)$。其值可以通过公式计算也可以通过复利系数表查到,如 $(P/F, 10\%, 5) = \dfrac{1}{(1+0.1)^5} \approx 0.6209$。

$(P/F, r, n)$ 的含义是折现率为 r、n 年期、已知分母值 F 求分子值 P 的系数,即复利现值系数。

用 Excel 的 PV 函数,可以计算复利现值系数。

(2) 复利终值计算公式为:

$$F = P \times (1+r)^n$$

我们将系数 $(1+r)^n$ 称为折现率为 r、n 年期的复利终值系数,表示为 $(F/P, r, n)$。其值可以通过公式计算也可以通过本书所附的复利系数表查到,如 $(F/P, 10\%, 5) = (1+10\%)^5 \approx 1.6105$。

$(F/P, r, n)$ 的含义是折现率为 r、n 年期、已知分母值 P 求分子值 F 的系数,即复利终值系数。

用 Excel 的 FV 函数,可以计算复利终值系数。

三、连续复利

以上分析我们都假定收入或者支出发生在年末,复利的计算以年为计息周期。但是,在实际生活和工作中,复利可以在一年之中发生多次,如可以以半年、季度、月、周、日等为计息周期,最常见的房产按揭贷款就是以月为复利周期进行计算的。这样就出现了不同计息周期的利息率需要相互换算的问题。

(一) 名义利率

名义利率(SAIR)等于每一计息周期的利率与每年的计算周期数的乘积。它采用的是单利计算的办法,把各种不同的计算周期的利息率换算成为以年为计算周期的利息率。如房产按揭贷款就是以月为复利周期的,月利率为 0.42%,则银行公布的年利率为 $0.42\% \times 12 = 5.04\%$。

(二) 实际利率

实际利率(EAIR),也称有效利率,是按照复利计息的方式把各种不同计息周期的利率换算为以年为计算周期的利率。在资金的时间价值计算公式中,所用的年利息率都是有效的年利息率。因此,实际利率本身就有明确的意义,不需要给出计息周期,如实际利率 10.25% 可以认为是名义利率 10.25%,一年复利周期得到的,也可以认为是名义利率 10%,半年复利周期得到的,也可以是其他。

(三) 名义利率与实际利率的换算

设 r_0 为实际利率,r 为名义利率,m 为每年的计息周期数,则每一计息周期数的利率为 r/m,实际利率与名义利率的换算公式为:

$$r_0 = \left(1+\frac{r}{m}\right)^m - 1$$

如年名义利率为12%,在不同的计息周期下的实际利率如图2-1-4所示:

	A	B	C	D
1	计息周期	计息期利率	实际利率	
2	年	0.12	0.12	=(1+B2)^1-1
3	半年	0.06	0.1236	=(1+B3)^2-1
4	季度	0.03	0.1255	=(1+B4)^4-1
5	二个月	0.02	0.1262	=(1+B5)^6-1
6	一个月	0.01	0.1268	=(1+B6)^12-1

图 2-1-4 实际利率计算表

(四) 连续复利计息

一年中复利次数越多,实际年利率越大。当每年的复利次数增加至无穷大,即每期复利的时间间隔无穷小时,就产生了连续复利计息。

$$r_0 = \lim_{m\to\infty}\left(1+\frac{r}{m}\right)^m - 1 = \lim_{m\to\infty}\left\{\left[\left(1+\frac{r}{m}\right)^{\frac{m}{r}}\right]^r - 1\right\} = e^r - 1$$

e 为一个常数,约等于2.718。

名义利率12%的连续复利后实际利率为 $2.718^{0.12} - 1 = 12.75\%$。

第二节 货币时间价值:年金

年金(annuity)是指在某一确定的期间内,每期都有一笔相同金额的系列收付款项,年金实际上是一组金额相等、每相邻两笔时间间隔都相等的现金流序列,通常用字母 A 来表示年金。年金是一组收入或者支出,他们具有以下两个特点:

(1) 每一笔收入或者支出的金额都是相等的。
(2) 每相邻两笔收入或者支出的时间间隔必须是相等的。

一、年金分类

一般来说,折旧、租金、利息、保险金、分期付款等都会构成年金。根据年金的不同特点,年金又可以分为普通年金、预付年金(先付年金)、递延年金和永续年金等。

(一) 普通年金

普通年金(ordinary annuity),又称为后付年金,是指每期的等额收入或者支出发生在本期期末的年金。普通年金的图形表示如图2-2-1所示。

图2-2-1 所示为金额为 A、期限为 $n+2$ 的普通年金,每期的等额收入或者支出 A 都发生在该期的期末。

本书讲到的年金,凡没有特别说明的,均指普通年金。

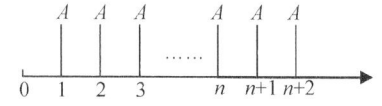

图 2-2-1 普通年金示意图

(二) 预付年金

预付年金(annuity due)又称为先付年金,是指每期的等额收入或者支出发生在本期期初的年金。普通年金是发生在每期的期末的,预付年金是发生在每期的期初的。预付年金的图形表示如图2-2-2所示。

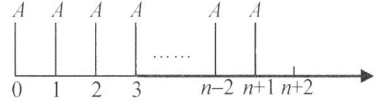

图 2-2-2 预付年金示意图

图 2-2-2 所示为金额为 A、期限为 $n+2$ 的预付年金,每期的等额收入或者支出 A 都发生在该期的期初。

(三) 递延年金

递延年金(deferred annuity)是指最初若干期不发生收入和支出,若干期以后每期的等额收入或者支出发生在本期的期末的年金。递延年金的图形表示如图2-2-3所示。

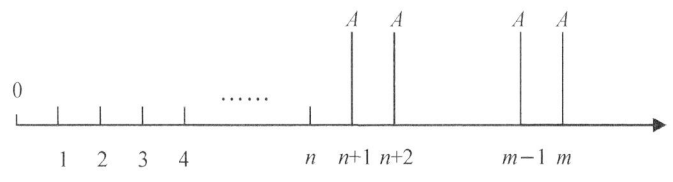

图 2-2-3 递延年金示意图

图 2-2-3 为金额为 A、递延 n 期、支付或者收入 $(m-n)$ 期的递延年金。注意递延年金的递延期,是和普通年金相比得到的,普通年金是发生在期末的,因此并不是第一笔金额发生之前的所有期间,而是这个期间减去1。如图 2-2-3,第一笔金额发生在 $n+1$,递延期是 n 期。

(四) 永续年金

永续年金(perpetuity)是指无限期的,每期的等额收入或者支出发生在本期的期末的年金。永续年金没有终止的时间。永续年金的图形表示如图2-2-4所示。

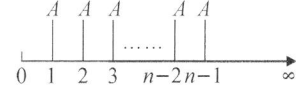

图 2-2-4 永续年金示意图

图 2-2-4 所示为金额为 A、期限为无限期的永续年金,每期的等额收入或者支出 A 都发生在该期的期末。

二、年金现值和年金终值的计算

年金实际上是一组金额相等、每相邻两笔时间间隔相等的现金流序列,将这一序列现金流量的价值折算到期初(0点)的价值称为年金现值,折算到期末(几年期的年金折算到第几年年末)的价值称为年金终值。

(一) 普通年金现值的计算

序列现金流量的现值可用以下公式计算:

$$p = \sum_{t=1}^{\infty} \frac{R_t}{(1+r)^t}$$

式中：P ——现值；

R_t ——第 t 年的现金流量；

r ——折现率；

t ——年份。

普通年金现值公式：

$$P = A \frac{1}{r}\left[1 - \frac{1}{(1+r)^n}\right]$$

我们将系数 $\frac{1}{r}\left[1 - \frac{1}{(1+r)^n}\right]$ 称为折现率为 r、n 年期的年金现值系数，表示为 $(P/A, r, n)$。其值可以通过公式计算也可以通过复利系数表查到，如 $(P/A, 10\%, 5) = \frac{1}{0.1} \times \left[1 - \frac{1}{(1+0.1)^5}\right] \approx 3.7908$。

$(P/A, r, n)$ 的含义是折现率为 r、n 年期、已知分母值 A 求分子值 P 的系数，即年金现值系数。

【例 2-2-1】 未来 5 年，每年年末可以获得收益 10 万元，利率为 10%，请问其现值是多少？

解：

$$10 \times (P/A, 10\%, 5) = 10 \times \frac{1}{0.1} \times \left[1 - \frac{1}{(1+0.1)^5}\right] \approx 37.908(万元)$$

	A	B	C	D	E	F
1	PMT	10	万元			
2	r	0.1				
3	n	5	年			
4	0	1	2	3	4	5
5		10	10	10	10	10
6	3.79078676940845	0.9090909	0.8264462	0.7513148	0.6830134	0.6209213
7	=SUM(B7:F7)	=1/(1+B2)	=B7*$B$7	=C7*$B$7	=D7*$B$7	=E7*$B$7
8	37.9078676940845	9.0909090	8.2644628	7.5131480	6.8301345	6.2092132
9	=SUM(B9:F9)	=B5*B7	=C5*C7	=D5*D7	=E5*E7	=F5*F7
10	-37.9078676940845					
11	=PV(B2,B3,B1)					
12	=10*(1-1/(1+B2)^B3)/B2					
13						

图 2-2-5 普通年金现值计算函数和公式

普通年金现值计算有 3 个办法：

(1) 各年金额折现，然后相加，如图 2-2-5 的 A6:F9 区域的计算。

(2) 用函数 PV 进行计算，如图 2-2-5 的 A11 单元格所示。

(3) 用自编函数进行计算，如图 2-2-5 的 A12 单元格所示。

(二) 普通年金终值的计算

我们已知年金现值系数为 $\frac{1}{r}\left[1-\frac{1}{(1+r)^n}\right]$，复利终值系数为 $(1+r)^n$，将两者相乘可以得到年金终值系数 $\frac{(1+r)^n-1}{r}$，用 $(F/A,r,n)$ 来表示。其值可以通过公式计算也可以通过复利系数表查到，如 $(F/A,10\%,5)=\frac{(1+0.1)^5-1}{0.1}=6.1051$。

$(F/A,r,n)$ 的含义是折现率为 r、n 年期、已知分母值 A 求分子值 F 的系数，即年金终值系数。

年金终值公式为：

$$F=A\frac{(1+r)^n-1}{r}$$

【例 2-2-2】 某人从现在起，每年从工资收入中拿出 20 000 元在每年的年底存入银行，银行利率为 10%，请问当他工作 5 年后，可以拥有多少银行存款？

解：

$$20\,000\times(F/A,0.1,5)=20\,000\times\frac{(1+0.1)^5-1}{0.1}=20\,000\times6.1051=122\,102(元)$$

所以，他工作 5 年后可以有 122 102 元的银行存款。

	A	B	C	D	E	F
1	PMT	2	万元			
2	r	0.1				
3	n	5	年			
4	0	1	2	3	4	5
5			2			
6	6.1051	1.4641	1.331	1.21	1.1	1
7	=SUM(B7:F7)	=(1+B2)^4	=B7/(1+$B$2)	=C7/(1+$B$2)	=D7/(1+$B$2)	=E7/(1+$B$2)
8	12.2102	2.9282	2.662	2.42	2.2	2
9	=SUM(B9:F9)	=B5*B7	=C5*C7	=D5*D7	=E5*E7	=F5*F7
10						
11	=FV(B2,B3,B1)					
12	=B1*(1-1/(1+B2)^B3)/B2*(1+B2)^B3					

图 2-2-6 普通年金终值计算函数和公式

普通年金终值计算有 3 个办法：

(1) 各年金额计算终值，然后相加，如图 2-2-6 的 A6:F9 区域的计算。

(2) 用函数 FV 进行计算，如图 2-2-6 的 A11 单元格所示。

(3) 用自编函数进行计算，如图 2-2-6 的 A12 单元格所示。

(三) 递延年金现值和终值的计算

递延年金是前若干期不发生收入和支出的年金。

1. 递延年金现值的计算

递延年金的现值计算分为两段，第一段先用普通年金现值系数，注意，这时解出的所谓"现值"并非现在或"0"点的值，而是递延期期末（即普通年金的起初）的值；第二段要把这个值再乘以递延期的复利现值系数才能解得现在或"0"点的现值。递延年金的现值可以用以下公式解得：

$$P = A \frac{1}{r}\left[1 - \frac{1}{(1+r)^n}\right]\frac{1}{(1+r)^m}$$

式中：P —— 递延年金现值；

A —— 递延年金金额；

r —— 折现率；

n —— 年金的期限；

m —— 递延年金递延的期限。

在 Excel 中，递延年金现值可以用每年折现再相加的办法，或者用 PV 函数求出普通年金现值再折现递延期的办法解决。

	A	B	C	D	E	F
1	r	0.1				
2	年份	资金	折现系数	折现系数	现值	现值
3	0	0				
4	1	0	0.909090909090909	=1/(1+B1)	0	=B4*D4
5	2	0	0.826446280991735	=D4*$D$4	0	=B5*D5
6	3	5	0.751314800901578	=D5*$D$4	3.75657400450789	=B6*D6
7	4	5	0.683013455365071	=D6*$D$4	3.41506727682535	=B7*D7
8	5	5	0.620921323059155	=D7*$D$4	3.10460661529578	=B8*D8
9					10.276247896629	=SUM(F3:F8)
10						=PV(B1,3,B6)/(1+B1)^2
11						

图 2-2-7　递延年金现值计算函数和公式

递延年金现值计算有 2 个办法：

(1) 各年金额折现，然后相加，如图 2-2-7 的 A3:F9 区域的计算。

(2) 用函数 PV 并再次折现进行计算，如图 2-2-7 的 F10 单元格所示。

2. 递延年金终值的计算

递延年金的终值计算与普通年金的终值计算相同，换句话说，递延年金的终值与它的递延期数无关。

（四）预付年金现值和终值的计算

预付年金是每一期的收入或支出都发生在各期期初的年金。预付年金与同期限的普通年金相比，每一期的收入和支出都提前一期发生。

预付年金的现值是同期限普通年金现值的 $(1+r)$ 倍；预付年金的终值也是同期限普通年金终值的 $(1+r)$ 倍。

所以，预付年金现值和终值分别用以下公式计算：

$$P = A(P/A, r, n)(1+r)$$

$$F = A(F/A, r, n)(1+r)$$

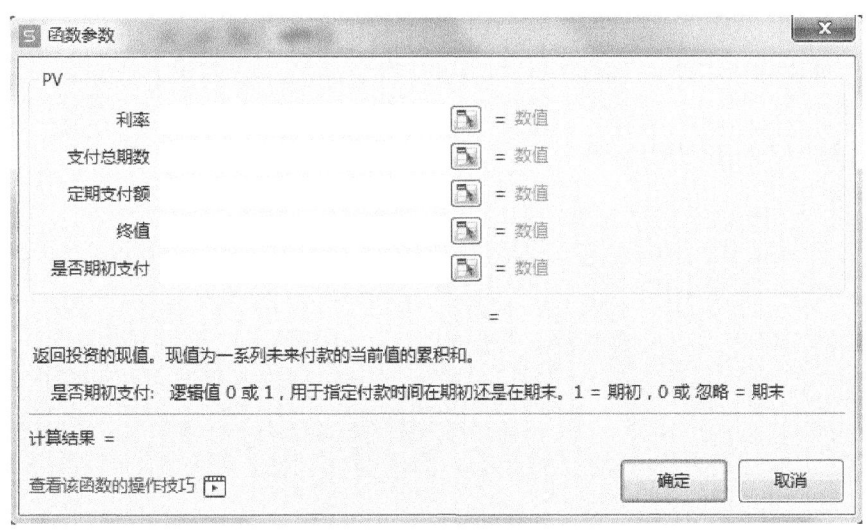

图 2-2-8 预付年金现值终值计算

预付年金现值终值计算有 2 个办法：

（1）各年金额分别折现或者计算终值，然后相加。

（2）用函数 PV 或者 FV 进行计算，如图 2-2-8 的"是否期初支付"要输入"1"，表示在期初。

注意 PV 或者 FV 两个函数，既可以用于复利现值终值的计算，也可以用于年金（普通年金和预付年金）现值终值的计算。

（五）永续年金现值计算

永续年金是收入或支出永续发生、没有结束的普通年金，它的每一期的收入或支出发生在该期期末。

永续年金的现值计算公式可以通过普通年金的现值计算公式推导出来。由于永续年金没有期限，所以它没有将来值（终值），或者说，所有的永续年金的终值都是无穷大的。

普通年金的现值计算公式为：

$$P = A \frac{1}{r} \left[1 - \frac{1}{(1+r)^n} \right]$$

当 n 趋向于无穷大时，$\frac{1}{(1+r)^n}$ 的值趋向于 0，$\left[1 - \frac{1}{(1+r)^n} \right]$ 的值趋向于 1，故永续年金的现值计算公式为：

$$P = A \frac{1}{r} = \frac{A}{r}$$

如果永续年金是发生在期初的，则为预付的永续年金，计算公式为：

$$P = \frac{A}{r} + A = \frac{A}{r}(1+r)$$

当永续年金是递延年金时,与递延年金处理方法一样,计算公式为:

$$P = \frac{A}{r} \frac{1}{(1+r)^n}$$

这里的 n 表示递延期。

三、已知现值或者终值计算年金

已知现值或者终值计算年金,可以用 PMT 函数,在财务函数分类下面。

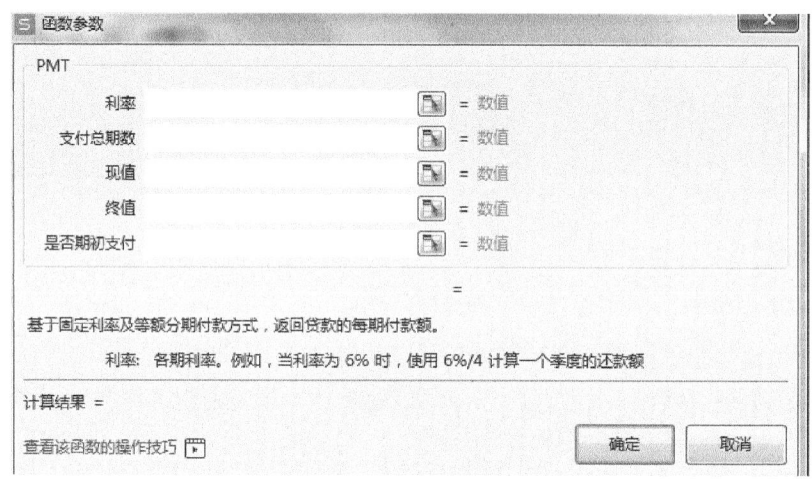

图 2-2-9　PMT 函数的参数

如图 2-2-9 所示,PMT 函数一共 5 个参数,其中利率和支付总期数两个参数是一定要设置的。现值和终值两个参数设置一个,另一个不要设置,如果设置现值而不设置终值,则为已知现值求年金;如果设置终值而不设置现值,则为已知终值求年金。"是否期初支付"一栏如果空缺或者为 0,则为计算普通年金;如果为 1,则为计算预付年金。

使用这个公式,需要注意,利率的期间与支付总期数的期间,两者单位要一致,如利率为年利率,则支付总期数以年为单位,年金每年支付一次;利率为月利率,则支付总期数单位为月,年金每月支付一次。

如图 2-2-10 所示,B4 单元格为已知现值求普通年金;B6 单元格为已知现值求预付年金;B12 单元格为已知终值求普通年金;B14 单元格为已知终值求预付年金。函数参数中间两个相连的逗号,表示中间那个参数空缺,逗号是不能删除的。

图 2-2-10　PMT 函数应用

第三节 货币时间价值计算:递增或递减现金流量

递增或者递减现金流量是指每一期比前一期有增长或者减少固定比率的现金流量,就是等比数列。

一、无限期递增或者递减现金流量的现值

递增现金流量是指每一期的现金收入或支出都比上一期增加一个固定比例的现金流量。对于无限期的递增或者递减现金流量的现值计算公式为:

$$P = \frac{D_1}{r-G} = \frac{D_0(1+G)}{r-G}$$

公式中,D_1 表示第一期现金收入或者支出,发生在第一期末;D_0 表示第一期现金收入或者支出,发生在第一期期初;需要特别注意的是公式里面的现值 P 并不包含 D_0 的价值。r 为本金化率;G 为增长率,增长率为正数时为递增现金流量;增长率为负数时,为递减现金流量。

该公式成立的前提条件包括:
(1)D_0 必须大于 0,$D_0 > 0$。
(2)r 必须大于 G,$r > G$,G 为增长率。
这个模型也称为戈登模型。

二、有限期递增或者递减现金流量的现值

有限期递增或者递减现金流量的现值计算有两个办法:一个办法是通过每期折现,然后将现值相加的方法来解决;另一个办法就是用一个从现在开始的无限期递增(递减)模型的现值减去一个若干年后开始的递延的递增(递减)模型的现值,计算公式为:

$$P = \frac{D_1}{r-G} - \frac{D_{n+1}}{r-G} \frac{1}{(1+r)^n}$$

这是一个 n 年期的递增或者递减模型的现值计算公式,其中:

$$D_1 = D_0(1+G)$$

$$D_{n+1} = D_0(1+G)^{n+1} = D_1(1+G)^n$$

将其代入上公式,得:

$$P = \frac{D_1}{r-G} - \frac{D_{n+1}}{r-G} \frac{1}{(1+r)^n} = \frac{D_1}{r-G}\left(1 - \frac{(1+G)^n}{(1+r)^n}\right)$$

同样道理这个现值是不包括 D_0 的价值的。

需要注意的是,在无限期的递增模型里面,有个条件 r 必须大于 G,在有限期的模型里面,这个条件是不存在的,即使增长率大于折现率,公式依然成立。

当 $r = g$ 时,$P = \dfrac{t \times D_1}{1+r}$

三、有限期递增或者递减现金流量的终值

有限期递增或者递减现金流量的终值,可以先计算出现值,然后乘以复利终值系数的办法来计算。计算公式为:

$$F = \left(\dfrac{D_1}{r-G} - \dfrac{D_{n+1}}{r-G}\dfrac{1}{(1+r)^n}\right)(1+r)^n = \dfrac{D_1}{r-G}\left(1 - \dfrac{(1+G)^n}{(1+r)^n}\right)(1+r)^n$$

$$= \dfrac{D_1}{r-G}((1+r)^n - (1+G)^n) \qquad (r \neq g)$$

$$F = t \times D_1(1+r)^{t-1} \qquad (r = g)$$

【例 2-3-1】 某青年已满 30 周岁,在考虑是否应该购买一项养老保险。该保险要求从现在开始到年满 60 周岁为止,每年生日前一天需缴保费 30 000 元。在年满 60 周岁后,每年生日前一天可以得到一笔养老金,第一年得到 100 000 元,以后每年比前一年增长 3%,到死亡为止。该青年认为自己可以生存到 90 周岁,其要求的收益率为每年 8%。请计算该保险能否满足其要求。

解:

缴 30 年保费的现值(客户 30 周岁时的价值)的计算如图 2-3-1 所示:

```
=PV(0.08,30,30000)
 -337733.5003
```

图 2-3-1　PV 函数计算年金现值

领取 30 年养老金的现值(客户 60 周岁时的价值)的计算如图 2-3-2 所示:

```
=(100000/(0.08-0.03))*(1-(1+0.03)^30/(1+0.08)^30)
      1517570.26
```

图 2-3-2　使用公式 2-3-4 计算有限期递增现金流量现值

领取 30 年养老金的现值(客户 30 周岁时的价值)的计算如图 2-3-3 所示:

```
         ¥-150,812.08
=PV(0.08,30,,1517570.26)
```

图 2-3-3　PV 函数计算现值

可见,该保险对于该客户而言,支付保费现值 337 733.50 元大于预计存活到 90 周岁获得的养老金现值 150 812.08 元,并不值得购买。

练 习 题

1. 用 Excel 函数计算 10 年以后得到 10 000 元的现值是多少？利率为 5%。

2. 用 Excel 函数计算 10 年内每年年末得到 10 000 元的现值是多少？利率为 5%。

3. 用 Excel 函数计算 10 年内每年年初得到 10 000 元的现值是多少？利率为 5%。

4. 用 Excel 函数计算现在的 10 000 元的 10 年以后得到终值是多少？利率为 5%。

5. 用 Excel 函数计算 10 年内每年年初得到 10 000 元的终值是多少？利率为 5%。

6. 用 Excel 函数计算 10 年内每年年初得到 10 000 元的终值是多少？利率为 5%。

7. 用 Excel 函数计算 100 000 元现值，相当于 10 年内每年年末等额多少钱？利率为 5%。

8. 用 Excel 函数计算 100 000 元现值，相当于 10 年内每年年初等额多少钱？利率为 5%。

9. 用 Excel 函数计算 100 000 元将来值，相当于 10 年内每年年末等额多少钱？利率为 5%。

10. 用 Excel 函数计算 100 000 元将来值，相当于 10 年内每年年初等额多少钱？利率为 5%。

第三章 银行贷款和金融租赁

银行贷款是最常用、最主要的融资方式,特别是在以间接融资方式为主的我国,对于不符合发行债券条件的公司来说,这是唯一可以筹集长期债务资本的融资方式。本章介绍不同还款类型的特点和还本付息的计算方法、提前还款、利率变动和奇零期等特殊问题,以及金融租赁租金的计算。

第一节 银行贷款分类

银行贷款按照还款方式可以分为到期一次还本付息、每期付息到期还本、等额本息法和等额本金法等几种基本方法;另外在此基础上,还创新出一些不规则的还款方式,如平时逐渐偿还利息和小额本金,到期偿还大额本金的方式;美国次贷危机中著名的递增还款和递延还款等。

一、到期一次偿还法

到期一次还本付息一般适用于一年及一年以下的短期借款,在中期借款中也偶有应用,在5年以上的长期借款中极少采用。

采用这种还款方式在贷款合同中应特别注意约定是否计算复利利息以及复利的期间是一年、半年还是季度或者月,因为,采用单利或复利计算的结果会产生很大的差异,复利期间越短,利息则越多。

这种贷款模式的本质就是银行贷出的是现值,银行回收的是终值。

【例 3-1-1】 某公司向银行借入 100 万元资金,约定年利率 6%,复利计息,两年后一次还本付息,请做此项借款的现金流量表。

解:

两年后需要还款:

$100 \times (1+6\%)^2 = 112.36$(万元)

现金流量表如表 3-1-1 所示。

表 3-1-1 现金流量表　　　　　　　　单位:万元

年	现金流量
0	100.00
1	
2	−112.36

二、每期付息到期还本法

每期付息到期还本法有时候也称为先息后本法,在这种方法下,银行每期收回当期的利息,到期收回最后一期的利息和本金。这种方式一般适用于流动资金贷款。每期支付流动资金贷款在当期产生的利息,到期项目结束,流动资金回收,刚好可以归还贷款本金。

这种贷款模式一定要约定好付息的周期,是每月付一次、每季度付一次或者半年、一年付一次。在名义年利率一定的情况下,付息周期越短,实际年利越高。表面上这种方法没有用复利计算利息,但是因为是按付息周期支付利息的,因此本质上是按照付息周期计算复利的。

这种贷款模式的本质就是银行贷出的是现值,银行回收的利息是一个年金,银行收回的本金是终值。

【例 3-1-2】 某公司向银行借入 100 万元资金,约定年利率 6%,5 年期,每年付息,到期一次还本,请做此项借款的现金流量表。

解:

现金流量表如表 3-1-2 所示。

表 3-1-2　各期本金利息还款额核算表　　　　　　　单位:万元

年 (1)	还款金额 (2)	支付利息 (3)	偿还本金 (4)	贷款余额 (5)
	本期本金+本期利息	上期贷款余额×6%		上期贷款余额- 本期偿还本金
0				100.00
1	6.00	6.00	0.00	100.00
2	6.00	6.00	0.00	100.00
3	6.00	6.00	0.00	100.00
4	6.00	6.00	0.00	100.00
5	106.00	6.00	100.00	0.00

三、等额本息法

等额本息法也称为等额还款法,在这种方法下每期支付当期的利息和一定的本金,各期支付的利息和本金之和是相等的。贷款期结束,刚好本利还清。在等额本息法下,每期的还款金额都是相等的,所以也称为等额还款法。但是需要注意的是,虽然每期的还款金额都相等,但是每期支付的利息和偿还的本金金额都是不相等的,支付的利息金额是逐期减少的,而偿还的本金金额则是逐期增加的。

这种方法常用于期限较长的固定资产贷款。

这种贷款模式的本质就是银行贷出的是现值,银行回收的本金和利息则是一个年金。

【例 3-1-3】 某公司向银行借入 100 万元资金,约定年利率 6%,复利计息,5 年内每年等额还款,请做此项借款的现金流量表。

解:

5 年内每年还款:

$100 \times (A/P, 6\%, 5) = 100 \times 0.2374 = 23.74(万元)$

5 年内每年年末偿还 23.74 万元。

现金流量表如表 3-1-3 所示。

表 3-1-3 现金流量表　　　　　　　　　　单位:万元

年	现金流量
0	100.00
1	−23.74
2	−23.74
3	−23.74
4	−23.74
5	−23.74

在等额还款法下面,借款人每期偿还的本金和利息之和是相等的,如例 3-1-3,每年偿还 23.74 万元。但每年偿还的本金金额和利息金额都是不相等的,在本金利息之和相等的条件下,每年偿还的本金金额逐渐增加,利息金额逐渐减少。

每期的利息 = 本期期初(上期期末)的借款金额 × 利息率

每期偿还的本金 = 等额还款金额 − 每期的利息

【例 3-1-4】 承上例,请计算公司每年偿还的本金和利息分别是多少。

解:

核算如表 3-1-4 所示,本息变化趋势如图 3-1-1 所示。

表 3-1-4 各期本金利息核算表　　　　　　　　单位:万元

年 (1)	还款金额 (2)	支付利息 (3)	偿还本金 (4)	贷款余额 (5)
		上期贷款余额×6%	(2)−(3)	上期贷款余额 − 本期偿还本金
0				100.00
1	23.74	6.00	17.74	82.26
2	23.74	4.94	18.80	63.46
3	23.74	3.81	19.93	43.53
4	23.74	2.61	21.13	22.40
5	23.74	1.34	22.40	0.00

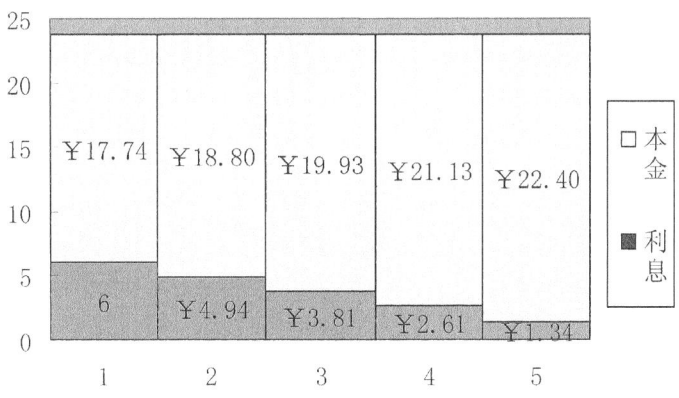

图 3-1-1 等额本息法下本息变化趋势图

四、等额本金法

等额本金法也成为等本还款法,在这种方法下面,每期偿还的本金金额是相等的,另外每期还要偿还当期的利息,而各期利息是逐期等额减少的。每期偿还的利息与本金之和是不相等的。由于前期利息多,后期利息少,所以,每期的还款总额逐期等额减少,构成一个等差数列。贷款期结束,刚好本利还清。

这种方法常用于期限较长的固定资产贷款。

这种贷款模式的本质就是银行贷出的是现值,银行回收的本金和利息则是一个等差数列。

$$等额偿还的本金 = 借款金额 \div 期数$$

$$每期的利息 = 本期期初(上期期末)的借款金额 \times 利息率$$

$$每期还款金额 = 等额偿还的本金 + 每期的利息$$

【例 3-1-5】 某公司向银行借入 100 万元资金,约定年利率 6%,复利计息,5 年内每年等本还款,请做此项借款的现金流量表。

解:

现金流量表如表 3-1-5 所示。现金流量图如图 3-1-2 所示。

表 3-1-5 各期本金利息还款额核算表　　　　　单位:万元

年 (1)	还款金额 (2)	支付利息 (3)	偿还本金 (4)	贷款余额 (5)
	本期本金+本期利息	上期贷款余额 6%	贷款金额÷偿还期数	上期贷款余额 本期偿还本金
0				100.00
1	26.00	6.00	20.00	80.00
2	24.80	4.80	20.00	60.00

(续表)

年 (1)	还款金额 (2)	支付利息 (3)	偿还本金 (4)	贷款余额 (5)
3	23.60	3.60	20.00	40.00
4	22.40	2.40	20.00	20.00
5	21.20	1.20	20.00	0.00

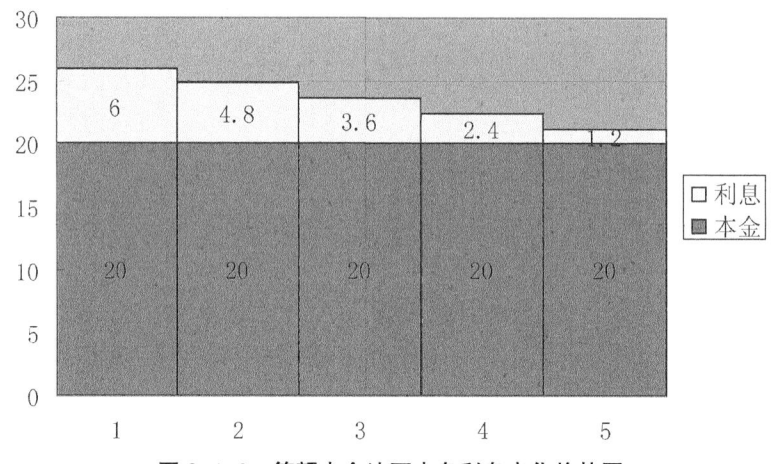

图 3-1-2 等额本金法下本息利息变化趋势图

五、其他还款方法

在前面 4 种基本还款方法基础上，为满足客户需求，遵循货币时间价值，银行还创新出一些不规则的还款方式。

等额本金法(或等额本息法)与每期付息到期还本法相结合的平时逐期偿还利息和小额本金，到期偿还大额本金的方式，就相当于一部分贷款金额采用等额本金法(或等额本息法)，另一部分贷款金额采用每期付息到期还本法。

递增还款法，就是每期还款本金和利息之和逐期增加，又分为等额增加、等比增加和不规则增加几种。

递延还款法，就是贷款发放后的前若干期不还本，只付息，若干期之后才开始还本；甚至贷款发放后的前若干期不还本也不付息，若干期之后再开始还本付息。

所有这些方法都是建立在货币时间价值基础上的。

【例 3-1-6】 某公司向银行借入 100 万元资金，约定年利率 6%，复利计息，5 年内每年还本金 10 万元和当期利息，剩余本金和利息到期一次偿还，请做此项借款的现金流量表。

解：

现金流量表如表 3-1-6 所示。

表 3-1-6　各期本金利息还款额核算表　　　　单位：万元

年 (1)	还款金额 (2)	支付利息 (3)	偿还本金 (4)	贷款余额 (5)
	本期本金＋本期利息	上期贷款余额 6%		上期贷款余额 本期偿还本金
0				100.00
1	16.00	6.00	10.00	90.00
2	15.40	5.40	10.00	80.00
3	14.80	4.80	10.00	70.00
4	14.20	4.20	10.00	60.00
5	63.60	3.60	60.00	0.00

【例 3-1-7】 某公司向银行借入 100 万元资金，约定年利率 6%，复利计息，10 年内每年逐年偿还，每年还本付息总额逐年增长 5%。请做此项贷款的还本付息表。

解：

现金流量表如图 3-1-3 所示，计算公式如图 3-1-4 所示。

	A	B	C	D	E
1	贷款金额	1000000 元			
2	年利率	0.06			
3	贷款期限	10 年			
4	还本付息方式：每年还本付息一次，还款金额逐年增加5%				
5	年金额增加率	0.05			
6					
7	首年还款金额计算系	0.110578188			
8	年份	还款金额	支付利息	偿还本金	贷款余额
9	0				1000000.00
10	1	110578.19	60000.00	50578.19	949421.81
11	2	116107.10	56965.31	59141.79	890280.02
12	3	121912.45	53416.80	68495.65	821784.37
13	4	128008.07	49307.06	78701.01	743083.36
14	5	134408.48	44585.00	89823.48	653259.88
15	6	141128.90	39195.59	101933.31	551326.57
16	7	148185.35	33079.59	115105.75	436220.82
17	8	155594.61	26173.25	129421.37	306799.46
18	9	163374.35	18407.97	144966.38	161833.08
19	10	171543.06	9709.98	161833.08	0.00

图 3-1-3　递增还款法还款金额、本金、利息计算表

Excel 与金融实验

	A	B	C	D	E
1	贷款金额	1000000		元	
2	年利率	0.06			
3	贷款期限	10		年	
4	还本付息方式:				
5	年金额增加率	0.05			
6					
7	首年还款金额=1/((1-(1+B5)^B3/(1+B2)^B3)/(B2-B5))				
8	年份	还款金额	支付利息	偿还本金	贷款余额
9	0				=B1
10	1	=E9*B7	=E9*$B$2	=B10-C10	=E9-D10
11	2	=B10*(1+$B$5)	=E10*$B$2	=B11-C11	=E10-D11
12	3	=B11*(1+$B$5)	=E11*$B$2	=B12-C12	=E11-D12
13	4	=B12*(1+$B$5)	=E12*$B$2	=B13-C13	=E12-D13
14	5	=B13*(1+$B$5)	=E13*$B$2	=B14-C14	=E13-D14
15	6	=B14*(1+$B$5)	=E14*$B$2	=B15-C15	=E14-D15
16	7	=B15*(1+$B$5)	=E15*$B$2	=B16-C16	=E15-D16
17	8	=B16*(1+$B$5)	=E16*$B$2	=B17-C17	=E16-D17
18	9	=B17*(1+$B$5)	=E17*$B$2	=B18-C18	=E17-D18
19	10	=B18*(1+$B$5)	=E18*$B$2	=B19-C19	=E18-D19

图 3-1-4　递增还款法还款金额、本金、利息计算公式表达式

【例 3-1-8】 某公司向银行借入 100 万元资金,约定年利率 6%,复利计息,10 年内每年逐年偿还,每年还本付息总额逐年增长 10 000 元。请做此项贷款的还本付息表。

解:

现金流量表如图 3-1-5、图 3-1-6 所示,计算公式如图 3-1-7 所示。

	A	B	C	D	E
1	贷款金额	1000000	元		
2	年利率	0.06			
3	贷款期限	10	年		
4	还本付息方式:每年还本付息一次,还款金额逐年增加10000				
5	年金额增加额	10000			
6	首年还款金额计算控制格	23914			
7	首年还款金额				
8	年份	还款金额	支付利息	偿还本金	贷款余额
9	0				1000000.00
10	1	95647.89	60000.00	35647.89	964352.11
11	2	105647.89	57861.13	47786.76	916565.35
12	3	115647.89	54993.92	60653.97	855911.38
13	4	125647.89	51354.68	74293.21	781618.17
14	5	135647.89	46897.09	88750.80	692867.37
15	6	145647.89	41572.04	104075.85	588791.52
16	7	155647.89	35327.49	120320.40	468471.12
17	8	165647.89	28108.27	137539.62	330931.50
18	9	175647.89	19855.89	155792.00	175139.50
19	10	185647.89	10508.37	175139.52	-0.02

图 3-1-5　等额递增还款法还本付息表

通过拉动滚动条,让第 10 年的贷款余额最接近 0,如图 3-1-6 所示,首年还款金额为 95 648.00 时候,第十年贷款余额为 -1.47,说明首年还款金额比这个数字稍微小一点。然后,如图 3-1-5 所示,在 B10 单元格里面是比 95 648.00 略小的数字,最后找到 95 647.89 最合适。

图 3-1-6　等额递增还款法首月还款金额调整

图 3-1-7　等额递增还款法首月还款金额调整公式

[专栏 3-1-1]　滚动条和调节按钮使用

前面介绍的函数都是静态的,即所有参数都是固定的。现实中,当一个参数发生变化时,整个函数的值也会发生变化,如折现率发生变化了,净现值必然会变动。动态调整就是把这种变化表示出来的方法。动态调整通过调整函数中的一个或者几个参数的变化,使函数结果的变化表现出来。

在低版本 Excel 中,Excel 命令栏中的"视图-工具栏"中的"窗体"打开,便会出现如图 3-1-8 所示的工具栏。最常用的工具是窗体第六行的两个按钮,单击第六行左边一个按钮,可以在 Excel 工作簿上画出如图 3-1-9 中上面的那种滚动条;单击第六行右边一个按钮,可以在 Excel 工作簿上画出如图 3-1-9 中下面的那种调节按钮。

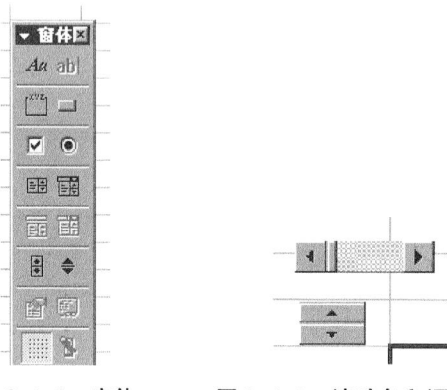

图 3-1-8　窗体　　　图 3-1-9　滚动条和调节按钮

在高版本 Excel 中,点开左上角的"自定义快速访问工具栏",再点击下拉菜单的"其他命令",再弹出的"Excel 选项"对话框,如图 3-1-10 所示,选择"自定义""不在功能区"的命令,再选择"滚动条(窗体控件)",最后点击中间的"添加"按钮,滚动条就会出现的 Excel 左上角。

图 3-1-10　Excel 选项对话框

单击滚动条后,可以在页面上拖曳画出滚动条,选中滚动条单击右键,下拉菜单中选择"设置控件格式"出现如图 3-1-11 对话框。

图 3-1-11　滚动条设置对话框

首先设置单元格连接,就是滚动条控制的单元格。然后根据需要设置最大值和最小值,最大值不超过 30 000,最小值为 1。

这种滚动条和调节按钮可以控制函数中一个参数的变化,使其在设定的范围内按设定的变动值变化。拖动滚动条或点击调节按钮,这个参数会发生变化,每次最小变化量为 1,参数的变化导致整个函数的值发生变化。当参数的最小变动值小于 1 时,就需要设置控制格,让控制格的最小变动值为 1,而参数设置为变动格的 $1/n$,从而实现该参数以 $1/n$ 的幅度变化。如果值特别大,也可以 n 倍变化。

第二节　贷款还款表的处理和动态模型

本节介绍在等额本息法下面每期还款额以及各期偿还本金和利息金额的计算以及等额本息法和等额本金法下动态还款模型构建。

一、每期还款额计算

在 Excel 中,PMT 函数是对固定利率、等额分期还款的贷款每期还款金额进行计算的函数。

【例 3-2-1】　某公司从银行贷款 100 万元,年利率为 10%,分 5 年等额还款,请计算每年的还款金额以及各年的本金和利息金额。

解:

利用 PMT 函数可以方便地算出每期还款金额,如图 3-2-1 所示,只需单击"确定",

就可以得到每期还款金额，−26.38 万元，因为是支出，所以显示有负号，在计算机上显示为红色，如果希望是正号，只需在函数前加上负号就可以了。

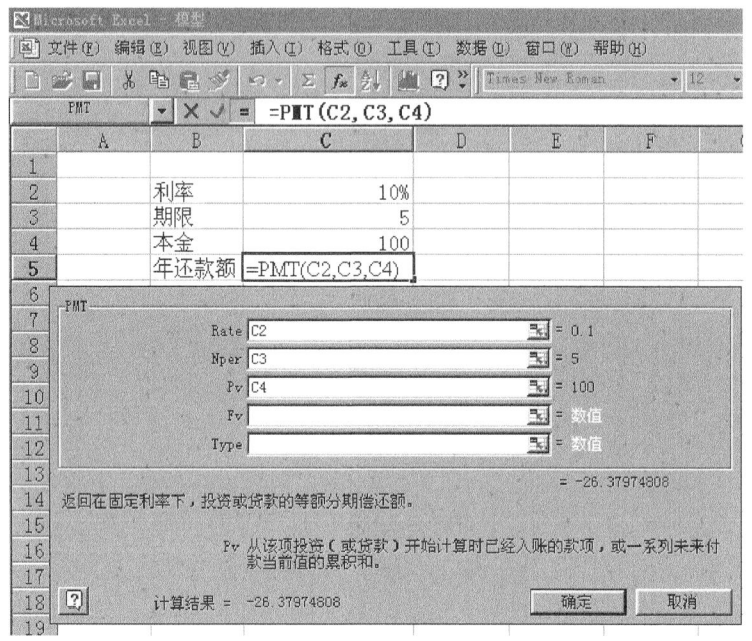

图 3-2-1　PMT 函数参数设置

在 C9 单元格输入起初本金 100，在 D10 到 D14 单元格输入每期还款额 26.38 后，在 E10 单元格输入"=C9 * ＄C＄2"，回车；在 F10 单元格输入"=D10 −E10"，回车；在 C10 单元格输入"=C9 −F10"，回车。然后选中 C10 到 F10，用实心"＋"形鼠标箭头拖曳 F10 右下角的黑色小方块至 F14，即可得到如图 3-2-2 所示的计算结果，所用公式如图 3-2-3 所示。

	A	B	C	D	E	F	G
1							
2		利息	10%				
3		期限	5				
4		本金	100				
5		年还款额	¥ −26.38				
6							
7							
8		年份	贷款余额	还款金额	支付利息	偿还本金	
9		0	100				
10		1	83.62	26.38	10.00	16.38	
11		2	65.60	26.38	8.36	18.02	
12		3	45.78	26.38	6.56	19.82	
13		4	23.98	26.38	4.58	21.80	
14		5	0.00	26.38	2.40	23.98	
15							

图 3-2-2　等额本息法下本金利息核算表

	A	B	C	D	E	F
1						
2		利息	0.1			
3		期限	5			
4		本金	100			
5		年还款额	=PMT(C2,C3,C4)			
6						
7						
8		年份	贷款余额	还款金额	支付利息	偿还本金
9		0	=C4			
10		1	=C9-F10	=-$C$5	=C9*$C$2	=D10-E10
11		2	=C10-F11	=-$C$5	=C10*$C$2	=D11-E11
12		3	=C11-F12	=-$C$5	=C11*$C$2	=D12-E12
13		4	=C12-F13	=-$C$5	=C12*$C$2	=D13-E13
14		5	=C13-F14	=-$C$5	=C13*$C$2	=D14-E14
15						

图 3-2-3 等额本息法下本金利息核算公式

二、不同贷款期限下万元贷款月还款金额(等额本息法)

贷款还款表是以1万元本金为单位,以月利率计息,计算的不同期限的贷款在每月等额还款法下的月还款额。图 3-2-4 就是银行贷款1万元等额月还款表。

年限	月份	月还款额	还款合计	利息合计			
		银行贷款万元等额月还款表					
1	12	一次还款	10477	477.00	短期利率控制格		477
2	24	437.68	10,504.43	504.43	短期年利率		4.77%
3	36	298.68	10,752.39	752.39	短期月利率		0.003975
4	48	229.25	11,004.12	1,004.12	长期年利率		5.04%
5	60	187.66	11,259.63	1,259.63	长期月利率		0.0042
6	72	161.23	11,608.92	1,608.92	长期利率控制格		504
7	84	141.53	11,888.28	1,888.28	短期利率调节		
8	96	126.79	12,171.81	2,171.81	长期利率调节		
9	108	115.37	12,459.51	2,459.51			
10	120	106.26	12,751.34	2,751.34			
11	132	98.84	13,047.29	3,047.29			
12	144	92.69	13,347.34	3,347.34			
13	156	87.51	13,651.46	3,651.46			
14	168	83.09	13,959.63	3,959.63			
15	180	79.29	14,271.82	4,271.82			
16	192	75.98	14,588.00	4,588.00			
17	204	73.08	14,908.15	4,908.15			
18	216	70.52	15,232.22	5,232.22			
19	228	68.25	15,560.19	5,560.19			
20	240	66.22	15,892.02	5,892.02			

图 3-2-4 不同贷款期限下1万元贷款月还款金额(等额本息法)

银行贷款还款规则为:一年期贷款到期一次还本付息,按年计息;一年期以上贷款按月等额还款,按月计息,其中 5 年以下适用短期贷款利率,5 年以上(含 5 年)适用长期贷款利率。贷款最长期限为 30 年。

这张表的做法如下:

(1) 将表中所有的黑体字输入,并利用窗体画出滚动条。

(2) 在短期年利率后输入"=J2/10000";在长期年利率后输入"=J7/10000";在短期月利率后输入"=J3/12";在长期月利率后输入"=J5/12"。

(3) 在一年期还款合计下输入"=10000*(1+J3)";在一年期利息合计下输入"=D3-10000"。

(4) 在 2 年期月还款额下输入"=-PMT($J$4,B4,10000)";在 2 年期还款合计下输入"=C4*B4";在 2 年期利息合计下输入"=D4-10000"。

(5) 选中 C4~E4,用实心十形鼠标箭头拖曳 E4 右下角的黑色小方块至 E6,即可显示前四年的数据。

(6) 在第 5 年重复上述(4)~(5)步骤,只是利率改用长期利率,最后用实心十形鼠标箭头拖曳至第 30 年,即可显示该表所有数据。

(7) 设置滚动条格式,短期利率调节滚动条控制 J2;长期利率调节滚动条控制 J7,使它们在 0~2 000 之间按照步长为 1 进行变动。

拖动滚动条,即可显示在不同利率水平下 1 万元贷款相应期限的月还款额,本息合计还款额和共负担的利息额等数据。

三、可调整利率期限金额等额本息法模型

可调整利率期限金额等额本息法模型是在给定贷款金额、期限、利率条件下,快速计算出每月还款金额的模型。以等额本息法按月还款的房地产按揭贷款举例(见图 3-2-5、图 3-2-6)。

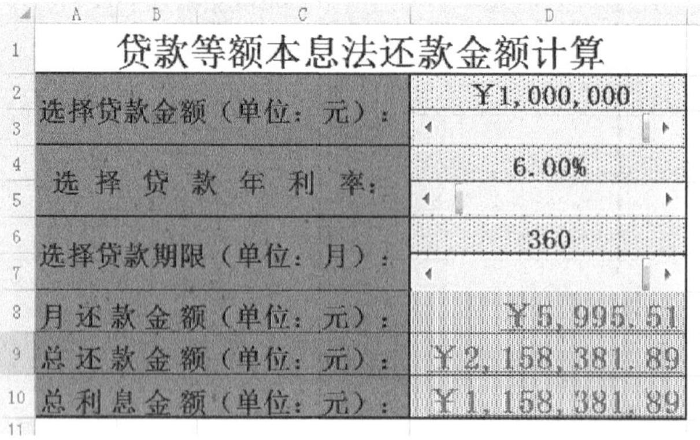

图 3-2-5 可调整利率期限金额等额本息法模型

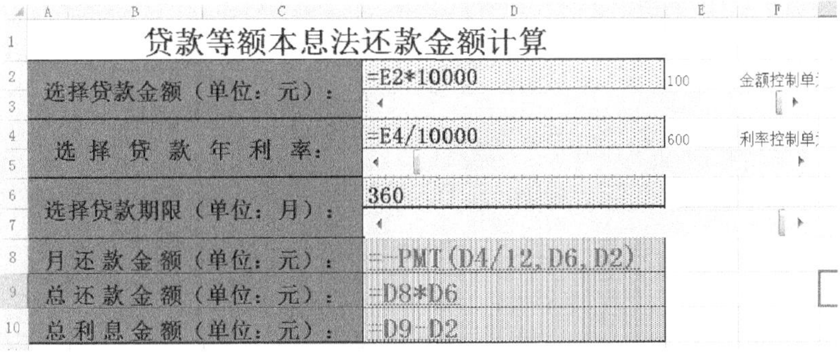

	A	B	C	D	E	F
1	贷款等额本息法还款金额计算					
2	选择贷款金额（单位：元）：			=E2*10000	100	金额控制单
3				◄ ►		
4	选择贷款年利率：			=E4/10000	600	利率控制单
5				◄ ►		
6	选择贷款期限（单位：月）：			360		
7						
8	月还款金额（单位：元）：			=-PMT(D4/12,D6,D2)		
9	总还款金额（单位：元）：			=D8*D6		
10	总利息金额（单位：元）：			=D9-D2		

图 3-2-6 可调整利率期限金额等额本息法模型公式

需要注意的是：贷款金额数字过大，超过了滚动条最大值 30 000；利息率数字过小，小于滚动条最小值 1，且利息率精度过高为万分之一，小于滚动条最小变动单位 1。因此贷款金额和利息率两个数字在用滚动条控制的时候采用间接控制法，就是控制贷款金额滚动条直接控制 E2 单元格，而显示金额的 D2 单元格输入计算式，为 E2 单元格数值的 10 000 倍；控制贷款利率的滚动条直接控制 E4 单元格，而显示利率的 D4 单元格输入计算式，为 E4 单元格数值的 1/10 000 倍。

四、可调整利率期限银行等额本金法模型

可调整利率期限金额等额本息法模型是在给定贷款金额、期限、利率条件下，快速计算出每月还款金额的模型。以等额本金法按月还款的房地产按揭贷款举例（见图 3-2-7、图 3-2-8）。

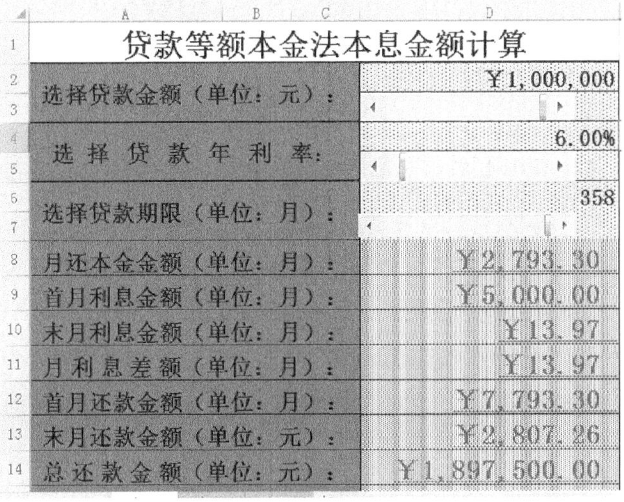

	A	B	C	D
1	贷款等额本金法本息金额计算			
2	选择贷款金额（单位：元）：			￥1,000,000
3			◄ ►	
4	选择贷款年利率：			6.00%
5			◄ ►	
6	选择贷款期限（单位：月）：			358
7				
8	月还本金金额（单位：月）：			￥2,793.30
9	首月利息金额（单位：月）：			￥5,000.00
10	末月利息金额（单位：月）：			￥13.97
11	月利息差额（单位：月）：			￥13.97
12	首月还款金额（单位：月）：			￥7,793.30
13	末月还款金额（单位：月）：			￥2,807.26
14	总还款金额（单位：元）：			￥1,897,500.00

图 3-2-7 可调整利率期限金额等额本金法模型

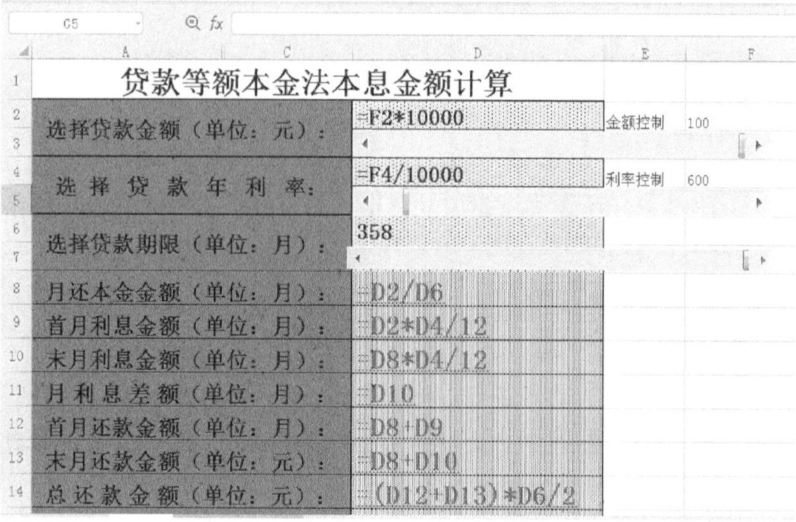

	A	C	D	E	F
1	贷款等额本金法本息金额计算				
2	选择贷款金额（单位：元）：		=F2*10000	金额控制	100
4	选择贷款年利率：		=F4/10000	利率控制	600
6	选择贷款期限（单位：月）		358		
8	月还本金金额（单位：月）：		=D2/D6		
9	首月利息金额（单位：月）：		=D2*D4/12		
10	末月利息金额（单位：月）：		=D8*D4/12		
11	月利息差额（单位：月）：		=D10		
12	首月还款金额（单位：月）：		=D8+D9		
13	末月还款金额（单位：元）：		=D8+D10		
14	总还款金额（单位：元）：		=(D12+D13)*D6/2		

图 3-2-8　可调整利率期限金额等额本金法模型公式

等额本金法下面，每个月的还款金额都不相同，是逐月按照固定金额减少的，每个月比前一个月减少一个月利息差额。

第三节　银行贷款特殊问题

银行贷款的特殊问题包括提前还款问题、利率变动问题、奇零期问题。

一、提前还款

提前还款，分为部分提前还款和全部提前还款。部分提前还款，就是在提前还款日还掉部分本金，然后依据剩余的贷款余额、剩余期限和原来约定的还款付息方式，重新计算每期的还本付息金额。全部提前还款，就是在提前还款日把剩余的贷款余额一次性全部还清，从而结束这笔贷款。

按照银行贷款还款时先息后本的原则，无论部分提前还款还是全部提前还款，都需要先结清截至提前还款日已经产生的利息，然后才可以冲减本金。

（一）全部提前还款

在不同还款方式下，全部提前还款处理方式基本相同，就是计算出提前还款日所产生的未付利息和贷款余额，在约定的提前还款日将这两笔金额全部偿还即可。

在到期一次还本付息的情况下，计算出截至提前还款日产生的所有利息，再加上贷款本金即提前还款日的还款金额。

在每期付息到期还本的情况下，计算出从上期结息到截至提前还款日产生的所有利息，再加上贷款本金即提前还款日的还款金额。

在等额本息法下，全部提前还款金额计算公式为：

$$\text{提前还款金额} = \text{月还款金额} \times (P/A, r, t)$$

r 为利息率，t 为提前还款的总期数。

注意此处的提前还款金额，不包括正常贷款合同约定的当月还款金额。

在等额本金法下，全部提前还款金额计算公式为：

$$\text{提前还款金额} = \text{月还款金额} \times t$$

t 为提前还款的总期数。

注意此处的提前还款金额，同样不包括正常贷款合同约定的当月还款金额。

（二）部分提前还款

在不同还款方式下，部分提前还款处理方式虽然差异较大，但是基本思路相同，就是计算出提前还款日所产生的未付利息和贷款余额，在约定的提前还款日收取未付利息，冲减贷款余额，然后按照原来约定的方式再次计算新的还款付息金额。

在到期一次还本付息的情况下，先收取截至提前还款日产生的所有利息，再冲减款本金，然后根据贷款余额计算到期日应付的利息和偿还的本金。

在每期付息到期还本的情况下，先收取出从上期结息到截至提前还款日产生的所有利息，再冲减款本金，然后根据贷款余额计算以后每期应付的利息和到期日偿还的本金。

在等额本息法下，先收取出从上期结息到截至提前还款日产生的所有利息，再冲减款本金，然后根据贷款余额和剩余贷款期限，重新计算以后每期应付的还款金额。

在等额本金法下，先收取出从上期结息到截至提前还款日产生的所有利息，再冲减款本金，然后根据贷款余额和剩余贷款期限，重新计算以后每期应偿还的本金和各期应付的利息，从而计算出每期还款金额。

（三）提前还款案例

银行收罚息了吗？

某女士买房时向银行按揭贷款 100 000 元，商业贷款的年利率为 5.04%，即月利率为 0.42%，该女士选择了 10 年期，即 120 个月等额还款法还款，每月还款：

$$100\,000 \times (A/P, 0.42\%, 120) = 1\,062.6(\text{元})$$

在还款 6 年，即 72 个月后，该女士希望把余款一次还清，银行要求该女士一次偿还：

$$1\,062.6 \times (P/A, 0.42\%, 48) = 1\,062.6 \times 43.388\,8 = 46\,104.95(\text{元})$$

该女士在偿还完余款后发现，自己一共偿还了银行：

$$1\,062.6 \times 72 + 46\,104.95 = 122\,612.15(\text{元})$$

扣除 100 000 元本金，6 年一共付给银行 22 612.15 元的利息。而自己如果贷款当初直接选择 6 年期(72 个月)的还贷期限，则每月还款：

$$100\,000 \times (A/P, 0.42\%, 72) = 1\,612.3(\text{元})$$

6 年共还款：

$$1\,612.3 \times 72 = 116\,085.6(元)$$

扣除 100 000 元本金,6 年一共付给银行 16 085.6 元的利息。自己同样 6 年还款,却要比直接选择 6 年期还款多支付利息:

$$22\,612.15 - 16\,085.6 = 6\,526.55(元)$$

于是该女士认为银行由于自己提前还贷收了罚息,而银行否认收取了罚息。聪明的读者,你有没有发现问题所在呢?

原来,每月的还款都是由当月的利息和还款的本金两部分所组成的,如第一个月该女士还款 1 062.6 元,是由第一个月的利息 $100\,000 \times 0.42\% = 420(元)$ 和偿还本金 $1\,062.6 - 420 = 642.6(元)$ 组成的。第二个月同样偿还 1 062.6 元的本息和,但是利息会比上个月少,本金会比上个月多,因为上个月已经偿还的本金就不用计算利息了。如果某女士直接选择 6 年的还款期限,则每月还款 1 612.3 元,同样以第一个月为例,是由第一个月的利息 $100\,000 \times 0.42\% = 420(元)$ 和偿还本金 $1\,612.3 - 420 = 1192.3(元)$ 组成的。这样,要比前者多还本金 $1\,192.3 - 642.6 = 549.7(元)$,前期偿还的本金多,则后期付的利息自然少;该女士前期偿还的本金少,所以后期付的利息多。所以,银行并没有收取罚息。

同样道理,很多购房人认为,等本还款法要比同期限的等额还款法付的利息少,从货币的时间价值的动态角度来看,你认为是这样的吗?

二、利率变动

利率变动问题是指在贷款执行期间,根据贷款合同约定和市场利率变动,而定期修改贷款适用利率的行为。目前,房地产按揭贷款以 LPR 为基础每年调整一次,这样当市场上 LPR 发生变动的时候,每年这笔贷款适用的利率都要调整一次。

利息变动问题的解决思路是首先按照全部提前还款来计算利率变动日这笔贷款的贷款余额;然后根据这个贷款余额、贷款剩余的期限和调整后新的利率,按照原来贷款合同约定的还本付息方式来重新计算这笔贷款每期的还本付息金额。

在到期一次还本付息的情况下,一般是短期贷款,合同一般约定不分段计息,故一般不存在利率变动问题。如果合同约定分段计息,则分段计息。

在每期付息到期还本的情况下,只是变动以后每期应付的利息金额。

在等额本息法下,全部提前还款金额计算公式为:

$$月还款金额 = 贷款余额 / (P/A, r, t)$$

r 为新的调整过的利息率,t 为剩余贷款期数。

注意此处的利率变动日与贷款每月还款日为同一天,如果不为同一天,将在下面奇零期问题中介绍。

在等额本金法下,每月偿还的本金金额不变,每月支付的利息金额按照新的调整后的利率重新计算。

三、奇零期

奇零期就是不完整的周期。银行贷款一般按年还款或者按月还款,每年或者每月都有一个还款日。如果提前还款或者利率变动没有发生在还款日,这样就有可能出现在计算利息的时候,不是按照完整的一年或者一个月来计算的,而是要根据具体情况来数天数。

(一)按日计息的规则

银行贷款一般都是约定年利息率的,如果按照月计算,则月利息率就是年利息率除以12。但是如果按照日计算,则有不同的规则:实际规则和30/360规则。

在实际规则下,日利息率等于年利息率除以当年的实际天数(365或者366);同样在计算存款或者贷款天数时,整年整月按照实际天数计算,不足整月的按照算头不算尾或者算尾不算头来计算。

在30/360规则下,日利息率等于年利息率除以360,等于月利息率除以30。凡是一个整年都按照360天计算,凡是一个整月都按照30天计算,不足整月的按照算头不算尾或者算尾不算头来计算。要先算整年,再算正月,最后算奇零期。

所谓整年是指从上一年的某月某日到下一年的某月某日,如果从上一年的2月29日到下一年没有2月29日,那就只能到2月的最后一天,就是2月28日。所谓一个整月,就是从上个月的某日到下个月的某日,如果上个月的某日在下个月没有,那么就到下个月的最后一天。比如正常月份2月只有28日,那么从1月28日到2月28日叫一个整月,从1月29日、30日甚至31日到2月28日,也叫作一个整月。

在按月计息的贷款中,一般采用30/360规则。

(二)利率调整的奇零期问题

每期付息到期还本、等额本金法的奇零期问题比较简单,等额本息法的奇零期问题比较复杂。

1. 等额本金法利率奇零期调整

【例3-2-1】 李先生于2019年12月申请到960 000元购房贷款,起息日为2019年12月7日,利率6.00%,期限10年,每月等额本金法还款,还款日为每月7日。按照贷款合同,该笔贷款在每年的1月1日可以进行一次利率调整,因此从2021年1月1日,该笔贷款使用了5.40%的新利率。请计算2021年1月和2月该客户还款金额。

解:

每月偿还本金:

$$960\ 000 \div 120 = 8\ 000(元)$$

截至2020年12月7日共还款12次,累计偿还本金:

$$8\ 000 \times 12 = 96\ 000(元)$$

截至2020年12月7日贷款余额:

$$960\,000 - 96\,000 = 864\,000(元)$$

2021年1月7日计息规则为前24天(31−7)适用6%利息率,后6天适用5.40%利息率,则计息为:

$$864\,000 \times \left(\frac{6\%}{360} \times 24 + \frac{5.4\%}{360} \times 6\right) = 4\,233.60(元)$$

2021年1月7日还款金额为:

$$8\,000 + 4\,233.6 = 12\,233.60(元)$$

截至2021年1月7日共还款13次,累计偿还本金:

$$8\,000 \times 13 = 104\,000(元)$$

截至2021年1月7日贷款余额:

$$960\,000 - 104\,000 = 856\,000(元)$$

2021年2月7日计息规则为适用5.40%利息率,则计息为:

$$856\,000 \times \frac{5.40\%}{12} = 3\,852(元)$$

2021年2月7日还款金额为:

$$8\,000 + 3\,852 = 11\,852(元)$$

2. 等额本息法利率奇零期调整

【例3-2-2】 李先生于2019年12月申请到960 000元购房贷款,起息日为2019年12月7日,利率6.00%,期限10年,每月等额本息法还款,还款日为每月7日。按照贷款合同,该笔贷款在每年的1月1日可以进行一次利率调整,因此从2021年1月1日,该笔贷款使用了5.40%的新利率。请计算2021年1月和2月该客户还款金额。

解:

(1) 做出该笔贷款的还本付息表格(见图3-3-1)。

从图3-3-1可得,2020年12月7日还款后,该笔贷款余额为887 738.67元,贷款剩余年限为108个月。

或者,贷款发放时候,利率为6%,每月还款金额为:

$$960\,000 \times (A/P, 0.5\%, 120) = 10\,657.97(元)$$

截至2020年12月7日还款后,该笔贷款余额为:

$$10\,657.97 \times (P/A, 0.5\%, 108) = 887\,738.67(元)$$

由于贷款利率是2021年1月1日变动的,介于2020年12月7日和2021年1月7日这一期间,这一期需要部分使用原利率,部分使用新利率。

	A	B	C	D	E	F
1	贷款金额		960000			
2	原利率		0.06			
3	新利率		0.054			
4	贷款期限		120	月		
5	还款方式:等额本息法					
6						
7	月份	日期	还款金额	支付利息	偿还本金	贷款余额
8	0					960000
9	1	2020/1/7	10657.97	4800.00	5857.97	954142.03
10	2	2020/2/7	10657.97	4770.71	5887.26	948254.77
11	3	2020/3/7	10657.97	4741.27	5916.69	942338.08
12	4	2020/4/7	10657.97	4711.69	5946.28	936391.80
13	5	2020/5/7	10657.97	4681.96	5976.01	930415.79
14	6	2020/6/7	10657.97	4652.08	6005.89	924409.90
15	7	2020/7/7	10657.97	4622.05	6035.92	918373.98
16	8	2020/8/7	10657.97	4591.87	6066.10	912307.89
17	9	2020/9/7	10657.97	4561.54	6096.43	906211.46
18	10	2020/10/7	10657.97	4531.06	6126.91	900084.55
19	11	2020/11/7	10657.97	4500.42	6157.55	893927.00
20	12	2020/12/7	10657.97	4469.64	6188.33	887738.67
21	13	2021/1/7	10657.97	4438.69	6219.27	881519.39
22	14	2021/2/7	10657.97	4407.60	6250.37	875269.02
23	15	2021/3/7	10657.97	4376.35	6281.62	868987.40
24	16	2021/4/7	10657.97	4344.94	6313.03	862674.37
25	17	2021/5/7	10657.97	4313.37	6344.60	856329.77
26	18	2021/6/7	10657.97	4281.65	6376.32	849953.45

图 3-3-1　利息率 6% 的贷款还款付息表(部分)

(2) 假设利率是 2020 年 12 月 7 日变动的,计算新的月还款金额:

$$\text{PMT}(0.0054/12, 108, 887738.67) = -10396.49(元)$$

需要说明的是,如果是 2020 年 12 月 7 日利率变动的,以后每月的还款金额下降为 10 396.49 元。

调整 2020 年 12 月 7 日到月底 24 天的利率,这 24 天实际上适用的是原来 6% 的利率,而非第二步假设的 5.4% 的利率,所以需要补一个利率差额:

$$887738.67 \times \frac{6\% - 5.4\%}{360} \times 24 = 355.10(元)$$

(3) 得出 2021 年 1 月 7 日还款金额为:

$$10396.49 + 355.10 = 10751.59(元)$$

其中支付利息为:

$$887738.67 \times \left(\frac{6\%}{360} \times 24 + \frac{5.4\%}{360} \times 6\right) = 4349.92(元)$$

偿还本金为:

$$10751.59 - 4349.92 = 6401.67(元)$$

值得注意的是,这个金额比上一年的月还款金额高,就是降息后第一个月还款金额可能会增加。与图 3-3-1 中 12 月 7 日还款付息金额相比,会发现总还款金额增加了,支付利息金额小幅下降了,而偿还本金金额较大幅上升了。这是因为,在等额本息法下,利息率越低,前期每期偿还的本金就越多。反之,加息后第一个月,也可能出现还款金额会减少的现象。2021年2月以后的月还款金额为10 396.49元,这个金额比上一年月还款金额低,这才显示出全部的降息效应。

(三)部分提前还款的奇零期问题

每期付息到期还本、等额本金法的奇零期问题比较简单,等额本息法的奇零期问题比较复杂。

1. 等额本金法部分提前还款奇零期调整

【例3-2-3】 李先生于2019年12月申请到960 000元购房贷款,起息日为2019年12月7日,利率6.00%,期限10年,每月等额本金法还款,还款日为每月7日。2020年4月20日,李先生用自己和妻子历年积累的住房公积金余额共100 000元一次冲还了贷款余额。请计算4月7日、4月20日、5月7日、6月7日这笔贷款的还本付息情况。

解:

每月偿还本金:

$$960\,000 \div 120 = 8\,000(元)$$

截至2020年3月7日共还款3次,累计偿还本金:

$$8\,000 \times 3 = 24\,000(元)$$

截至2020年3月7日贷款余额:

$$960\,000 - 24\,000 = 936\,000(元)$$

2020年4月7日计息为:

$$936\,00 \times 6\% \div 12 = 4\,680(元)$$

2020年4月7日还本为8 000元,总还款金额为:

$$8\,000 + 4\,680 = 12\,680(元)$$

2020年4月20日公积金账户100 000元一次性冲还贷款,相当于部分提前还款,按照先息后本原则,需要先结清4月7日到20日的利息:

4月7日还贷款后贷款余额为:

$$936\,000 - 8\,000 = 928\,000(元)$$

4月7日到20日的利息为:

$$928\,000 \times \frac{6\%}{360} \times 13 = 2\,010.67(元)$$

4月20日提前还款冲减本金金额为:

$$100\,000 - 2\,010.67 = 97\,989.33(元)$$

4月20日贷款余额为:

$$928\,000 - 97\,989.33 = 830\,010.67(元)$$

该贷款还剩余 116 期,则以后每期还本金额为:

$$830\,010.67 \div 116 = 7\,155.26(元)$$

5 月 7 日还款利息为:

$$830\,010.67 \times \frac{6\%}{360} \times 17 = 2\,351.70(元)$$

5 月 7 日还款总金额为:

$$2\,351.70 + 7\,155.26 = 9\,506.96(元)$$

5 月 7 日贷款余额:

$$830\,010.67 - 7\,155.26 = 822\,855.41(元)$$

6 月 7 日计息为:

$$822\,855.41 \times \frac{6\%}{12} = 4\,114.28(元)$$

6 月 7 日偿还本金为 7 155.26 元,总还款金额为:

$$4\,114.28 + 7\,155.26 = 11\,269.54(元)$$

2. 等额本息法部分提前还款奇零期调整

【例 3-2-4】 李先生于 2019 年 12 月申请到 960 000 元购房贷款,起息日为 2019 年 12 月 7 日,利率 6.00%,期限 10 年,每月等额本息法还款,还款日为每月 7 日。2020 年 4 月 20 日,李先生用自己和妻子历年积累的住房公积金余额共 100 000 元一次冲还了贷款余额。请计算 4 月 7 日、4 月 20 日、5 月 7 日、6 月 7 日这笔贷款的还本付息情况。

解:

(1) 做出该笔贷款的还本付息表格(见图 3-3-2)。

	A	B	C	D	E	F
1	贷款金额		960000			
2	利率		0.06			
3	贷款期限		120	月		
4	还款方式:等额本息法					
5						
6	月份	日期	还款金额	支付利息	偿还本金	贷款余额
7	0					960000
8	1	2020/1/7	10657.97	4800.00	5857.97	954142.03
9	2	2020/2/7	10657.97	4770.71	5887.26	948254.77
10	3	2020/3/7	10657.97	4741.27	5916.69	942338.08
11	4	2020/4/7	10657.97	4711.69	5946.28	936391.80
12	5	2020/5/7	10657.97	4681.96	5976.01	930415.79
13	6	2020/6/7	10657.97	4652.08	6005.89	924409.90
14	7	2020/7/7	10657.97	4622.05	6035.92	918373.98
15	8	2020/8/7	10657.97	4591.87	6066.10	912307.89
16	9	2020/9/7	10657.97	4561.54	6096.43	906211.46
17	10	2020/10/7	10657.97	4531.06	6126.91	900084.55
18	11	2020/11/7	10657.97	4500.42	6157.55	893927.00
19	12	2020/12/7	10657.97	4469.64	6188.33	887738.67

图 3-3-2 利息率 6%的贷款还款付息表(部分)

可得,4月7日总还款金额为10 657.97元,其中支付利息4 711.69元,偿还本金5 946.28元,贷款余额936 391.80元。

或者,贷款发放时候,利率为6%,每月还款金额为:

$$960\,000 \times (A/P, 0.5\%, 120) = 10\,657.97(元)$$

截至2020年4月7日还款后,该笔贷款余额为:

$$10\,657.97 \times (P/A, 0.5\%, 116) = 936\,391.80(元)$$

(2) 4月7日到20日的利息为:

$$936\,391.80 \times \frac{6\%}{360} \times 13 = 2\,028.85(元)$$

4月20日提前还款冲减本金金额为:

$$100\,000 - 2\,028.85 = 97\,971.15(元)$$

4月20日贷款余额为:

$$936\,391.80 - 97\,971.15 = 838\,420.65(元)$$

(3) 该笔贷款以后每月还款金额为:

该贷款还剩余116期,则以后每期还本金额为:

$$838\,420.65 \times (A/P, 0.5\%, 116) = 9\,542.87(元)$$

由于838 420.65元这个贷款余额是4月20日,所以如果5月份支付9 542.87元的话,应该在5月20日支付。现实工作中,有些银行会选择以后该客户每月还款日改为20日,每期金额为9 542.87元。这样做的好处是计算简单,坏处是以后同类贷款的还款日都集中到同一天,不利于银行资金流均衡。

另一些银行会不改变每月还款日,就是5月份还是7日付款,通过调整利息来把5月份的还款金额调整到7日,具体办法是:

如果5月20日还款9 542.87元,其中当月利息为:

$$838\,420.65 \times \frac{6\%}{360} \times 30 = 4\,192.10(元)$$

当月偿还的本金为:

$$9\,542.87 - 4\,192.10 = 5\,350.77(元)$$

如果5月7日还款,显然不需要支付1个月的利息,只需要支付4月20日到5月7日17天的利息,金额为:

$$838\,420.65 \times \frac{6\%}{360} \times 17 = 2\,375.53(元)$$

5月7日偿还本金为5 350.77元,支付利息为2 375.53元,总还款金额为:

2 375.53 + 5 350.77 = 7 726.30(元)

(4) 6月7日及以后每月还款金额均为 9 542.87 元。

第四节 银行贷款综合案例

以下案例综合了利率调整、奇零期、公积金冲还贷款、部分和全部提前还款等情形:

李先生于2007年12月申请到400 000元公积金购房贷款,起息日为2007年12月7日,利率5.22%,期限12年,每月等额还款。2008年4月20日,李先生用自己和妻子历年积累的住房公积金余额共44 420元一次冲还了贷款余额。2008年,央行多次下调的存贷款利率,住房公积金利率也多次相应下调,按照贷款合同,该笔贷款在每年的1月1日可以进行一次利率调整,因此从2009年1月1日,该笔贷款使用了3.87%的新利率。2009年4月20日,李先生用自己和妻子一年内年积累的住房公积金余额共15 410元一次冲还了贷款余额。李先生决定在2009年7月7日全部提前偿还贷款。

要求计算以下问题,并列出计算过程,把结果填写表3-4-1。

(1) 2008年1月7日~4月7日,李先生每月还款金额及银行贷款余额变化情况。
(2) 2008年4月20日公积金冲还贷款后,该笔贷款的余额。
(3) 2008年5月7日李先生还款金额及贷款余额。
(4) 2008年6月7日~12月7日,李先生每月还款金额及银行贷款余额变化情况。
(5) 2009年1月7日李先生还款金额及贷款余额。
(6) 2009年2月7日~4月7日李先生每月还款金额及银行贷款余额变化情况。
(7) 2009年4月20日公积金冲还贷款后,该笔贷款的余额。
(8) 2009年5月7日李先生还款金额及贷款余额。
(9) 2009年6月7日李先生还款金额及贷款余额。
(10) 2009年7月7日李先生还款金额。

表 3-4-1 李先生贷款的还贷明细表

次数	日期	贷款余额	还款金额	支付利息	偿还本金
0	20071207	400 000	0	0	0
1	20080107				
2	20080207				
3	20080307				
4	20080407				
5	20080420				
6	20080507				
7	20080607				
8	20080707				

（续表）

次数	日期	贷款余额	还款金额	支付利息	偿还本金
9	20080807				
10	20080907				
11	20081007				
12	20081107				
13	20081207				
14	20090107				
15	20090207				
16	20090307				
17	20090407				
18	20090420				
19	20090507				
20	20090607				
21	20090707				

解：

李先生贷款的还贷明细如图 3-4-1 所示，还贷明细公式如图 3-4-2 所示。

	A	B	C	D	E	F	G
1	贷款金额	400000		起息日	2007年12月7日	等额本息法	
2	利息07-08	5.22%					
3	利息09年	3.87%					
4		次数		日期	贷款余额	偿还金额	支付利息	偿还本金
5					400,000.00			
6			1	20080107	397,996.14	3,743.86	1,740.00	2,003.86
7			2	20080207	395,983.56	3,743.86	1,731.28	2,012.58
8			3	20080307	393,962.23	3,743.86	1,722.53	2,021.33
9			4	20080407	391,932.10	3,743.86	1,713.74	2,030.13
10		公积金冲贷5		20080420	348,250.89	44,420.00	738.79	43,681.21
11			6	20080507	346,439.18	2,670.15	858.44	1,811.71
12			7	20080607	344,619.59	3,326.60	1,507.01	1,819.59
13			8	20080707	342,792.08	3,326.60	1,499.10	1,827.51
14			9	20080807	340,956.62	3,326.60	1,491.15	1,835.46
15			10	20080907	339,113.18	3,326.60	1,483.16	1,843.44
16			11	20081007	337,261.71	3,326.60	1,475.14	1,851.46
17			12	20081107	335,402.20	3,326.60	1,467.09	1,859.52
18			13	20081207	333,534.59	3,326.60	1,459.00	1,867.60
19		利率调整14		20090107	331,503.58	3,406.84	1,375.83	2,031.01
20			15	20090207	329,466.03	3,106.66	1,069.10	2,037.56
21			16	20090307	327,421.90	3,106.66	1,062.53	2,044.13
22			17	20090407	325,371.18	3,106.66	1,055.94	2,050.72
23		公积金冲贷18		20090420	310,415.88	15,410.00	454.71	14,955.29
24			19	20090507	308,453.11	2,530.06	567.29	1,962.77
25			20	20090607	306,484.01	2,963.86	994.76	1,969.10
26		全部提前还款21		20090707	0.00	307,472.42	988.41	306,484.01

图 3-4-1 李先生贷款的还贷明细

	A	B	C	D	E	F	G
1	贷款金额	400000	起息日	39423	等额本息法		
2	利息07-08	0.0522					
3	利息09年	0.0387					
4		次数	日期	贷款余额	偿还金额	支付利息	偿还本金
5				=B1			
6		1	20080107	=D5-G6	=-PMT(B2/12,144,B1)	=D5*$B$2/12	=E6-F6
7		2	20080207	=D6-G7	=E6	=D6*$B$2/12	=E7-F7
8		3	20080307	=D7-G8	=E7	=D7*$B$2/12	=E8-F8
9		4	20080407	=D8-G9	=E8	=D8*$B$2/12	=E9-F9
10	公积金冲贷	5	20080420	=D9-G10	44420	=D9*B2/360*13	=E10-F10
11		6	20080507	=D10-G11	=F11+G11	=D10*B2/360*17	=E12-D10*B2/12
12		7	20080607	=D11-G12	=-PMT(B2/12,140,D10)	=D11*$B$2/12	=E12-F12
13		8	20080707	=D12-G13	=E12	=D12*$B$2/12	=E13-F13
14		9	20080807	=D13-G14	=E13	=D13*$B$2/12	=E14-F14
15		10	20080907	=D14-G15	=E14	=D14*$B$2/12	=E15-F15
16		11	20081007	=D15-G16	=E15	=D15*$B$2/12	=E16-F16
17		12	20081107	=D16-G17	=E16	=D16*$B$2/12	=E17-F17
18		13	20081207	=D17-G18	=E17	=D17*$B$2/12	=E18-F18
19	利率调整	14	20090107	=D18-G19	=F19+G19	=D18*(B2/360*24+B3/360*6)	=E19-D18*B3/12
20		15	20090207	=D19-G20	=-PMT(B3/12,132,D18)	=D19*$B$3/12	=E20-F20
21		16	20090307	=D20-G21	=E20	=D20*$B$3/12	=E21-F21
22		17	20090407	=D21-G22	=E21	=D21*$B$3/12	=E22-F22
23	公积金冲贷	18	20090420	=D22-G23	15410	=D22*B3/360*13	=E23-D23*B3/12
24		19	20090507	=D23-G24	=F24+G24	=D23*B3/360*17	=E25-F25
25		20	20090607	=D24-G25	=-PMT(B3/12,128,D23)	=D24*B3/12	=D25
26	全部提前还款	21	20090707	=D25-G26	=F26+G26	=D25*B3/12	

图 3-4-2 李先生贷款的还贷明细公式

第五节 金融租赁

一、金融租赁概述

金融租赁也称融资租赁,是一种交易。这种交易的方式是出租人根据承租人的请求,向承租人指定的出卖人,按承租人同意的条件,购买承租人指定的资本货物,并以承租人支付租金为条件,将该资本货物的占有、使用和收益权转让给承租人。在同一宗融资租赁交易中,必定包含有所述资本货物的买卖和以该货物为租赁物的租赁这样两类互为条件、又相互独立的交易,它们分别由相关的买卖合同和融资租赁合同体现。在这种交易中,必定要有资本货物的出卖人、兼为租赁物出租人的该货物的买入人以及租赁物的承租人这样的三方当事人存在。因此,通常把融资租赁描述为是包含着两类合同和三方当事人的交易。

融资租赁不是买卖或分期付款买卖,因为在合同期内其标的物的所有权不转移,在合同履行完毕时其标的物的所有权也不一定转移。融资租赁不是借贷,因为,其标的物是资本货物(某种实物财产),而不是货币。融资租赁也不是借贷中的抵押,因为其标的物属于出租人所有,而标的物的所有权人是不能同时又是该物的抵押权人的。

融资租赁是租赁的一个类别。同任何租赁一样,它也是一种以收取租金为条件而让与标的物使用权的交易。融资租赁同其他租赁的区别在于,从交易的法律形式看,在其他租赁中,不会有出租人按承租人的请求而购买标的物的事由,因此,只有出租人及承租人这两方当事人,而不会有融资租赁中的三方当事人。尤其是,从交易的经济实质看,在其他租赁中,租金是占有出租人所提供的实物财产的对价;而在融资租赁中,租金是占有出租人所提供的资金的对价。在其他租赁中,随附于租赁物所有权的风险和报酬是属于出租人自己的;而在融资租赁中,这一风险和报酬则是由出租人向承租人实质性地转移的。

之所以称为融资租赁,正是在于它的"融资"属性。正因此,无论融资租赁将具有怎样的发展形式,包括其中出租人提供服务内容的增多,我们仍必须把融资租赁作为一种准金融业务看待。也正因此,负责监督管理我国主营融资租赁业务的金融租赁公司的行政部门是中国人民银行。

二、租金的计算

租金的计算分为等额租金先付法和等额租金后付法。

(一)等额租金先付法

这种方法的本质,就是已知现值求预付年金。公式为:

$$各期租金 = 起租日合同成本 \times \frac{\left(1+\frac{合同年利率}{支付次数}\right)^{成本摊付次数-1} \times 合同年利率}{\left(1+\frac{合同年利率}{每年支付次数}\right)^{成本摊付次数} - 1}$$

(二)等额租金后付法

这种方法的本质,就是已知现值求普通年金。公式为:

$$各期租金 = 起租日合同成本 \times \frac{\left(1+\frac{合同年利率}{支付次数}\right)^{成本摊付次数} \times 合同年利率}{\left(1+\frac{合同年利率}{每年支付次数}\right)^{成本摊付次数} - 1}$$

使用 Excel,可以用 PMT 函数解决这两种计算。

练 习 题

1. 某客户向银行申请到 1 000 000 元住房公积金贷款,利率为 3.5%,客户选择 25 年等额本息法偿还。请计算该客户未来 25 年每月的还款金额和偿还本金、支付利息的金额。

2. 某客户向银行申请到 1 000 000 元住房公积金贷款,利率为 3.5%,客户选择 25 年等额本金法偿还。请计算该客户未来 25 年每月的还款金额和偿还本金、支付利息的金额。

第四章　金融理财实验

金融理财是人们为了实现自己的生活目标,合理管理自身财务资源的一个过程,它贯穿于人们的一生。通俗而言,理财就是以"管钱"为中心,通过抓好攒钱、生钱、护钱三个环节,管理好现在和未来的现金流,让资产在保值的基础上实现稳步、持续的增值。

理财的目标是建立一个财务安全健康的生活体系,实现人生各阶段的目标和理想,其最终目标是实现财务自由。理财目标的实现需要通过规划制定不同的方案来实现,理财规划主要包括对客户评价和家庭财务报表的编制与诊断分析、投资规划、教育规划、保险规划、退休规划、税务规划、遗产规划、现金规划、消费规划等。

本章主要介绍金融理财规划相关的理论和方法、Excel常用财务函数在金融理财中的应用、家庭财务报表编制与分析、生涯仿真表编制与分析等,重难点为家庭财务报表编制与分析、生涯仿真表编制与分析。

第一节　生命周期理论

一、生命周期的概念

生命周期理论是指个人在相当长的时间内计划消费和储蓄行为,以在整个生命周期内实现消费的最佳配置。生命周期理论是由意大利人莫迪利阿尼等人创建。莫迪利阿尼认为人的生命是有限的,可以区分为依赖、成熟和退休三个阶段。一个人一生的财富累积状况就像驼峰的形状,在人年轻时很少,工作稳定之后开始成长累积,到退休之前(中年时期)其财富累积达到高峰,随后开始降低。其基本思想是一个人综合考虑其即期收入、未来收入,以及可预期的开支、工作时间、退休时间等因素来决定目前的消费和储蓄,以使其消费水平在一生内保持相对平衡,而不至于出现消费水平的大幅波动。

二、生命周期各阶段理财目标

按年龄层划分,个人生命周期可分为5个阶段,不同阶段,有着不同的财务特点,相应有着不同的理财任务(见表4-1-1)。

(一)快乐单身期:20～29岁(毕业、就业)

理财任务:建立个人信用,搜集大环境资讯,开始投资计划、购车计划和结婚计划。

(二)家庭形成期:30～39岁(结婚、创业、育儿)

理财任务:检视财务计划,评估财务风险,对逐渐增加的收入和资产进行中长期规划、创业基金规划和子女教育基金规划。

（三）家庭成长期：40～49岁（子女成熟期）

理财任务：退休基金规划，检讨各项投资种类及额度，做保守及稳定的投资。

（四）家庭成熟期：50～59岁（子女独立自主）

理财任务：加速累积退休金，采取风险低，安全性高的理财方式，获利性则在其次。

（五）退休养老期：60岁以后

理财任务：获得稳定且固定收入，对未来的环境需求作规划，妥善运用养老基金，并尽力开源充裕基金。

表 4-1-1　不同生命周期的理财目标

家庭生命周期	时间阶段	基本特点	理财目标
快乐单身期	20～29岁	收入低、负担轻	节财、资产增值
家庭形成期	30～39岁	收入增加、开支加大	购房、结婚、购置硬件、购车、育儿、子女教育、保险、资产增值
家庭成长期	40～49岁	开支大增、家庭负担和责任最重	子女教育、保险、资产增值、购房、购车、资产增值
家庭成熟期	50～59岁	事业顶峰、收入稳定、财务压力减轻	子女教育、资产增值、养老
退休养老期	60岁以后	收入减少	养老、资产增值、遗产

注：此表参考了《金融理财学原理（下）》（北京当代金融培训有限公司，2019年5月，456页，表31-4）；《金融理财规划实务》（张壬葵主编，郑州大学出版社，2016年6月，11页，表1-1）。

理财规划就是根据在个人不同生命周期的特点，针对学业、职业的选择到家庭、居住、退休所需要的财务状况，综合使用银行产品、证券、保险产品等金融工具，来进行理财活动和财务安排，实现不同阶段的理财目标。

第二节　金融理财中常用的 Excel 财务函数

金融理财涉及一定时间跨度内的成本和收益核算。无论是个人和家庭，都必须根据未来的预期收入，评估当前投资，因而不可避免地要对不同时期的金融资产进行价值比较。对于跨期金融资产的价值计算，就要运用到货币的时间价值理论，必须按照时间的顺序，列明现金流。

计算现金流时，需要分析两个重要因素：一是时间间隔的长短，也就是时间上的联系；二是金额的高低，也就是价值上的联系。对现金流进行分析，是进行理财规划的第一步，也是最基本的计算和分析方法。最典型的现金流计算包括：终值、现值、年金、不等额年金、永续年金和递延年金等各方面的计算。本节将详细介绍时间价值相关的 Excel 财务函数在理财中的应用。

一、Excel 财务函数的相关解释

Excel 中财务函数的使用有两种方法，下面以现值计算为例。一是在 Excel 的"公式"

菜单中可以找到财务函数(见图4-2-1);二是可直接在单元格中输入相应财务函数公式,在公式中依次输入rate、nper、pmt、fv、type相关参数取值(见图4-2-2)。

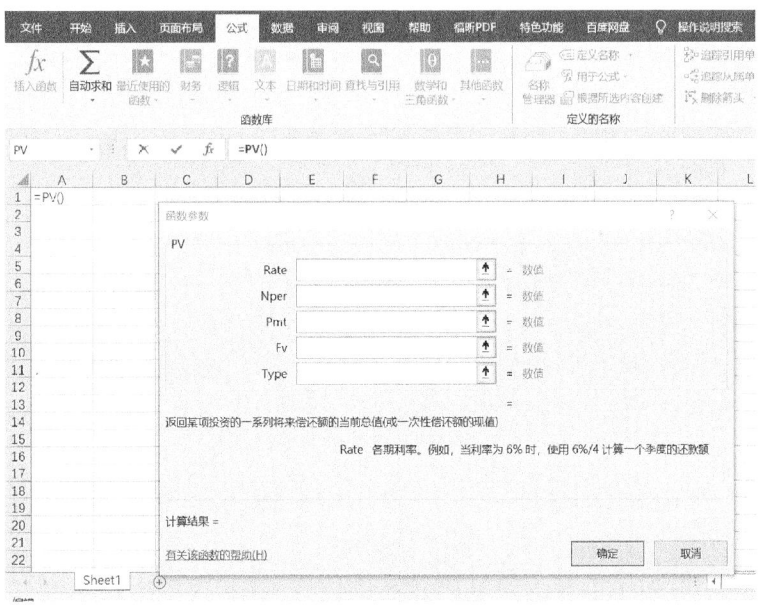

图4-2-1　函数图解(1)

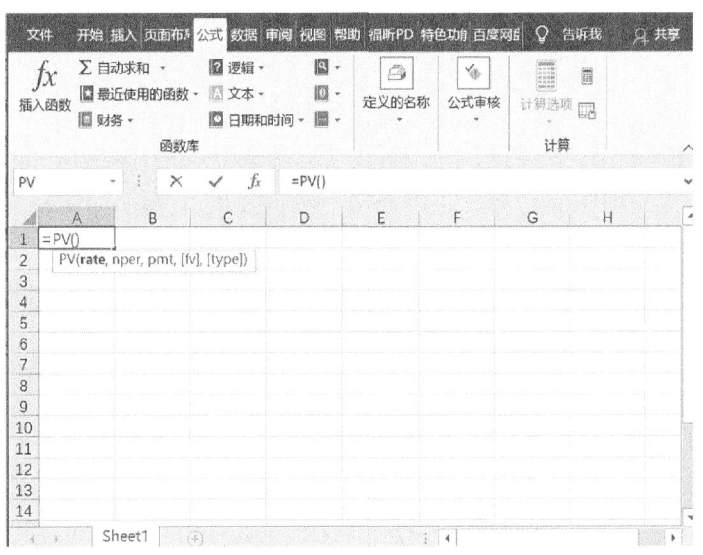

图4-2-2　函数图解(2)

rate:输入如10%,可输入0.1或10%。

type:1为期初,0为期末,如为0,可缺省。

输入数字时,如投资、存款、生活费用支出、房贷本息支出都是现金流出,输入负号;收入、赎回投资、借入本金都是现金流入,输入正号。

只要输入任何 4 个变量,就可以求出第 5 个变量。

二、现值、终值及财务函数的使用

(一)现值、终值定义

现值(present value,PV),指在未来时点上现金流折算到现在对应的价值。

终值(future value,FV),指在一定量资金折算到未来时点上现金流的价值,也称未来值。

(二)参数介绍

函数运用的关键是选取参数,相应参数的含义如下所示:

1. 现值函数

现值函数:PV(R,N,PMT,FV,0/1)。其中:R 为折现率;N 为期数;PMT 为年金;FV 为终值;0 代表期末年金;1 代表期初年金。

2. 终值函数

终值函数:FV(R,N,PMT,PV,0/1)。其中:R 为投资报酬率;N 为期数;PMT 为年金;PV 为现值;0 代表期末年金;1 代表期初年金。

(三)参数的选取与计算

下面以现值函数为例介绍。

【例 4-2-1】 假设某人准备投资一个项目,投资期限 5 年,每年投入 5 万元,年投资报酬率 5%,复利计息,到期时项目可获得 100 万元的收入,所有现金流均发生在期末,请问现在需投入多少初始投资额?

解:

输入投资报酬率、期数、年金、未来值,用 PV 函数可算出现值。PV 函数中的现金流均设定为期末发生(见图 4-2-3)。当单元格中数据发生变动时,计算结果自动变化。终值函数同理操作,这里不再赘述。

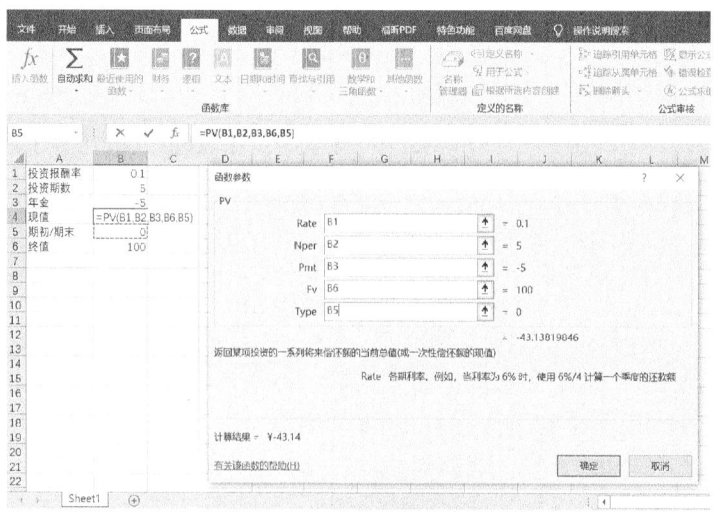

图 4-2-3　PV 函数图解

三、规则现金流及财务函数运用

(一) 年金

1. 年金的内涵

年金是指等额、定期的系列收支。例如,分期付款赊购、分期偿还贷款、发放养老金、分期支付工程款、每年相同的销售收入等,都属于年金收付形式。普通年金又称后付年金,是指各期期末收付的年金。即付年金发生在期初,也叫期初年金。

2. 年金函数

年金函数(PMT):PMT(R,N,PV,FV,0/1)。其中,R 为折现率或贷款利率;N 为期数;PV 为现值;FV 为终值;0 代表期末年金;1 代表期初年金。

【例 4-2-2】 假设某人准备投资一个理财产品,初始投入 43.1382 万元,投资期限 5 年,年投资报酬率 5%,复利计息,到期时可获得 100 万元收入,所有现金流均发生在期末,请问平均每期还需投入多少投资额度?

解:

输入投资报酬率、期数、现值、未来值,用 PMT 函数可算出现值。PMT 函数中的现金流均设定为期末发生(见图 4-2-4)。

图 4-2-4 PMT 函数图解

(二) 本利平均摊还本金函数

本利平均摊还本金函数(PPMT)是在本利平均摊还的情况下,计算某期的本金偿还额,在房产规划的房贷计算中运用较多。相关参数及参数含义如下所示:

PPMT(R,PER,N,PV,FV,0/1)。其中,R 为折现率或贷款利率;PER 为第几期;N

为期数；PV 为期初贷款总额；FV 为期末贷款余额。

本利平均摊还本金函数是在本利平均摊还的情况下，计算某期的本金偿还额，在房产规划的房贷计算中运用较多。

（三）本利平均摊还利息函数

本利平均摊还本金函数（IPMT）是在本利平均摊还的情况下，计算某期的利息偿还额。相关参数及参数含义如下所示：

IPMT(R,PER,N,PV,FV,0/1)。其中，R 为折现率或贷款利率；PER 为第几期；N 为期数；PV 为期初贷款总额；FV 为期末贷款余额；0 代表期末年金。

（四）本金平均摊还利息函数

本金平均摊还本金函数（ISPMT）是在本金平均摊还的情况下，计算某期的利息偿还额。本金平均摊还法是指每月偿还固定金额的本金，利息则以贷款金额减去已偿还本金的余额来计算，每月摊还之本金金额固定，但每月偿付之利息金额则逐月递减。相关参数及参数含义如下所示：

ISPMT(R,PER-1,N,PV)。其中，R 为折现率或贷款利率；PER 为第几期；N 为总期数；PV 为期初贷款总额。

【例 4-2-3】 小王住房按揭贷款 150 万元，利率为 5%，30 年还清，本利平均摊还月供额是多少？第 50 期本金与利息各是多少？如果采用本金平均摊还，第 50 期本金与利息各是多少？

解：

$$R = 5\%/12 = 0.416\ 7\ \% \qquad N = 12 \times 30 = 360$$

（1）本利平均摊还法：

月供额：PMT(0.416 7%,3 600,1 500 000,0,0)＝－8 052.69(元)（见图 4-2-5）。

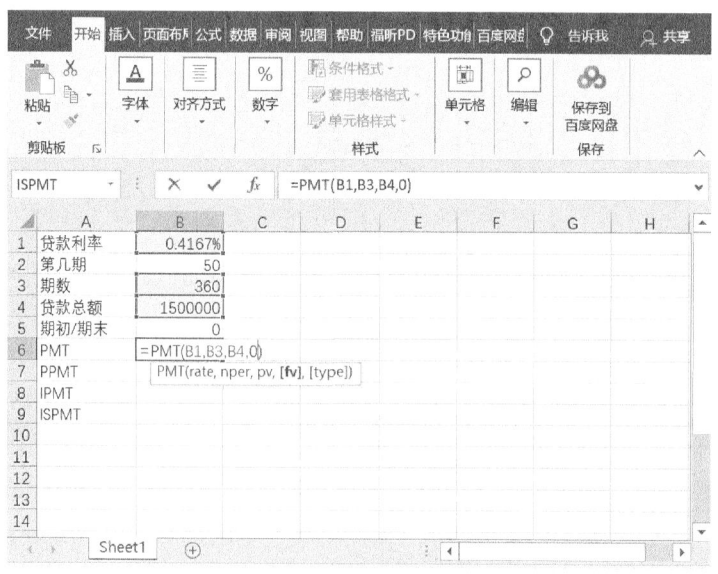

图 4-2-5　本利平均摊还月供额

第 50 期本金:PPMT(0.416 7%,50,360,1 500 000,0,0)=－2 209.49(元)(见图 4-2-6)。

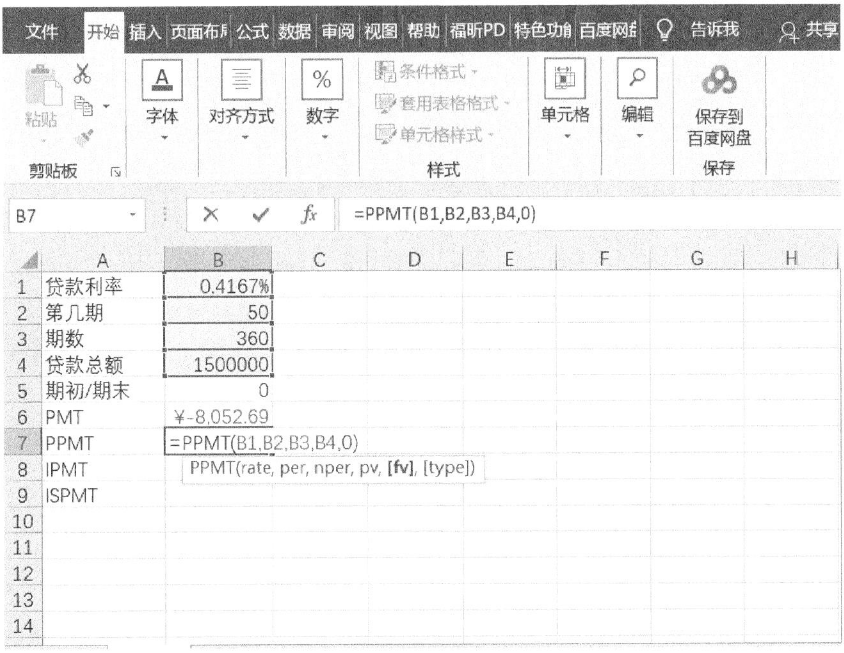

图 4-2-6　本利平均摊第 50 期本金

第 50 期利息:IPMT(0.416 7%,50,360,1 500 000,0,0)=－5 843.2(元)(见图 4-2-7)。

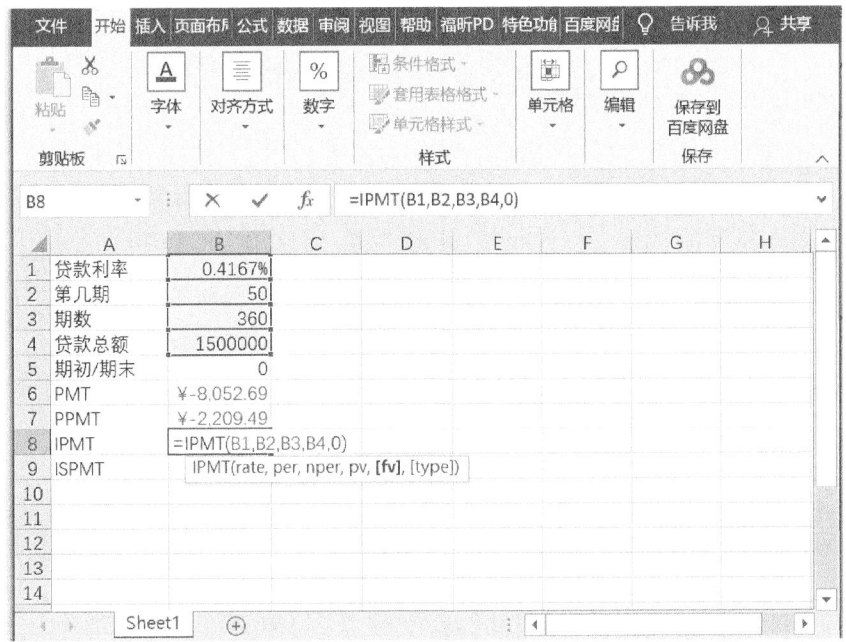

图 4-2-7　本利平均摊第 50 期利息

(2) 本金平均摊还法：

每期本金：1 500 000/360＝4 166.667(元)。

第 50 期利息：ISPMT(0.416 7‰,49,3 600,1 500 000)＝－5 399.738(元)(见图 4-2-8)。

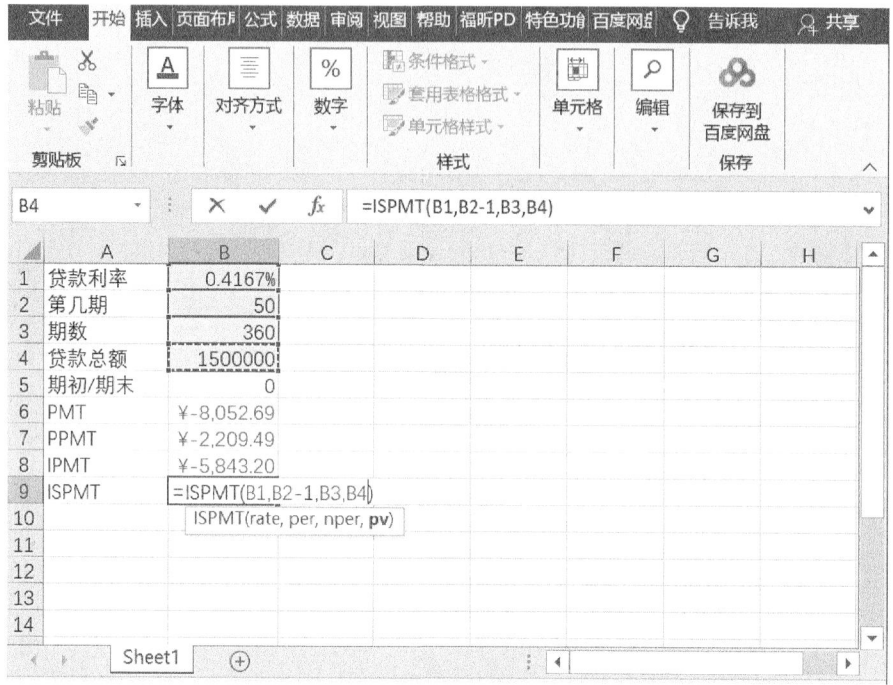

图 4-2-8　本金平均摊第 50 期利息

四、不规则现金流及财务函数运用

(一) 净现值和内部报酬率

1. 净现值

净现值(NPV)是指所有现金流(包括正现金流和负现金流)的现值之和。计算公式如下：

$$\mathrm{NPV}=\sum_{t=1}^{\infty}\frac{C_t}{(1+r)^t}$$

对于一个投资项目,如果 NPV＞0,表明该项目有利可图；相反地,如果 NPV＜0,表明该项目无利可图。

2. 内部报酬率

内部报酬率(IRR)是指使净现值等于 0 的贴现率。计算公式如下：

$$\mathrm{NPV}=\sum_{t=1}^{\infty}\frac{C_t}{(1+IRR)^t}=0$$

对于一个投资项目,如果 $r<$ IRR,表明该项目有利可图;相反地,如果 $r>$ IRR,表明该项目无利可图。其中 r 表示融资成本。

(二) 财务函数说明

1. 净现值函数

净现值函数:NPV(R,投资 CF0,现金流量数列 $C_1,C_2,\cdots,C_n$)。

现金流量为正数,表示当期有现金流入,若为负数,表示当期有现金流出。NPV 通常用于比较两个投资方案何者划算。NPV 越高者越划算。

2. 内部报酬率函数

内部报酬率函数:IRR(投资 CF0,现金流量数列 $C_1,C_2,\cdots,C_n$)。

现金流量为正数,表示当期有现金流入,如为负数,表示当期有现金流出。IRR 越高,目标实现的可能性越低。

【例 4-2-4】 对于一个投资项目,初始投资 10 000 元,共投资 5 年,各年的现金流如图 4-2-9 所示,如果贴现率为 5%,那么净现值是多少? 使得净现值为零的内部报酬率是多少?

解:

(1) 净现值:NPV(5%,-10 000,1 000,2 000,3 000,4 000,5 000)=2 444.18(元)(见图 4-2-9)。

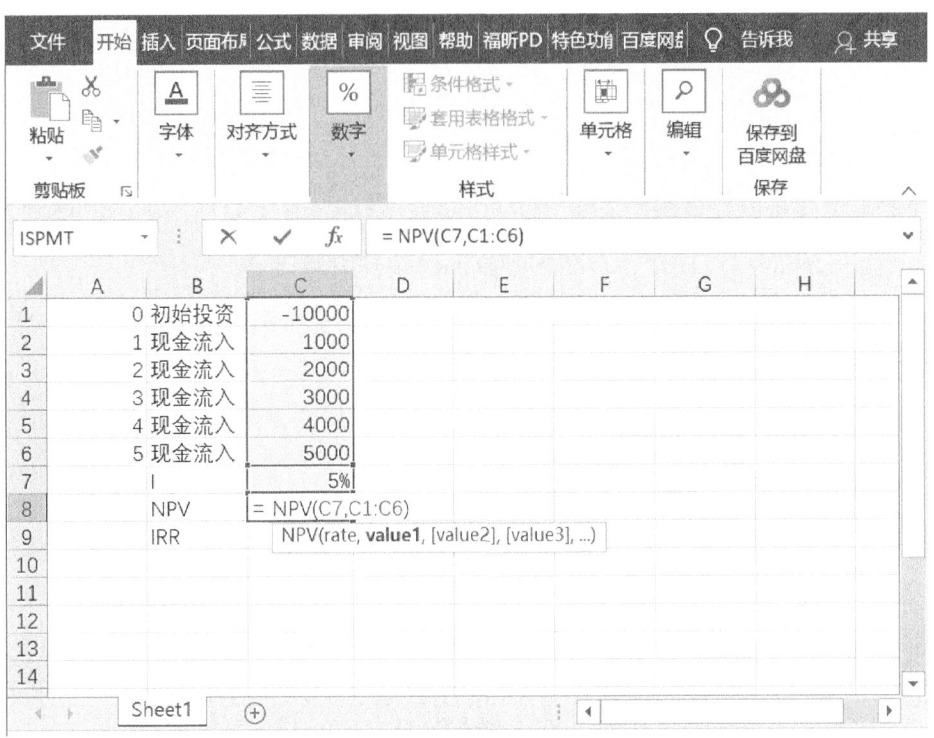

图 4-2-9 净现值 NPV 函数计算过程

(2) 内部报酬率:IRR(−10 000,1 000,2 000,3 000,4 000,5 000)=12%(见图4-2-10)。

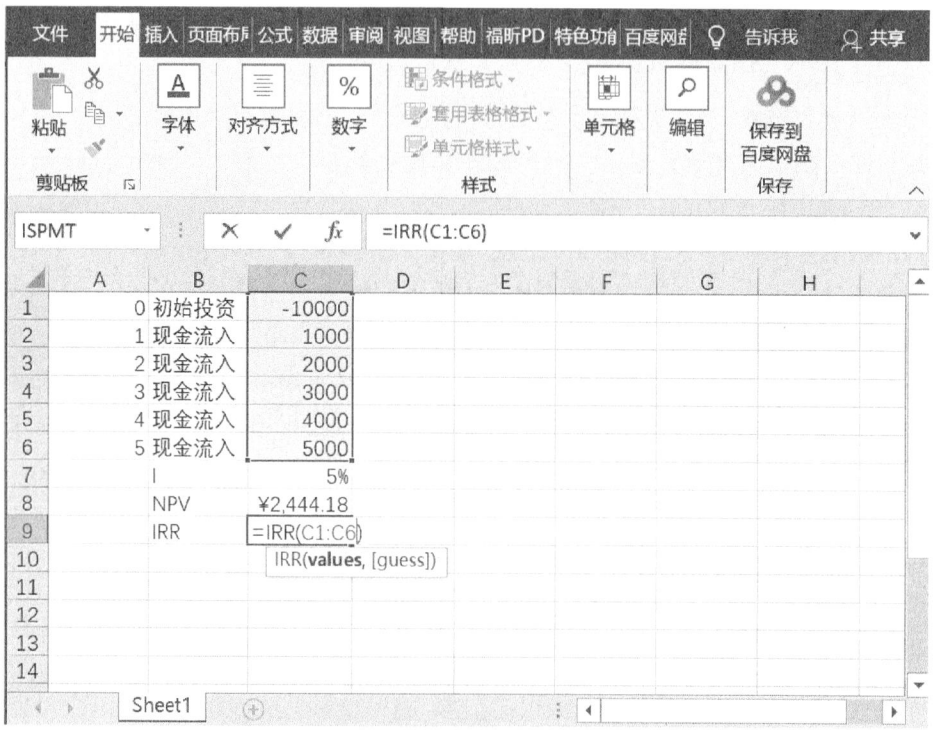

图 4-2-10　内部报酬率 IRR 函数计算过程

五、其他财务函数运用

1. 期数函数

期数函数:NPER(R,PMT,PV,FV,0/1)。其中:R 为折现率或贷款利率;PMT 为年金;PV 为现值;FV 为终值;0 代表期末年金;1 代表期初年金。

2. 利率函数

利率函数:RATE(N,PMT,PV,FV,0/1)。其中:N 为期数;PMT 为年金;PV 为现值;FV 为终值;0 代表期末年金;1 代表期初年金。

【例 4-2-5】　小张现有资产 30 万元用于基金投资,每年再投资 2 万元,报酬率 10%,问:小张几年后可以累计 100 万元退休金? 假如投资报酬率未知,但其他条件不变,但已知小张投资 10 年便可达到目标,请问报酬率是多少?

解:

(1) 期数:NPER(10%,−20 000,−300 000,1 000 000,0)=9.19(注:Excel 中的 NPER 函数的计算结果可以是小数)(见图 4-2-11)。

(2) 报酬率:RATE(10,−20 000,−300 000,1 000 000,0)=9%(见图 4-2-12)。

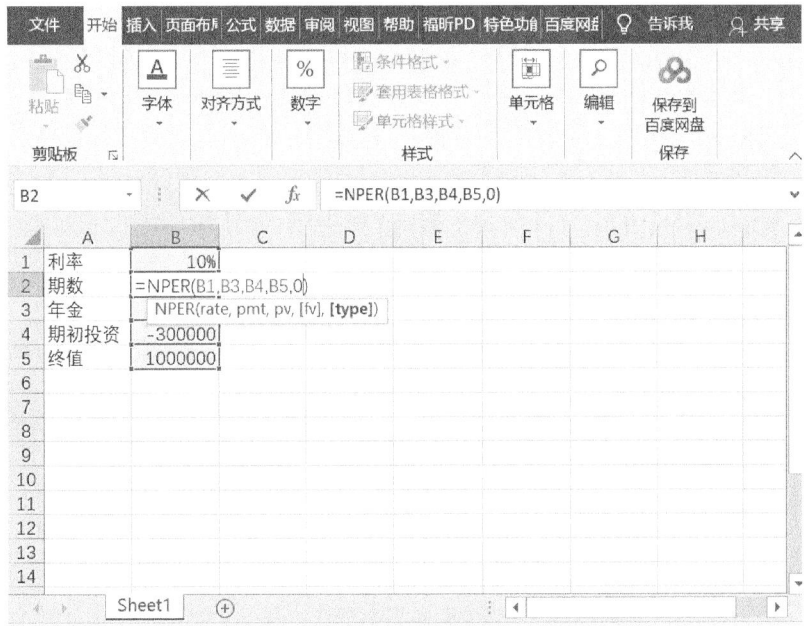

图 4-2-11 所需期数的 NPER 函数计算过程

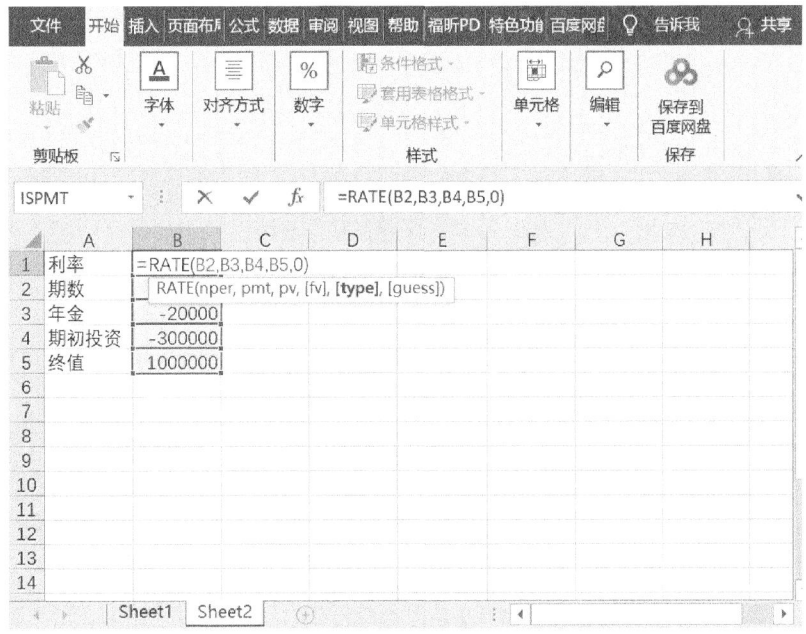

图 4-2-12 所需报酬率 RATE 函数计算过程

3. IF 函数

IF 函数在金融理财规划中使用得较为频繁,可以使用判断条件设置不同的显示内容。

IF(A,B,C):若 A 成立(IF),输出 B(then),若 A 不成立,输出 C(else)。IF 函数可以多层次,最多 16 层。

【例 4-2-5】 假设老王今年 55 岁,65 岁退休,退休前年收入为 20 万,退休后养老金每年为 8 万。不考虑工资成长率,计算每年现金流。

解:

IF(A≤65,200 000,80 000),A 为年龄,65 岁退休,退休前工作收入为 20 万元,退休后养老金收入为 8 万元。相应的现金流显示如图 4-2-13 所示。

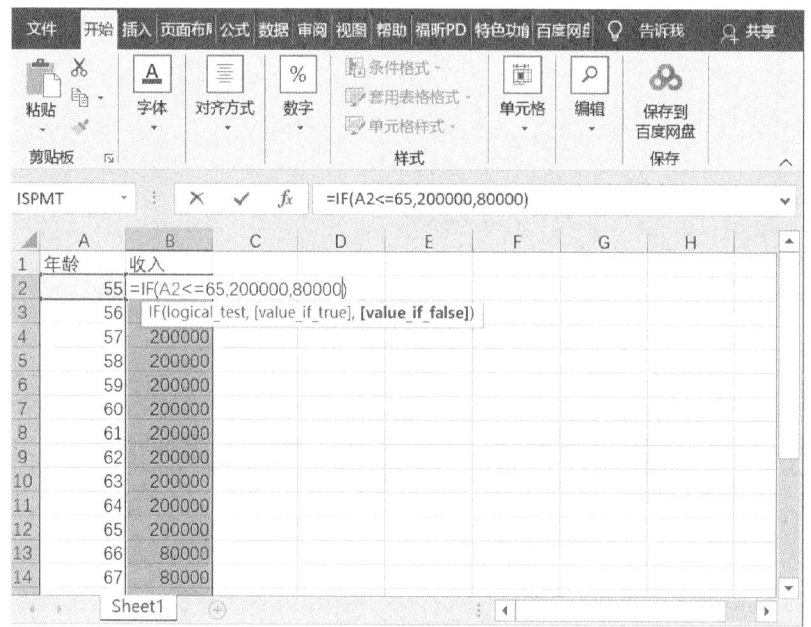

图 4-2-13　IF 函数使用演示

第三节　家庭财务报表的编制与分析

在进行理财规划之前,首先要了解家庭财务状况。本节介绍财务报表的编制及财务状况评估。第一,可以通过资产负债表和现金流量表,识别家庭中能用来做投资、实现理财目标的一些资源。第二,可以通过分析财务报表,明确家庭里面的财务问题,从而有针对性地对未来进行合理的预算和规划。

一、家庭资产负债表

家庭资产负债表反映某一时点上的家庭资产总额与结构、家庭负债总额与结构、净资产,是分析家庭财务状况的必需资料。其中,家庭净资产是家庭资产减去家庭负债后的余额或净值,家庭资产负债表的内容如表 4-3-1 所示。

流动性资产－流动性负债 ＝ 流动性净值

投资性资产－投资性负债＝投资性净值

自用性资产－自用性负债＝自用性净值

表 4-3-1　家庭资产负债表

资产项目	成本	市价	负债项目	金额	净值项目	成本	市价
现金			信用卡循环信用				
活期存款			小额消费信贷				
其他流动性资产			其他短期消费性负债				
流动性资产合计			流动性负债合计		流动性净值		
定期存款			金融投资借款				
外币存款			实业投资借款				
股票投资			投资性房产按揭贷款				
债券投资			其他投资性负债				
基金投资							
投资性房产							
保单现金价值							
其他投资性资产							
投资性资产合计			投资性负债合计		投资性净值		
自用房产			自用住房按揭贷款				
自用汽车			汽车按揭贷款				
其他自用性资产			其他自用性负债				
自用性资产合计			自用性负债合计		自用性净值		
资产总计			负债总计		总净值		

注:此表参考了《金融理财学原理(上)》(北京当代金融培训有限公司,2019年5月,199页、204页,表6-1和表6-4)

(一) 家庭资产

从有利于家庭财务管理的角度,将家庭的资产归纳为流动性资产、投资性资产和自用性资产三大类。

1. 流动性资产

流动性资产主要是用于满足家庭日常生活开支需要的资产,主要包括现金和活期存款。现金的占用不能带来收入,活期存款由于利率极低,所能带来的利息收入几乎可以忽略不计。因而过多的流动性资产既不能满足家庭日常生活需要,又不能给家庭带来收入。理财规划时应将其控制在合理的范围内。

2. 投资性资产

投资性资产是指家庭用于投资的能够给家庭带来收入的资产。就家庭而言,投资性资产主要是金融资产,包括银行定期存款、股票债券、基金、信托和理财产品、储蓄性保险产品、黄金外汇、投资性房产等。对于投保的意外险、产险和医疗等费用性质的险种,不出险不会得到赔偿,保单现金价值不高,不必列入资产项目中。但对于投保的子女教育储蓄年金、终身寿险、养老保险、退休年金,特别是投资型保险,只要投保在两年以上,就有现金价值,应计入投资性资产,注意只有保单现金价值才能列入资产,保额不列入。

另外,如果有社保,住房公积金账户余额、个人养老金账户余额以及医疗保险个人账户余额也应列入投资性资产,因为此类账户的余额也是在账户累计生息的,具有投资性资产的性质。

3. 自用性资产

家庭的自用性资产是家庭在日常生活中经常要用到的资产,大多以实物形式存在,包括房屋、汽车、家具、家电和衣物等,其中自用汽车的市场价值以二手车市场上同等车的市场价格确定。这些资产不仅不会给家庭带来收入,而且它们的使用还会不断消耗家庭的资源,如房屋需要维修、汽车需要加油、家用电器的使用要耗电等。另外,家庭的自用性资产也不容易变现,贬值快。总的来说,理财规划与自用性资产没有直接的对应关系,因而,不是理财规划考察的主要内容。

注意,资产中的实业投资、自住房、公积金账户和养老金账户都不列入生涯仿真表的理财准备。

(二)家庭负债

家庭负债是指家庭成员承担非家庭成员的所有债务。相对于家庭资产来说,家庭负债的项目是有限的。大致可以归纳为流动性负债、投资性负债和自用性负债三大类。

1. 流动性负债

流动性负债主要包括信用卡透支、应付租金、应付水电气费、电话费、消费贷款等。

2. 投资性负债

投资性负债是指家庭通过借贷获得的用于投资的能够给家庭带来收入的负债,如投资性房贷、金融投资借款等。投资性房贷的余额计入投资性负债,而每月还款的本息计入收支储蓄表的相应项目。

3. 自用性负债

家庭的自用性负债是家庭为购置满足日常生活中经常要用到的资产而发生的负债,包括房屋、汽车的购置贷款等。房贷的余额计入投资性负债,而每月还款的本息计入收支储蓄表的相应项目。

二、家庭收支储蓄表

家庭收支储蓄表反映某一段时间的家庭的收入、支出和储蓄情况,是分析家庭财务状况的必需资料,家庭收支储蓄表的内容如表4-3-2所示。

表 4-3-2　收支储蓄表

收入项目	金额	支出项目	金额	储蓄项目	金额	储蓄运用	金额
薪资收入		家庭生活支出				基金定投	
兼职/劳务收入		赡养父母支出				储蓄型保费	
险金		子女学费支出					
所得税扣缴（负向）		其他生活支出					
工作收入		生活支出		工作储蓄		资产增加	
利息收入		保障型保费支出				还房贷本金	
资本利得		利息支出（房贷利息支出等）					
房屋出租金等其他理财收入		其他理财支出					
理财收入		理财支出		理财储蓄		负债减少	
总收入		总支出		总储蓄		自由储蓄	

注：此表参考了《金融理财学原理（上）》（北京当代金融培训有限公司，2019年5月，208页，表6-6）

（一）收入

1. 工作收入

工作收入是指劳动者用自己的体力劳动或者脑力劳动换来的收入。常见的工作收入有工资、奖金、劳务报酬、稿酬等。

注意，个人所得税作为减项，不入收支储蓄表；个人和单位缴纳的公积金，计入工作收入；医疗保险个人和单位缴纳的进入个人账户的部分计入工作收入；个人缴纳的失业保险同时计入工作收入和理财支出；社会养老保险，个人和单位缴纳的进入个人账户计入工作收入。

2. 理财收入

理财收入是投资取得收入，如股利收入、利息收入、资本利得（如果是损失，记录成负数）、保单里现金价值的生息、社会养老保险和公积金里的生息、房租收入等。理财收入是投资效果的数据展现。退休后无工作收入，所以应逐年增加理财收入的比重。

注意，变现资产的现金流入包含本金和资本利得，只有资本利得记收入，收回投资本金为资产调整。

（二）支出

1. 生活支出

生活支出是指为了活着和活得好而消费的一些物质或者精神支出，如吃饭、租房、娱乐、旅游等。

2. 理财支出

理财支出主要包括利息支出、购买保障性保险等需要的支出。如，房贷的利息支出、购买车险或者纯消费型保险保障保费的支出。注意，长期寿险等带有储蓄性质的保单，自然保费作为理财支出,实缴保费与自然保费的差额不计入理财支出。

(三)储蓄

1. 工作储蓄

工作收入－生活支出＝工作储蓄。退休以后没有工作收入,此时工作储蓄为负。

2. 理财储蓄

理财收入－理财支出＝理财储蓄。

3. 总储蓄

工作储蓄＋理财储蓄＝总储蓄。这个数据是衡量每月的净资产增加的唯一指标。

4. 固定用途储蓄

固定用途储蓄是指储蓄中用于长期目标的定额储蓄以及本金的定期还款。等额本息还款方式下每个月摊还额中的本金部分属于固定用途储蓄,利息部分算作支出,车贷提前还款本金属于自由储蓄。

5. 自由储蓄

储蓄中除去固定用途储蓄的部分属于自由储蓄,即可以自由使用的资金,可以用它来旅游或者提前还清贷款。

三、家庭财务状况分析及诊断

(一)家庭偿债能力指标

1. 资产负债率

资产负债率的公式如下:

$$资产负债率 = \frac{总负债}{总资产}$$

此指标用来衡量家庭的综合还债能力,适度负债可以提升家庭的财务水平,但本指标最好控制在60%以下。

2. 流动比率

流动比率的公式如下:

$$流动比率 = \frac{流动性资产}{流动性负债}$$

此指标用来衡量家庭流动性资产在短期债务到期以前,可以变为现金用于偿还负债的能力。一般说来,比率越高,说明资产的变现能力越强,短期偿债能力亦越强;反之则弱。

此指标一般控制在200%以上较为合理。

3. 财务负担比率

财务负担比率的公式如下:

$$财务负担比率 = \frac{年本息支出}{年收入}$$

反映一定时期内,家庭财务状况的良好程度,一般小于等于 40% 为宜,过高容易发生家庭财务危机。

(二) 家庭应急能力指标

家庭应急能力用紧急预备金倍数来作为指标,其公式如下:

$$紧急预备金倍数 = \frac{流动性资产}{年总支出} \times 12$$

家庭保有一定的流动性资产是为了应对失业或紧急事故的出现,该比率反映了家庭流动性资产可以应付几个月的总支出,一般流动性资产应该能够应付 3~6 个月的支出,过少会导致紧急状况出现时没有钱用,过多会使得资金丧失获得投资收益的机会,使用效率较低,如投保了医疗险或者是产险,或有备用贷款信用额度,则紧急预备金可降低,若待业时间长,则应提高紧急预备金的水平。

(三) 家庭储蓄能力指标

1. 工作储蓄率

工作储蓄率的公式如下:

$$工作储蓄率 = \frac{税后工作收入 - 消费支出}{税后工作收入}$$

税后工作收入包括社保缴费的收入,该指标一般保持在 20% 以上,工资收入绝对值越高,储蓄率应越高。

2. 净储蓄率

净储蓄率的公式如下:

$$净储蓄率 = \frac{税后工作收入 - 总支出}{税后总收入}$$

税后总收入包括工作收入以及理财收入。该指标一般保持在 25% 以上,开源节流会提高该指标。

3. 自由储蓄率

自由储蓄率的公式如下:

$$自由储蓄率 = \frac{自由储蓄}{税后总收入}$$

该指标一般保持在 10% 以上比较合适,自由储蓄率越高,说明家庭资金越宽裕,可用来满足更多的短期目标或是提高还债。

(四) 家庭财务自由度指标

家庭财务自由度的公式如下:

$$财务自由度 = \frac{年理财收入}{年总支出}$$

理想的目标值是在退休之际,财务自由度等于1,即包括退休金在内的资产,放在银行生息的话,光靠利息就可以满足维生。但当存款利率降低到较低水平时,如果仍以存款利率衡量,多数人的财务自由度会偏低。但如果每个人估计不同的投资报酬率,那样财务自由度则无从互相比较。因此需要一个较客观的标准,每个家庭都可以用一个合理的投资报酬率,根据各自净值和年支出状况来计算财务自由度。

(五)家庭财富增值能力指标

1. 生息资产比率

生息资产比率的公式如下:

$$生息资产比率 = \frac{流动性资产 + 投资性资产}{总资产}$$

生息资产包括流动性资产以及投资性资产,该指标主要用于衡量家庭资产中有多少可以拿来应付流动性、成长性与保值性的需求。年轻人应尽早利用生息资产来累积第一桶金,通常该指标应保持在50%以上。

2. 平均投资报酬率

平均投资报酬率的公式如下:

$$平均投资报酬率 = \frac{理财收入}{生息资产}$$

该指标主要用于衡量家庭投资绩效,一般应比通货膨胀率高2%以上,才能保证家庭财富的保值增值。因资产配置比率与市场表现的一个差异,每年的投资报酬率会有较大的波动。可选择合适的指标来比较当年度的投资绩效。

(六)家庭保障能力指标

1. 保费负担率

保费负担率的公式如下:

$$保费负担率 = \frac{保障性保费}{税后工作收入}$$

只有社保不足以应对寿险与产险的需求,应该根据家庭需要购买相应的保险,保费的绝对值大小与工作收入的绝对值有很大的关系,一般以工作收入的5%~15%为合理的商业保费预算的标准。

2. 保费覆盖率

保费覆盖率的公式如下:

$$保险覆盖率 = \frac{应有保额}{税后工作收入}$$

该指标表示,保额应是收入的10倍以上,在风险发生时才足以给家庭带来很好的保障,具体数值与家庭和个人的安全感需求有关。

家庭财务状况分析与诊断如表4-3-3所示。

表 4-3-3　家庭财务状况分析与诊断

指标	财务比率	定义	合理值
偿债能力	资产负债率	总负债/总资产	≤60%
	流动比率	流动性资产/流动性负债	≥200%
	财务负担比率	年本息支出/年收入	≤40%
应急能力	紧急预备金倍数	流动性资产/月支出	3~6
储蓄能力	工作储蓄率	(税后工作收入－消费支出)/税后工作收入	≥20%
	净储蓄率	(税后工作收入－总支出)/税后总收入	≥25%
	自由储蓄率	(储蓄－固定的储蓄)/税后总收入	≥10%
财务自由度	财务自由度	年理财收入/年支出	≥30%
财富增值能力	生息资产比率	生息资产/总资产	≥50%
	平均投资收益率	年理财收入/生息资产	≥5%
保障能力	保费负担率	保障性保费/年收入	5%~15%
	保险覆盖率	寿险保额/年工资收入	≥10

注：此表参考了《金融理财学原理(上)》(北京当代金融培训有限公司,2019 年 5 月,第 218-228 页)

第四节　生涯仿真表的编制与分析

生涯仿真表是以客户目前的家庭财务状况为基础,在各项参数假设条件下,考虑在未来不同的时间点上,客户家庭的各项现金流入和理财目标支出,动态地模拟该客户家庭未来的每年现金流(收支余额)的变化,以及累计的理财准备(可变现的生息资产)在各年度的情况,以测试各项理财目标的可实现性。生涯仿真表的设计步骤：

(1) 依据客户的资产负债表和收入储蓄表,计算客户未来收入支出现金流。

(2) 设定理财目标及所需金额并计算未来所需现金流。

(3) 计算当年净现金流量(NPV)：NPV＝每年税后收入－每年生活支出－当年理财目标支出－当年负债本利摊还。

(4) 计算内部报酬率(IRR)：由期初现金流量与评估期间各期现金流量,可算出实现长期理财目标所需的 IRR。

(5) 计算本期末累计理财准备金：本期末累计理财储备金＝上一期累计理财准备金×(1＋IRR)＋当期净现金流。

一、生涯仿真表的现金流

(一) 决定现金流的四大参数

生涯仿真表是模拟未来的报表,因此其中未来各个年度的收入与支出都是预算数字,这些预算数字是以最近一个年度的收支储蓄表为基准,考虑资产负债表,再假设合理的收入和支出增长率所得出来的。在考虑生涯仿真表的收支现金流时,需考虑以下4个变量:

(1) 几年后开始(年),用N_1表示。除了初始理财准备的N_1为0之外,最早为1(尽快实现),最晚为到终老之年的年数(遗产目标),如10年以后的子女大学教育金:$N_1=10$。

(2) 期初现金流(元),用CF_0表示。所参考的数据都是现在搜集到的数据,因此都是现值,如目前大学的年学费为1万元:$CF_0=-10\,000$。

(3) 持续年数(年),用N_2表示。若一次实现,N_2为1,若以年金领取方式实现,N_2为年金领取年数,如大学本科要念4年:$N_2=4$。

(4) 现金流增长率,用g表示。如子女教育目标的学费增长率,退休目标的生活费用增长率,购房目标的房价增长率等,如学费增长率g=5%。

注意,在设定公式时,夫妻的收入与支出CF_0都是过去1年的金额,因此未来1年就会以g增长率增长,理财目标如购房等,未来1年就是目标的金额,从第2年起才按照g增长率增长。现金流的具体参数如表4-4-1所示。

表4-4-1 现金流的4个参数

参数	代号
几年后开始(年)	N_1
期初现金流(元)	CF_0
持续年数(年)	N_2
现金流增长率	g

(二) 收入的现金流入

1. 收入

家庭收入只考虑未来的工作收入,流动性资产会产生理财收入,当年产生的理财收入就包括在年底资产负债表的流动性资产当中,未来每年产生的理财收入在最后的生涯仿真表中的累计理财准备部分体现。

要能够体现家庭成员不同的收支预算情况,夫妻的工作收入应该分开计算。

注意,夫妻的收入与支出CF_0都是过去1年的金额,因此未来1年就会以g增长率增长。工作收入分别计算到夫妻退休那一年为止。

2. 自用资产

自用资产只有在进行换房或换车规划时才会将自用资产(旧房或旧车)出售后的现金放到生涯仿真表中,作为现金流入。在预估旧房出售价值时要同时考虑房价增长率与折旧率,出售旧车通常只考虑残值。房产投资的房租收入、实业投资的股息收入与变现股权收入也考虑在内。

(三) 持续性支出的现金流出

1. 家庭生活支出的现金流出

家庭的生活支出包括夫妻的生活支出、女儿和儿子的抚养费和教育费、父母的赡养费等。为了体现家庭成员不同的支出预算情况,家庭各成员包括子女或者需要赡养父母的生活支出应分开计算,夫妻的生活支出,计算到退休那一年为止;子女的生活支出,计算到子女完成学业可独立生活为止;需要赡养的父母或岳父母,计算到其预计的终老年龄为止。

注意,家庭的生活支出为持续性支出,是以过去 1 年的支出现金流为期初现金流 CF_0。

2. 负债

已经存在的短期负债在未来 1 年一次清偿,如果是以年供额方式清偿,会出现在收支储蓄表中。若为到期一次本利结清,根据几年后到期,以目前的负债余额为期初现金流,持续 1 年,现金流增长率就是贷款的利率。

(四)理财目标的现金流出

家庭的理财目标有子女教育、养老、购房、购车、保险等。理财目标的现金流出和持续性现金流分析流程类似。

二、当期净现金流及内部报酬率

(一)当期净现金流

当期净现金流(CF_t)是第 t 期现金流入和流出的结余,如下所示:

$$当期净现金流 = 当期工作收入 + 自用资产变现现金流入 - 当期家庭支出 - 当期一次本利结清负债 - 当期各理财目标现金流出$$

理论上结余可以是正数,也可以是负数,如果是第 t 期的净现金流入出现负数说明产生了赤字,需要用以往的累积结余即第 t 期之前的累积理财准备中的现金部分来弥补,如果第 t 期净现金流入为正数说明当期产生了盈余,可以增加到累积理财准备(FR_t)中,继续以预设的收益率水平获取收益。注意 CF_0 的金额为初始积累的具有变现能力的生息资产。

(二)内部报酬率

使净现值为零的报酬率为内部报酬率(IRR)。

合理的理财方案应该满足 ROI>IRR>RF>0 的条件,它表示实现家庭全生涯现金流平衡的内部报酬率要求(IRR)在客户可以接受的风险属性的投资报酬率(ROI)之内,并且这样的收益率高于无风险收益率(RF),意味着累积理财准备的资产不能完全通过具有无风险收益率的投资来实现,需要构建一个有效的资产组合才能实现。

如果 IRR<RF,表示仅依靠投资具有无风险收益率的工具就能够实现客户未来所有的理财目标,这样的情况说明客户的理财目标过低,对理财师说累积理财准备的投资挑战性不够。

如果 IRR>ROI,则应该降低当前或退休后的生活水平,降低购房目标,延后退休,提高收入增长率或降低支出增长率假设。可以用生涯仿真表中的敏感度分析来模拟应该调整的各项比率组合,提供方案建议。

另外,内部报酬率不一定算得出来。在算不出来时,以内部报酬率计算的累积理财准备也算不出来。此时可以用以 RF 或 ROI 计算出来的累积理财准备判断理财目标是否可以达成。如果用 RF 算出来的累积理财准备都是正数,表示不用冒投资风险,所有的理财目标都可以达成,最后一年(以夫妻中预期较晚身故的年数计)的累积理财准备就是客户留下来的遗产;如果用 RF 算出来的累积理财准备出现负数,但以 ROI 计算出来的各期累积理财准备都是正数,表示在达到投资规划预期的投资报酬率时,理财目标才可以如期实现。如果用 RF 或 ROI 计算出来的理财准备都是负数出现,表示理财目标无法达成,需要进行调整。

如果想在退休后适用比较低的投资报酬率,则可以把退休后的收入与支出都用退休后的投资报酬率进行折现,把退休后每年的现金流量折现到退休后的第一年。这样算出的内部报酬率就是退休前为满足所有理财目标需要达到的最低投资报酬率。

三、累积理财准备

(一)累积理财准备的概念

累积理财准备(FR_t)是指能够通过投资产生理财收入的具有变现能力的生息资产,初期截至第 t 期期末的除自用以外的具有变现能力的生息资产总和。

由三部分构成:

(1) 第 t 期的净现金流(CF_t)。

(2) 以上各期累积的具有变现能力的生息资产(FR_{t-1})。

(3) FR_{t-1} 所产生的收益。预设不同的收益率将产生不同的资产收益,一般理财经理将采用无风险收益率(RF)、客户风险测评以后能够达到的最高投资报酬率(ROI)来测算客户家庭未来各期的累积理财准备(FR_t)。

注意,列在累积理财准备中的资产必须具有流动性和可分割性,因此将生息资产中的房产投资与实业投资分离出来,在生涯仿真表中考虑房产投资的房租收入与出售收入,也考虑实业投资的股息收入与变现股权收入。

(二)初期的累积理财准备

1. 初期的累积理财准备

初期的累积理财准备计算公式如下:

$$\text{初期的累积理财准备}(FR_0) = \text{初始的当期净现金流}(CF_0) = \text{初始累积的具有变现能力的生息资产}$$

$$= \text{流动性资产} + \text{投资性资产} - \text{房产投资} - \text{实业投资} - \text{既得权益} - \text{紧急备用金}$$

2. 既得利益

既得利益计算公式如下:

$$\text{既得利益} = \text{住房公积金个人账户余额} + \text{社保养老金个人账户余额} + \text{社保医疗个人账户余额} + \text{企业年金账户余额} + \text{寿险保单现金价值}$$

(三) 第 t 期的累积理财准备

第 t 期的累积理财准备计算公式如下：

$$\begin{matrix} \text{第 } t \text{ 期的累积} \\ \text{理财准备}(FR_t) \end{matrix} = \begin{matrix} \text{第 } t \text{ 期的净现金} \\ \text{流 } CF_t \end{matrix} + \begin{matrix} \text{第 } t-1 \text{ 期的累积} \\ \text{理财准备 } FR_{t-1} \end{matrix} \times \left(1 + \begin{matrix} \text{投资} \\ \text{报酬率} \end{matrix}\right)$$

预设的投资报酬率越高，各期的累积理财准备(FR_t)就会越多，更容易实现客户未来各个时期的理财目标；但是，过高的预期投资报酬率将使客户承受更大的不确定性，甚至会超出客户所能够承受的极限。

只有客户未来各期的累积理财准备均为正，才能说明客户的人生各阶段理财目标可以实现，最后生命结束时余留下来的(FR_n)就是遗产中具有变现能力的生息资产部分；如果考虑遗产为零($FR_{n=0}$)，同时要求各期的累积理财准备(FR_t)均为正，倒推出来的投资报酬率就是整个人生的收入和支出完美匹配所要求的收益率水平(即 IRR)；如果第 t 期累积理财准备(FR_t)出现赤字，说明第 t 期所有的累积理财准备无法满足该期的全部支出需求，需要理财师采取调整措施，以保证累积理财准备(FR_t)这一列始终为正。

四、可行性与敏感性分析

(一) 理财目标的可行性分析

对于给定的理财目标，如果是单目标实现，可以以理财目标实现或开始当年为时间基准点，将此前现金流按投资回报率求得终值，而将此后的现金流折现，比较二者可作出判断。比如在做养老规划时，退休当年就是一个基准点。而当有多个理财目标需要实现时，有三种选择：一是目标顺序法，即按目标实现的时间先后顺序依次达成。二是目标现值法，即把所有资源和目标的现金流都折算到现在对比净现值。三是目标并进法，即对所有目标同时进行资源配置。那么对于理财目标特别是多个理财目标的可行性，可采用以下方法进行定量分析。

1. 现金流分析

现金流量分析旨在判断现有资产、借贷或收支结余能否支撑该方案所需的额外支出。在各目标预计达成的时点，要判断所累积的资产或后续的现金流入能否支撑该方案所需的现金流出，能够支撑的方案才纳入考虑。

现金流量支撑是理财方案决策的第一道关卡，能够过关的方案才需要继续以净现值或内部报酬率来做比较。当运用生涯仿真表做理财决策时，表中任何一年的理财准备都必须大于 0 元，表示在实现目标时没有资金缺口。

例如，以客户目前的资产和现金流制作购房方案，到目标购房时点，资金累积额应足以支付首付款，购房后的现金流应足以支付贷款月供额。而对于较为刚性的目标，如子女教育金规划，可以计算出届时需要多少现金投入才足以支撑目标的现金流出。

2. 净现值分析

在运用净现值分析做理财决策时，只考虑可选方案所涉及的各期现金流量，折现计算净现值。各可选方案在进行比较时，应年限相同、折现率相同。在做投资决策时，净现值为负数的方案不予考虑,在进行其他决策时,取净现值高的方案。

例如,租房或购房决策,租房决策一般考虑押金和租金的现金流量,而购房决策则考虑首付款、年供款额、售房净流入的现金流量;将两者的现金流分别折现为净现值进行比较,净现值较高者应该予以优先考虑。

又如,针对投资决策,可将各方案的投资成本、投资期间的现金流和出售资产的现金流入折现,净现值大于0元且较高者应该予以优先考虑。

3. 内部报酬率分析

在运用内部报酬率分析做理财方案决策时,要将所有的理财目标所涉及的现金流量一并考虑,内部报酬率较低者,表示要达成所有理财目标所需要的投资报酬率较低,达成的可能性较高,应优先考虑。

各可选方案在进行比较时,应年限相同,现金流量不同,但有正有负,可算出内部报酬率。内部报酬率较低者,表示要达成所有理财目标需要的投资报酬率较低,达成的可能性较高,应优先考虑。IRR在算不出来时则无法比较。

例如,在规划退休时点时,通常退休前的净现金流为正数,退休后为负数,可算出不同年龄退休所需的内部报酬率然后再做比较。越早退休,所需的内部报酬率越高,此时的决策应为在可接受的内部报酬率下选择相对应的退休时点。

一个综合性的理财决策,如移民决策,会同时涉及异地购房、创业与支付子女教育费用等计划,因此也就同时牵涉多项现金流量,此时最好使用生涯仿真表,以内部报酬率或净现值做决策。运用生涯仿真表时,可做如下分析理财目标的可行性:

1) 目标可达成的情况

(1) 各年度累积理财准备均为正数。

(2) 内部报酬率低于风险属性的投资报酬率。

(3) 当内部报酬率无法算出时,以风险属性的投资报酬率计算的净现值大于零。

(4) 可能留下很多的遗产,需要提前做遗产规划,或者增加目标,提高以后的生活品质。

2) 目标无法达成的情况

(1) 有些年度累积理财准备为负数,表示这些年度变现生息资产仍无法达成理财目标。

(2) 内部报酬率高于风险属性的投资报酬率。

(3) 当内部报酬率无法算出时,以风险属性的投资报酬率计算的净现值小于零。

3) 目标无法达成时的措施

(1) 考虑借款。在积理财准备为负数的当年,通过借款弥补当年赤字,设有借款利率、年限、还款方式,用以后年度多余的现金流量来偿还。考虑借款的情况要符合以下3个条件:①负数的金额不高,如5万元以内;②负数持续的年限不长,如3年以内;③后面的现金流都是正数,足以用来偿还借款。这种情况有可能采用3~5年的中短期借款解决周转问题。

(2) 不考虑借款。可调整理财目标或调整收入与支出。也可以提前变现投资性房产和实业投资,使累积理财准备变为正数。

(二) 敏感性分析

(1) 在生涯仿真表中,改变收入增长率、支出增长率、学费增长率、房价增长率,在生涯仿真的增长率部分输入各项重要的增长率假设,这些假设会被代入相应的规划中用于计算现金流。可对 IRR 的变化与累积理财准备是否会成为负数进行敏感性分析。

(2) 也可以改变投资报酬率,对净现值进行敏感度分析。

(3) 可以计算假设的变动超过多少就会影响理财目标的达成。如果理财目标无法达成或者有太多的遗产,可以改变增长率以改进方案。

练 习 题

1. 小张现在有 20 万元,如果投资到基金,每年赚 10%。请问:5 年后会得到多少钱?

2. 小李投资房地产,每年可收租金 2 万元。5 年后出售,可回收 50 万元。请问:在 5% 的折现率下,合理房价是多少?他想购买一套 60 万元的房子是否合适?

3. 小王希望 5 年后购买一辆 30 万元的轿车,如果能每年维持 10% 的投资报酬率。请问:现在应单笔存多少钱?每年底或每月底存多少钱?

4. 贷款 30 万元,利率为 6%,20 年还清,本利平均摊还月供额是多少?第 100 期本金与利息各是多少?如果采用本金平均摊还,第 100 期本金与利息各是多少?

5. 现有资产 20 万元,年投资 1 万元,报酬率 8%,几年后可以累计 100 万元退休金?现有资产 20 万元,每年可投资 6 万元,理财目标为 10 年累积资产 100 万元,实现该理财目标应有的报酬率是少?

6. 李四现年 40 岁,打算 20 年后退休,每年开销 5 万元,假定通膨率为 5%,退休后还有 20 年终老,要求退休后生活品质不变,退休金报酬率 5%。假设其现有资产 10 万元,投资报酬率为 10%,社保养老金在退休时的现值为 20 万元。

(1) 李四需自筹退休金多少?

(2) 其养老金缺口多大?为实现其退休计划,目前每年需为养老储蓄多少?

第五章 金融理财规划综合案例

本章主要依托 Excel 软件,对金融理财实务进行模拟案例分析,帮助读者进一步掌握 Excel 在金融理财中的应用,以进行合理的理财规划。

【案例情景】

张先生夫妇生活在上海。张先生,今年 40 岁(预计退休年龄为 65 岁,终老年龄为 80 岁),职业为医生。张太太,今年 35 岁(预计退休年龄为 60 岁,终老年龄为 80 岁),职业为公务员。二人育有一女,女儿 7 岁,上小学一年级。

张先生年税后工资收入加奖金 40 万元,张太太年税后工资收入加奖金 30 万元,张先生目前住房公积金账户余额为 0 元,每年缴存 4 万元,张太太目前住房公积金账户余额为 0 元,每年缴存 2 万元。医疗保险账户和企业年金等暂不考虑。家庭年理财收入 20 万元。张先生年生活开销 10 万元,张太太年生活开销 8 万元,张先生父母有退休金,张先生给父母的年赡养费共计 6 万元,其中父亲 3 万元,母亲 3 万元(张先生父母均 75 岁,假设还有 10 年终老)。女儿每年学费共计 8 万元。女儿生活费及兴趣爱好、辅导班等每年花费 10 万元(到上大学为止)。每年举家旅游支出 4 万元(到父母终老为止)。张先生夫妇分别购买了人生意外险、重疾险,年保险支出 5 万元(预计支出到退休)。考虑到自身的经济能力且有一定理财能力,张先生夫妇不准备购置寿险。

家庭目前住房 6 年前购置,目前市值 500 万元,房贷余额 200 万元,分 10 年本息摊还,贷款利率为 4.3%。另有一套无贷住房,现值 400 万元,目前出租,每年租金收入 5 万元;活期存款 10 万元,货币型基金 20 万元,股票投入 60 万元。张先生有一辆车,价值 20 万元,无贷款。

【案例分析】

一、家庭财务状况及诊断

(一)家庭财务状况

表 5-1 是张先生家庭资产负债表,表 5-2 是张先生家庭收支储蓄表。

表 5-1 张先生家庭资产负债表

资产负债项目	金额(万元)	比率
活期存款	10	1%
货币型基金	20	2%

(续表)

资产负债项目	金额(万元)	比率
流动性资产合计	30	3%
股票	60	6%
投资性住房	400	40%
自用住房	500	50%
汽车	20	2%
总资产	1 010	100%
房贷	200	20%
总负债	200	20%
净资产	810	80%

注：比率为约数。

表5-2　张先生家庭收支储蓄表

收支项目	金额(万元)	比率
张太太工资收入	30	30%
张先生工资收入	40	40%
夫妇公积金缴存	6	6%
理财收入	20	20%
租金收入	5	5%
收入合计	101	100%
张太太生活开销	−8	8%
张先生生活开销	−10	10%
父母年赡养费	−6	6%
女儿学费	−8	8%
女儿生活支出	−10	10%
旅游支出	−4	4%
消费支出合计	−46	46%
房贷利息支出	−8.97	9%
保障性保费支出	−5	5%
理财支出合计	−13.97	14%
支出合计	−59.97	59%
家庭储蓄	41.03	41%
房贷本金支出	−15.675	17%
储蓄性保费支出	0	0%
自由储蓄	25.36	25%

注：比率为约数。

房贷利息与本金计算(取整数):

200万元房贷余额,分10年本息平摊。由于住房按揭贷款都是按月偿还,因此每个月的还款额度为 PMT(0.043/12,10*12,2 000 000)=-20 535.41(元)。

此年金折算到过去一年的年初,PV(0.043/12,11*12,-20 535.4)=2 156 750.37(元),过去1年偿还本金为 2 156 750.37-2 000 000=156 750(元),偿还利息为 20 535.4×12-156 750=89 675(元)。

利息支出作为理财支出,本金偿还列入固定用途储蓄,储蓄额-本金偿还-储蓄性保费=自由储蓄额。

(二) 家庭财务诊断

表5-3是张先生家庭财务诊断表。

表5-3 张先生家庭财务诊断表

指标	财务比率	定义	合理值	数据	评估
偿债能力	资产负债率	总负债/总资产	≤60%	20%	合理范围
	流动比率	流动性资产/流动负债	≥200%		没有流动负债
	财务负担比率	年本息支出/年收入	≤40%	24%	合理范围
应急能力	紧急预备金倍数	流动性资产/年总支出×12	3~6	7.51	偏高,可降低
储蓄能力	工作储蓄率	(税后工作收入-消费支出)/税后工作收入	≥20%	34%	合理范围
	净储蓄率	(税后工作收入-总支出)/税后总收入	≥25%	14%	偏低
	自由储蓄率	(储蓄-固定的储蓄)/税后总收入	≥10%	36%	合理范围
财富增值能力	生息资产比率	生息资产/总资产	≥50%	48.51%	稍微偏低
	平均投资收益率	年理财收入/生息资产	≥5%	5.10%	合理范围
财务自由度	财务自由度	年理财收入/年总支出	≥30%	41.69%	合理范围
保障能力	保费负担率	保障性保费/年收入	5%~15%	4.95%	正常范围
	保险覆盖率	寿险保额/年工资收入	≥10		无寿险保障

注:生息资产=流动性资产+投资性资产。

从表5-3中可以看出,张先生夫妇偿债能力、储蓄能力、财务自由度及保障能力较好,基本都在合理范围内。但应急能力太好、财富增值能力稍弱。应急能力方面,家庭紧急预备金倍数为7.51倍,超过合理范围上限,且张先生夫妇收入都较为稳定且高薪,因此太多的紧急预备金没有必要,会影响资产的收益。财富增值能力方面,张先生家庭的生息资产比率接近合理范围,平均投资收益率刚过合理范围的下限,其财富积累更多在房产,这导致家庭的财富增值能力受到限制。保障能力方面,张先生夫妇未购置寿险,但张先生夫妇认为自己有一定经济能力和理财能力,认为自身不需要购置寿险。

二、理财目标

(一)女儿教育规划

女儿小学学费每年8万元,还有5年;预计初中每年学费现值为12万元,3年;高中每年学费现值为10万元,3年;大学每年学费现值为10万元,4年;女儿硕士阶段计划出国学习,每年需学费现值为30万元,计划期为2年。

(二)换车计划

张先生为了提高生活品质,打算2年后换一辆车,预算将来值50万元,一次付清,旧车给父母用。

(三)换房计划

张先生夫妇为了提升生活品质,同时考虑照顾双方父母,打算6年后卖掉一套房产,按揭换套现值800万的商品房,房贷上限50%。假设换房10年期贷款利率为5%,15年期贷款利率为5.5%。

(四)退休规划

张先生夫妇退休以后,父母已终老,女儿已独立,张先生夫妇希望能够维持现有的生活水平不变。假设张先生夫妇均80岁终老。假设考虑张先生夫妇包括养老金账户余额在内的所有养老金来源,退休后张先生年退休金8万元,张太太6万元。养老金增长率为0%。

三、假设条件

(1) 购房贷款利率:10年期5%,15年期5.5%。
(2) 收入增长率:3%。
(3) 学费增长率:5%。
(4) 房价增长率:10%。
(5) 车价增长率:0%。
(6) 生活支出增长率:4%。
(7) 赡养费增长率:4%。
(8) 紧急预备金率:25%。
(9) 养老金增长率:0%。
(10) 保费增长率:0%。
(11) 住房公积金增长:3%。
(12) 租金增长率:10%。

四、理财目标现金流量表

(一)现金流入

家庭现金流入只考虑未来的工作收入,张先生夫妇工作收入持续到退休当年,退休后不再有工作收入。

几年后开始(年)用 N_1 表示,期初现金流(万元)用 CF_0 表示,持续年限(年)用 N_2 表示,现金流增长率用 g 表示。表 5-4 是张先生家庭现金流表。

表 5-4 张先生家庭现金流表

项目	张太太收入	张先生收入	工作收入合计
N_1(年)	1	1	
CF_0(万元)	30	40	
N_2(年)	25	25	
g	3%	3%	

张太太第 1 期收入为:$30 \times (1+3\%) = 30.9$ 万元。张先生第 1 期收入为:$40 \times (1+3\%) = 41.2$ 万元。以后各期以此类推,一直持续到张先生和张太太退休。从案例情景知张先生和张太太均 25 年后退休。工作收入等于张太太收入与张先生收入之和,其家庭生涯仿真表如表 5-5 所示。

表 5-5 张先生家庭生涯仿真表　　　　　　　　　　单位:万元

几年后开始	张太太收入	张先生工作收入	工作收入
0			
1	30.9	41.2	72.1
2	31.827 0	42.436 0	74.263 0
3	32.781 8	43.709 1	76.490 9
4	33.765 3	45.020 4	78.785 6
5	34.778 2	46.371 0	81.149 2
6	35.821 6	47.762 1	83.583 7
7	36.896 2	49.195 0	86.091 2
8	38.003 1	50.670 8	88.673 9
9	39.143 2	52.190 9	91.334 1
10	40.317 5	53.756 7	94.074 1
11	41.527 0	55.369 4	96.896 4
12	42.772 8	57.030 4	99.803 3
13	44.056 0	58.741 3	102.797 4
14	45.377 7	60.503 6	105.881 3
15	46.739 0	62.318 7	109.057 7
16	48.141 2	64.188 3	112.329 5

(续表)

几年后开始	张太太收入	张先生工作收入	工作收入
17	49.585 4	66.113 9	115.699 3
18	51.073 0	68.097 3	119.170 3
19	52.605 2	70.140 1	122.745 4
20	54.183 3	72.244 4	126.427 8
21	55.808 8	74.411 8	130.220 6
22	57.483 1	76.644 1	134.127 2
23	59.207 6	78.943 5	138.151 1
24	60.983 8	81.311 8	142.295 6
25	62.813 3	83.751 1	146.564 5

（二）持续性支出的现金流

张先生家庭的持续性支出包括夫妻双方的生活支出、父母赡养费、女儿生活支出、旅游费用、保费支出等。表 5-6 是张先生家庭持续性支出现金流表。

表 5-6 张先生家庭持续性支出现金流表

项目	夫支出	妻支出	女儿生活支出	父赡养支出	母赡养支出	旅游支出	年保费支出	持续支出
N_1（年）	1	1	1	1	1	1	1	
CF_0（万元）	−10	−8	−10	−3	−3	−4	−5	
N_2（年）	25	25	19	10	10	10	10	
g	4%	4%	4%	4%	4%	4%	0	

张先生第 1 期支出为：$-10 \times (1+4\%) = -10.4$ 万元。以后各期以此类推，其他持续性支出项目以此类推。一直持续到张先生和张太太退休。从案例情景知张先生和张太太均 25 年后退休。持续性支出等于各项支出之和，持续性支出的生涯仿真表如表 5-7 所示。

表 5-7 张先生家庭持续性支出生涯仿真表   单位：万元

几年后开始	夫支出	妻支出	女儿生活费支出	父赡养费支出	母赡养费支出	旅游支出	保费支出	持续性支出
0								
1	−10.400 0	−8.320 0	−10.400 0	−3.120 0	−3.120 0	−4.160 0	−5	−44.520 0
2	−10.816 0	−8.652 8	−10.816 0	−3.244 8	−3.244 8	−4.326 4	−5	−46.100 8
3	−11.248 6	−8.998 9	−11.248 6	−3.374 6	−3.374 6	−4.499 5	−5	−47.744 8
4	−11.698 6	−9.358 9	−11.698 6	−3.509 6	−3.509 6	−4.679 4	−5	−49.454 6

(续表)

几年后开始	夫支出	妻支出	女儿生活费支出	父赡养费支出	母赡养费支出	旅游支出	保费支出	持续性支出
5	−12.166 5	−9.733 2	−12.166 5	−3.650 0	−3.650 0	−4.866 6	−5	−51.232 8
6	−12.653 2	−10.122 6	−12.653 2	−3.796 0	−3.796 0	−5.061 3	−5	−53.082 1
7	−13.159 3	−10.527 5	−13.159 3	−3.947 8	−3.947 8	−5.263 7	−5	−55.005 4
8	−13.685 7	−10.948 6	−13.685 7	−4.105 7	−4.105 7	−5.474 3	−5	−57.005 6
9	−14.233 1	−11.386 5	−14.233 1	−4.269 9	−4.269 9	−5.693 2	−5	−59.085 8
10	−14.802 4	−11.842 0	−14.802 4	−4.440 7	−4.440 7	−5.921 0	−5	−61.249 3
11	−15.394 5	−12.315 6	−15.394 5				−5	−48.104 7
12	−16.010 3	−12.808 3					−5	−33.818 6
13	−16.650 7	−13.320 6					−5	−34.971 3
14	−17.316 8	−13.853 4					−5	−36.170 2
15	−18.009 4	−14.407 5					−5	−37.417 0
16	−18.729 8	−14.983 8					−5	−38.713 7
17	−19.479 0	−15.583 2					−5	−40.062 2
18	−20.258 2	−16.206 5					−5	−41.464 7
19	−21.068 5	−16.854 8					−5	−42.923 3
20	−21.911 2	−17.529 0					−5	−44.440 2
21	−22.787 7	−18.230 1					−5	−46.017 8
22	−23.699 2	−18.959 4					−5	−47.658 5
23	−24.647 2	−19.717 7					−5	−49.364 9
24	−25.633 0	−20.506 4					−5	−51.139 5
25	−26.658 4	−21.326 7					−5	−52.985 1

（三）目标支出——女儿教育

张先生女儿小学学费每年 8 万元，还有 5 年；预计初中每年学费现值为 12 万元，3 年；高中每年学费现值为 10 万元，3 年；大学每年学费现值为 10 万元，4 年；硕士准备送女儿出国学习，每年需学费现值为 30 万元，2 年。表 5-8 是张先生女儿教育现金流表。

表 5-8 女儿教育现金流表

项目	女儿小学支出	女儿初中支出	女儿高中支出	女儿大学支出	女儿硕士支出
N_1（年）	1	6	9	12	16
CF_0（万元）	−8	−12	−10	−10	−30
N_2（年）	5	3	3	4	2
g	5%	5%	5%	5%	5%

张先生女儿第 1 期小学二年级的支出为 $-8\times(1+5\%)=-8.4$(万元)。以后各期以此类推,初中一年级的支出为 $FV(5\%,6,0,-12,0)=-16.0811$(万元)。以后各期按学费增长率增长。高中一年级的支出为 $FV(5\%,9,0,-10,0)=-15.5133$(万元),以后各期按学费增长率增长。大学一年级的支出为 $FV(5\%,12,0,-10,0)=-17.9586$(万元),以后各期按学费增长率增长。硕士一年级的支出为 $FV(5\%,16,0,-30,0)=65.4862$(万元),下一期按学费增长率增长。教育支出是各项支出在不同时间点上的和,其生涯仿真表如表 5-9 所示。

表 5-9 女儿教育生涯仿真表 单位:万元

几年后开始	小学	初中	高中	大学	研究生	教育支出
0	−8	−12	−10	−10	−30	
1	−8.400 0					−8.400 0
2	−8.820 0					−8.820 0
3	−9.261 0					−9.261 0
4	−9.724 1					−9.724 1
5	−10.210 3					−10.210 3
6		−16.081 1				−16.081 1
7		−16.885 2				−16.885 2
8		−17.729 5				−17.729 5
9			−15.513 3			−15.513 3
10			−16.288 9			−16.288 9
11			−17.103 4			−17.103 4
12				−17.958 6		−17.958 6
13				−18.856 5		−18.856 5
14				−19.799 3		−19.799 3
15				−20.789 3		−20.789 3
16					−65.486 2	−65.486 2
17					−68.760 5	−68.760 5

(四) 目标支出——换车计划

张先生为了提高生活品质,打算 2 年后换一辆车,预算将来值 50 万元,一次付清,旧车给父母用。表 5-10 是其购车计划现金流表,表 5-11 是其购车计划生涯仿真表。

表 5-10　购车计划现金流表

项目	购车
N_1(年)	2
CF_0(万元)	−50
N_2(年)	1
g	0%

表 5-11　购车计划生涯仿真表　　　　　　　　　　单位:万元

几年后开始	换车
0	
1	
2	−50
3	
4	
5	
6	
7	

(五) 目标支出——换房计划

张先生家庭换房有 3 个方案可选:

方案 1:6 年后卖掉目前自住的市价 500 万元房产置换新房,剩余按揭贷款,分 10 年还清。当年出售旧房收入偿还完剩余本金及当年房贷后,剩余全部用于付新房首付,投资性房产一直出租到退休,退休后过户给女儿。

方案 2:15 年后卖掉目前自住的市价 500 万元房产置换 800 万元商品房,剩余按揭贷款,分 10 年还清。

方案 3:10 年后卖掉 400 万元的无贷投资性房产(卖房当年不再出租)置换新房,剩余按揭贷款,分 15 年还清,自住 500 万元住房保留。

1. 方案 1

6 年后出售房屋,假设房价就是卖方净到手价(上海房屋交易实务中,通常双方约定卖方应承担的所得税和增值税由买方承担),房价=FV(10%,6,0,500)=885.78(万元),6 年内每年还款额度为 PMT(0.043/12,10*12,200)*12=−24.642 492(万元)。考虑到房贷是按月还款的,6 年后剩余本金 PV=PV(4.3%/12,12*4,PMT(0.043/12,10*12,200))=90.410 400 67(万元)。

6 年后购房房价为 FV=FV(10%,6,0,800)=−1 417.25(万元)。张先生卖旧房后,从房产得来的可用于付首付的资金为卖房收入减去当年按揭付款额减去余额清偿,即

FV＝885.78－24.642 492－90.410 400 67＝770.727 607 3(万元)。则新房首付770.727 607 3(万元),10年期房贷利率为5%(考虑了住房公积金贷款的折中),均采用等额本息还款,则新房每年还款额度为PMT(5%,10,1 417.25－770.727 607 3)＝83.73(万元),从第7年起开始每年供款。

投资性房产一直出租到退休,租金按照10%的增长率增长,期初5万,持续25期。为了计算方便,在我们的案例情景中,我们假设住房公积金账户的钱不用当年可取出。

张先生家庭换房现金流及生涯仿真表见表5-12和表5-13。

2. 方案2

15年后出售房屋,假设房价就是卖方净到手价(上海房屋交易实务中,通常双方约定卖方应承担的所得税和增值税由买方承担),房价＝FV(10%,15,0,500)＝2 088.62(万元),10年内每年还款款额度为PMT(0.043/12,10*12,200)*12＝－24.642 492(万元)。10年后张先生的旧房房贷便到期,清偿完毕。

15年后购房房价为FV＝FV(10%,15,0,800)＝3 341.80(万元)。张先生卖旧房后,从房产得来的可用于付首付的资金为卖房收入,即FV＝2 088.62(万元)。10年期房贷利率为5%(考虑了住房公积金贷款的折中),均采用等额本息还款,则新房每年还款额度为PMT(5%,10,3 341.80－2 088.62)＝162.29(万元),从第16年起开始每年供款。

投资性房产一直出租到退休,租金按照10%的增长率增长,期初5万元,持续25期。

张先生家庭换房现金流及生涯仿真表见表5-14和表5-15。

3. 方案3

10年后出售房屋,假设房价就是卖方净到手价(上海房屋交易实务中,通常双方约定卖方应承担的所得税和增值税由买方承担),房价＝FV(10%,10,0,400)＝1 037.50(万元),9年内(卖房当年不出租)每年租金收入为持续现金流,增长率10%。10年内张先生的自住旧房每年还款款额度为PMT(0.043/12,10*12,200)*12＝－24.642 492(万元)。10年后房贷便到期,清偿完毕。

10年后购房房价为FV＝FV(10%,10,0,800)＝2 074.99(万元)。张先生卖旧房后,从房产得来的可用于付首付的资金为卖房收入,即FV＝1 037.50(万元)。15年期房贷利率为5.5%(考虑了住房公积金贷款的折中),均采用等额本息还款,则新房每年还款额度为PMT(5.5%,15,2 074.99－1 037.50)＝103.36(万元),从第11年起开始每年供还款,持续15年。

张先生家庭换房现金流及生涯仿真表见表5-16和表5-17。

(六) 目标支出——退休规划

张先生65岁退休,张太太60岁退休,张先生每年养老金8万元,张太太每年养老金6万元,退休后想维持现在的生活水平,张先生现在生活开支每年10万元,张太太8万元,生活支出增长率4%。假设张先生夫妇均80岁终老。张先生夫妇终老后的房产和家用车均留给女儿。如果张先生夫妇想维持现有生活水平不变,则张先生退休后第一年需要生活费为FV(4%,26,0,10,0)＝27.72(万元),第二年生活费为27.72×(1+4%)＝28.83(万元),以后年份以此类推。张太太退休后第一年需要生活费为FV(4%,26,0,8,0)＝22.18(万元)。张先生夫妇的养老现金流和生涯仿真表见表5-18和表5-19。

表 5-12 换房现金流-方案 1

项目	夫公积金缴存	夫公积金账户	妻公积金缴存	妻公积金账户	出售旧房	旧房房贷	房贷清偿	新房市价	新房房贷	投资性房产租金	换房支出
N_1(年)	1	1	1	3	6	1	6	6	7	1	
CF_0(万元)	4	0	2	0	500	−24.642 5	−90.410 4	−1 417.248 8	−83.727 5	5	
N_2(年)	25	25	25	1	1	6	1	1	10	25	
g	3%	0%	3%	0%	10%	0%	0%	10%	5%	10%	

表 5-13 换房生涯仿真表-方案 1

单位:万元

几年后开始	夫公积金缴存	夫公积金账户	妻公积金缴存	妻公积金账户	出售旧房	旧房房贷	房贷清偿	新房首付	新房房贷	投资性房产租金	换房支出
0	4		2							5	
1	4.12	0	2.06	0	0	−24.642 5	0	0	0	5.500 0	−12.962 5
2	4.243 6	0	2.121 8	0	0	−24.642 5	0	0	0	6.050 0	−12.227 1
3	4.370 9	0	2.185 5	0	0	−24.642 5	0	0	0	6.655 0	−11.431 1
4	4.502 0	0	2.251 0	0	0	−24.642 5	0	0	0	7.320 5	−10.568 9
5	4.637 1	0	2.318 5	0	0	−24.642 5	0	0	0	8.052 6	−9.634 3
6	4.776 2	0	2.388 1	0	885.780 5		−90.410 4	−770.728	0	8.857 8	16.022 1
7	4.919 5	0	2.459 7	0					−83.727 5	9.743 6	−66.604 6
8	5.067 1	0	2.533 5	0					−83.727 5	10.717 9	−65.408 9
9	5.219 1	0	2.609 5	0					−83.727 5	11.789 7	−64.109 1

(续表)

几年后开始	夫公积金缴存	夫公积金账户	妻公积金缴存	妻公积金账户	出售旧房	旧房房贷	房贷清偿	新房首付	新房房贷	投资性房产租金	换房支出
10	5,375.7	0	2,687.8	0					-83,727.5	12,968.7	-62,695.2
11	5,536.9	0	2,768.5	0					-83,727.5	14,265.6	-61,156.5
12	5,703.0	0	2,851.5	0					-83,727.5	15,692.1	-59,480.7
13	5,874.1	0	2,937.1	0					-83,727.5	17,261.4	-57,654.9
14	6,050.4	0	3,025.2	0					-83,727.5	18,987.5	-55,664.4
15	6,231.9	0	3,115.9	0					-83,727.5	20,886.2	-53,493.4
16	6,418.8	0	3,209.4	0					-83,727.5	22,974.9	-51,124.3
17	6,611.4	0	3,305.7	0						25,272.4	35,189.4
18	6,809.7	0	3,404.9	0						27,799.6	38,014.2
19	7,014.0	0	3,507.0	0						30,579.5	41,100.6
20	7,224.4	0	3,612.2	0						33,637.5	44,474.2
21	7,441.2	0	3,720.6	0						37,001.2	48,163.0
22	7,664.4	0	3,832.2	0						40,701.4	52,198.0
23	7,894.3	0	3,947.2	0						44,771.5	56,613.0
24	8,131.2	0	4,065.6	0						49,248.7	61,445.4
25	8,375.1	0	4,187.6	0						54,173.5	66,736.2

表 5-14 换房现金流-方案 2

项目	夫公积金缴存	夫公积金账户	妻公积金缴存	妻公积金账户	出售旧房	旧房房贷	房贷清偿	新房市价	新房房贷	投资性房产租金
N_1(年)	1	1	1	3	15	1	0	15	16	1
CF_0(万元)	4	0	2	0	500	−24.6425	0.0000	−3 341.7985	−162.2918	5
N_2(年)	25	25	25	1	1	10	0	1	10	25
g	3%	0%	3%	0%	10%	0%	0%	10%	5%	10%

表 5-15 换房生涯仿真表-方案 2

单位：万元

几年后开始	夫公积金缴存	夫公积金账户	妻公积金缴存	妻公积金账户	出售旧房	旧房房贷	房贷清偿	新房首付	新房房贷	投资性房产租金	换房支出
0											
1	4.1200	0	2.06	0	0	−24.6425	0	0	0	5.5000	−12.9625
2	4.2436	0	2.1218	0	0	−24.6425	0	0	0	6.0500	−12.2271
3	4.3709	0	2.1855	0		−24.6425				6.6550	−11.4311
4	4.5020	0	2.2510	0		−24.6425				7.3205	−10.5689
5	4.6371	0	2.3185	0		−24.6425				8.0526	−9.6343
6	4.7762	0	2.3881	0		−24.6425				8.8578	−8.6204
7	4.9195	0	2.4597	0		−24.6425				9.7436	−7.5197
8	5.0671	0	2.5335	0		−24.6425				10.7179	−6.3239

(续表)

几年后开始	夫公积金缴存	夫公积金账户	妻公积金缴存	妻公积金账户	出售旧房	旧房房贷	房贷清偿	新房首付	新房房贷	投资性房产租金	换房支出
9	5.219 1	0	2.609 5	0		−24.642 5				11.789 7	−5.024 1
10	5.375 7	0	2.687 8	0		−24.642 5				12.968 7	−3.610 3
11	5.536 9	0	2.768 5	0						14.265 6	22.571 0
12	5.703 0	0	2.851 5	0						15.692 1	24.246 7
13	5.874 1	0	2.937 1	0						17.261 4	26.072 6
14	6.050 4	0	3.025 2	0						18.987 5	28.063 0
15	6.231 9	0	3.115 9	0	2 088.62			−2 088		20.886 2	30.234 0
16	6.418 8	0	3.209 4	0					−162.291 8	22.974 9	−129.688 7
17	6.611 4	0	3.305 7	0					−162.291 8	25.272 4	−127.102 4
18	6.809 7	0	3.404 9	0					−162.291 8	27.799 6	−124.277 6
19	7.014 0	0	3.507 0	0					−162.291 8	30.579 5	−121.191 2
20	7.224 4	0	3.612 2	0					−162.291 8	33.637 5	−117.817 7
21	7.441 2	0	3.720 6	0					−162.291 8	37.001 2	−114.128 8
22	7.664 4	0	3.832 2	0					−162.291 8	40.701 4	−110.093 8
23	7.894 3	0	3.947 2	0					−162.291 8	44.771 5	−105.678 8
24	8.131 2	0	4.065 6	0					−162.291 8	49.248 7	−100.846 4
25	8.375 1	0	4.187 6	0					−162.291 8	54.173 5	−95.555 6

表 5-16 换房现金流-方案 3

项目	夫公积金缴存	夫公积金账户	妻公积金缴存	妻公积金账户	出售旧房	自住房贷	新房市价	新房房贷	投资性房产租金
N_1(年)	1	1	1	3	10	1	10	11	1
CF_0(万元)	4	0	2	0	400	−24.6425	2 074.9940	−103.3613	5.0000
N_2(年)	25	25	25	1	1	10	1	15	5
g	3%	0%	3%	0%	10%	0%	10%	5.5%	10%

表 5-17 换房生涯仿真表-方案 3   单位:万元

几年后开始	夫公积金缴存	夫公积金账户	妻公积金缴存	妻公积金账户	出售旧房	旧房房贷	房贷清偿	新房首付	新房房贷	投资性房产租金	换房支出
0											
1	4.1200	0	2.06	0		−24.6425	0		0	5.5000	−12.9625
2	4.2436	0	2.1218	0		−24.6425	0			6.0500	−12.2271
3	4.3709	0	2.1855	0		−24.6425				6.6550	−11.4311
4	4.5020	0	2.2510	0		−24.6425				7.3205	−10.5689
5	4.6371	0	2.3185	0		−24.6425				8.0526	−9.6343
6	4.7762	0	2.3881	0		−24.6425				8.8578	−8.6204
7	4.9195	0	2.4597	0		−24.6425				9.7436	−7.5197
8	5.0671	0	2.5335	0		−24.6425				10.7179	−6.3239

(续表)

几年后开始	夫公积金缴存	夫公积金账户	妻公积金缴存	妻公积金账户	出售旧房	旧房房贷	房贷清偿	新房首付	新房房贷	投资性房产租金	换房支出
9	5.219 1	0	2.609 5	0						11.789 7	−5.024 1
10	5.375 7	0	2.687 8	0	1 037.5	−24.642 5		−1 038			−16.579 0
11	5.536 9	0	2.768 5	0		−24.642 5			−103.361 3		−95.055 9
12	5.703 0	0	2.851 5	0					−103.361 3		−94.806 7
13	5.874 1	0	2.937 1	0					−103.361 3		−94.550 1
14	6.050 4	0	3.025 2	0					−103.361 3		−94.285 7
15	6.231 9	0	3.115 9	0					−103.361 3		−94.013 5
16	6.418 8	0	3.209 4	0					−103.361 3		−93.733 0
17	6.611 4	0	3.305 7	0					−103.361 3		−93.444 2
18	6.809 7	0	3.404 9	0					−103.361 3		−93.146 7
19	7.014 0	0	3.507 0	0					−103.361 3		−92.840 2
20	7.224 4	0	3.612 2	0					−103.361 3		−92.524 6
21	7.441 2	0	3.720 6	0					−103.361 3		−92.199 5
22	7.664 4	0	3.832 2	0					−103.361 3		−91.864 6
23	7.894 3	0	3.947 2	0					−103.361 3		−91.519 7
24	8.131 2	0	4.065 6	0					−103.361 3		−91.164 5
25	8.375 1	0	4.187 6	0					−103.361 3		−90.798 6

表 5-18 退休现金流

项目	夫养老金	妻养老金	夫养老支出	妻养老支出	养老支出
N_1(年)	26	26	26	26	
CF_0(万元)	8	6	−10.000 0	−8.000 0	
N_2(年)	15	20	15	20	
g	0%	0%	4%	4%	

表 5-19 退休生涯仿真表   单位:万元

几年后开始	夫养老金	妻养老金	夫养老支出	妻养老支出	养老支出
0					
1	0	0	0	0	0
2	0	0	0	0	0
3	0	0	0	0	0
4	0	0	0	0	0
5	0	0	0	0	0
6	0	0	0	0	0
7	0	0	0	0	0
8	0	0	0	0	0
9	0	0	0	0	0
10	0	0	0	0	0
11	0	0	0	0	0
12	0	0	0	0	0
13	0	0	0	0	0
14	0	0	0	0	0
15	0	0	0	0	0
16	0	0	0	0	0
17	0	0	0	0	0
18	0	0	0	0	0
19	0	0	0	0	0
20	0	0	0	0	0
21	0	0	0	0	0
22	0	0	0	0	0

(续表)

几年后开始	夫养老金	妻养老金	夫养老支出	妻养老支出	养老支出
23	0	0	0	0	0
24	0	0	0	0	0
25	0	0	0	0	0
26	8	6	−27.724 7	−22.179 8	−35.904 5
27	8	6	−28.833 7	−23.066 9	−37.900 6
28	8	6	−29.987 0	−23.989 6	−39.976 7
29	8	6	−31.186 5	−24.949 2	−42.135 7
30	8	6	−32.434 0	−25.947 2	−44.381 2
31	8	6	−33.731 3	−26.985 1	−46.716 4
32	8	6	−35.080 6	−28.064 5	−49.145 1
33	8	6	−36.483 8	−29.187 0	−51.670 9
34	8	6	−37.943 2	−30.354 5	−54.297 7
35	8	6	−39.460 9	−31.568 7	−57.029 6
36	8	6	−41.039 3	−32.831 5	−59.870 8
37	8	6	−42.680 9	−34.144 7	−62.825 6
38	8	6	−44.388 1	−35.510 5	−65.898 6
39	8	6	−46.163 7	−36.930 9	−69.094 6
40	8	6	−48.010 2	−38.408 2	−72.418 4
41		6		−39.944 5	−33.944 5
42		6		−41.542 3	−35.542 3
43		6		−43.204 0	−37.204 0
44		6		−44.932 1	−38.932 1
45		6		−46.729 4	−40.729 4

五、依据风险属性进行资产配置

依据风险属性进行资产配置,首先要从风险承受能力和风险承受态度两个维度测试家庭的风险属性,再依据风险矩阵进行资产配置。

以张先生家庭的情况,测试风险承受能力和风险承受态度。

张先生,40岁,职业医生,双薪有子女,有投资性不动产,3年投资经验,懂一些投资知识,其风险承受态度评如表5-20所示。

表 5-20 风险承受能力评分表

项目	10分	8分	6分	4分	2分	张先生得分
年龄	总分50分,25岁以下者50分,每多一岁少一分,75岁以上者0分					35
就业状况	公教人员	上班族	佣金收入者	自营事业者	失业人员	10
家庭负担	未婚	双薪无子女	双薪有子女	单薪有子女	单薪养三代	6
资产状况	投资不动产	自宅无房贷	房贷<50%	房贷>50%	无自宅	10
投资经验	10年以上	6~10年	2~5年	1年以内	无	6
投资知识	有专业证书	财经专业毕业	自修有心得	懂一些	一片空白	4
总分						71

张先生最大能容忍10%的损失,投资的目的是每年现金收益能弥补平时消费,希望回报率能在10%~15%之间。当发生亏损时看情况,部分认赔,有机会可持有待回升。当赔钱时考虑到投资的起伏性,照常过日子,投资相对收益性更重视流动性,没有回避的投资工具。张先生的风险承受态度如表5-21所示。

表 5-21 风险承受态度评分表

项目	10分	8分	6分	4分	2	张先生得分
忍受亏损(%)	不能容忍任何损失0分,每增加1%加2分,可容忍>25%得50分					20
投资目标	赚短期差价	长期利得	每年现金收益	抗通胀保值	保本保息	6
获利情况	25%以上	20%~25%	15%~20%	10%~15%	5%~10%	4
认赔行为	默认停损点	事后停损	部分认赔	持有待回升	加码摊平	6
赔钱心理	学习经验	照常过日子	影响情绪小	影响情绪大	难以入眠	8
最重要特性	获利性	收益性兼成长性	收益性	流动性	安全性	4
避免工具	无	期货	股票	外汇	不动产	10
总分						58

结合张先生的风险承受态度和风险承受属性,得出张先生的风险矩阵,如表5-22所示。

表 5-22 风险矩阵表

风险承受态度		风险承受能力	低	中低	中	中高	高
		工具	0~19分	20~39分	40~59分	60~79分	80~100分
低 0~19分		货币	70%	50%	40%	20%	0%
		债券	20%	40%	40%	50%	50%
		股票	10%	10%	20%	30%	50%
		预期报酬率	3.59%	3.76%	4.36%	5.05%	6.25%
		标准差	1.81%	1.84%	3.4%	5.68%	9.54%

(续表)

风险承受能力		低	中低	中	中高	高
中低 20～39分	货币	50%	40%	20%	0%	0%
	债券	40%	40%	50%	50%	40%
	股票	10%	20%	30%	50%	60%
	预期报酬率	3.76%	4.36%	5.05%	6.25%	6.76%
	标准差	1.84%	3.74%	5.68%	9.54%	11.45%
中 40～59分	货币	40%	20%	0%	0%	0%
	债券	40%	50%	50%	40%	30%
	股票	20%	30%	50%	60%	70%
	预期报酬率	4.36%	5.05%	6.25%	6.76%	7.27%
	标准差	3.74%	5.68%	9.54%	11.45%	13.37%
中高 60～79分	货币	20%	0%	0%	0%	0%
	债券	50%	50%	40%	30%	20%
	股票	30%	50%	60%	70%	80%
	预期报酬率	5.05%	6.25%	6.76%	7.27%	7.78%
	标准差	5.68%	9.54%	11.45%	13.37%	15.29%
高 80～100分	货币	0%	0%	0%	0%	0%
	债券	50%	40%	30%	20%	10%
	股票	50%	60%	70%	80%	90%
	预期报酬率	6.25%	6.76%	7.27%	7.78%	8.29%
	标准差	9.54%	11.45%	13.37%	15.29%	17.20%

注：本表数据来源于《金融理财综合规划案例》(北京当代金融培训有限公司,2019年7月,第46页,表2-27)。

根据风险评分结果进行资产配置(见表5-23)。

表5-23 资产配置表

项目	得分	投资工具	资产配置	预期报酬率	标准差	相关系数
风险承受能力	71	货币	0%	2.81%	0.57%	0.46(货币与债券)
风险承受态度	58	债券	40%	3.69%	0.63%	−0.36(债券与股票)
最高报酬率	18.21%	股票	60%	8.80%	19.12%	−0.08(货币与股票)
最低报酬率	−4.69%	投资组合	100%	6.76%	11.45%	

与目前资产配置对比及调整,如表5-24所示。

表 5-24　与目前资产配置的对比及调整　　　　　　　　　　单位:万元

投资工具	目前金额	建议金额	调整金额
货币	30	0	－30
债券	0	30	30
股票	60	45	－15
紧急预备金	0	15	15
合计	90	90	

目前,家庭流动性资产30万元,股票投资60万元,保留年总支出的25%作为紧急预备金,则紧急预备金为59.97×0.25=15(万元)。将剩余配置在债券和股票上。债券配置40%,即30万元,股票配置60%,即45万元。最后,根据风险评分的结果,货币资产配置比率为0,但是仍然要配置15万元到货币类资产,以满足紧急预备金的要求。

依据表 5-23,无风险收益率(RF)=2.81%,风险属性的投资报酬率(ROI)=6.76%。

六、生涯仿真表

工作收入、持续性支出、教育支出、购房支出、购车支出、养老支出所有现金流及生涯仿真表完成后,将其汇总,形成理财目标生涯仿真表(见表 5-25、表 5-26、表 5-27)。

其中期初累积理财准备=期初净现金流=期初可变现的生息资产。注意这里的生息资产必须可变现,因此将生息资产中的房产投资分离出来,同时扣除用于紧急预备金的部分,保留年总支出的25%作为紧急预备金,则紧急预备金为59.97×0.25=14.9925(万元)。则期初的累积理财准备=期初净现金流=期初流动性资产+投资性资产-房产投资-紧急预备金=活期存款+货币性基金+股票-紧急预备金=10+20+60-14.9925=75.01(万元)。

考虑到换房规划有3种方案可选,保持其他理财目标和收支现金流不变,根据换房规划的3种方案,相应得出3种方案的张先生家庭的生涯仿真表(见表 5-25、表 5-26、表5-27)。

表 5-25　张先生家庭生涯仿真表-方案1　　　　　　　　　　单位:万元

几年后开始	工作收入	持续性支出	教育支出	养老支出	换车	换房	净现金流	累积理财准备(IRR)	累积理财准备(ROI)
0							75.008 1	75.008 1	75.008 1
1	72.100 0	－44.520 0	－8.400 0	0.000 0		－12.962 5	6.217 5	81.502 2	86.296 2
2	74.263 0	－46.100 8	－8.820 0	0.000 0	－50	－12.227 1	－42.884 9	38.917 8	49.244 9
3	76.490 9	－47.744 8	－9.261 0	0.000 0		－11.431 1	8.053 9	47.115 2	60.627 8
4	78.785 6	－49.454 6	－9.724 1	0.000 0		－10.568 9	9.038 0	56.326 9	73.764 2
5	81.149 2	－51.232 8	－10.210 3	0.000 0		－9.634 3	10.071 8	66.606 4	88.822 5
6	83.583 7	－53.082 1	－16.081 1	0.000 0		16.022 1	30.442 5	97.294 5	125.269 4

(续表)

几年后开始	工作收入	持续性支出	教育支出	养老支出	换车	换房	净现金流	累积理财准备(IRR)	累积理财准备(ROI)
7	86.091 2	−55.005 4	−16.885 2	0.000 0		−66.604 6	−52.404 1	45.249 2	81.333 6
8	88.673 9	−57.005 6	−17.729 5	0.000 0		−65.408 9	−51.470 9	−6.054 1	35.361 7
9	91.334 1	−59.085 8	−15.513 3	0.000 0		−64.109 1	−47.374 1	−53.450 5	−9.622 0
10	94.074 1	−61.249 3	−16.288 9	0.000 0		−62.695 2	−46.159 3	−99.806 9	−56.431 7
11	96.896 4	−48.104 7	−17.103 4	0.000 0		−61.156 5	−29.468 2	−129.643 1	−89.714 7
12	99.803 3	−33.818 6	−17.958 6	0.000 0		−59.480 7	−11.454 6	−141.575 7	−107.234 1
13	102.797 4	−34.971 3	−18.856 5	0.000 0		−57.654 9	−8.685 3	−150.783 0	−123.168 4
14	105.881 3	−36.170 2	−19.799 3	0.000 0		−55.664 4	−5.752 6	−157.091 6	−137.247 3
15	109.057 7	−37.417 0	−20.789 3	0.000 0		−53.493 4	−2.642 0	−160.312 5	−149.167 1
16	112.329 5	−38.713 7	−65.486 2	0.000 0		−51.124 3	−42.994 8	−203.898 6	−202.245 6
17	115.699 3	−40.062 2	−68.760 5	0.000 0		35.189 4	42.066 0	−162.584 3	−173.851 4
18	119.170 3	−41.464 7		0.000 0		38.014 2	115.719 8	−47.464 0	−69.884 0
19	122.745 4	−42.923 3		0.000 0		41.100 6	120.922 7	73.283 7	46.314 6
20	126.427 8	−44.440 2		0.000 0		44.474 2	126.461 7	200.015 7	175.907 2
21	130.220 6	−46.017 8		0.000 0		48.163 0	132.365 8	333.118 9	320.164 3
22	134.127 2	−47.658 5		0.000 0		52.198 0	138.666 7	473.013 8	480.474 2
23	138.151 1	−49.364 9		0.000 0		56.613 0	145.399 2	620.157 0	658.353 4
24	142.295 6	−51.139 5		0.000 0		61.445 4	152.601 5	775.045 1	855.459 6
25	146.564 5	−52.985 1		0.000 0		66.736 2	160.315 6	938.218 2	1 073.604 3
26				−35.904 5			−35.904 5	905.773 0	1 110.275 5
27				−37.900 6			−37.900 6	871.211 9	1 147.429 5
28				−39.976 7			−39.976 7	834.447 3	1 185.019 1
29				−42.135 7			−42.135 7	795.388 2	1 222.990 6
30				−44.381 2			−44.381 2	753.939 6	1 261.283 8
31				−46.716 4			−46.716 4	710.003 0	1 299.830 0
32				−49.145 1			−49.145 1	663.475 7	1 338.553 5
33				−51.670 9			−51.670 9	614.251 0	1 377.368 8
34				−54.297 7			−54.297 7	562.218 1	1 416.181 3
35				−57.029 6			−57.029 6	507.261 3	1 454.885 5
36				−59.870 8			−59.870 8	449.260 8	1 493.365 0
37				−62.825 6			−62.825 6	388.091 6	1 531.490 9
38				−65.898 6			−65.898 6	323.623 8	1 569.121 0
39				−69.094 6			−69.094 6	255.722 4	1 606.099 0

(续表)

几年后开始	工作收入	持续性支出	教育支出	养老支出	换车	换房	净现金流	累积理财准备(IRR)	累积理财准备(ROI)
40				−72.418 4			−72.418 4	184.246 9	1 642.252 9
41				−33.944 5			−33.944 5	150.981 7	1 719.324 7
42				−35.542 3			−35.542 3	115.996 1	1 800.008 8
43				−37.204 0			−37.204 0	79.219 8	1 884.485 4
44				−38.932 1			−38.932 1	40.579 8	1 972.944 5
45				−40.729 4			−40.729 4	0.000 0	2 065.586 2

注：方案1的IRR为0.37%。

表 5-26 张先生家庭生涯仿真表-方案 2   单位：万元

几年后开始	工作收入	持续性支出	教育支出	养老支出	换车	换房	净现金流	理财准备金
0							75.008 1	75.008 1
1	72.100 0	−44.520 0	−8.400 0	0	0		−12.962 5	6.217 5	86.188 4
2	74.263 0	−46.100 8	−8.820 0	0	−50		−12.227 1	−42.884 9	49.005 9
3	76.490 9	−47.744 8	−9.261 0	0			−11.431 1	8.053 9	60.302 2
4	78.785 6	−49.454 6	−9.724 1	0			−10.568 9	9.038 0	73.329 9
5	81.149 2	−51.232 8	−10.210 3	0			−9.634 3	10.071 8	88.253 4
6	83.583 7	−53.082 1	−16.081 1	0			−8.620 4	5.800 0	99.892 5
7	86.091 2	−55.005 4	−16.885 2	0			−7.519 7	6.680 9	113.182 5
8	88.673 9	−57.005 6	−17.729 5	0			−6.323 9	7.614 9	128.285 9
9	91.334 1	−59.085 8	−15.513 3	0			−5.024 1	11.710 9	148.484 4
10	94.074 1	−61.249 3	−16.288 9	0			−3.610 3	12.925 6	171.234 2
11	96.896 4	−48.104 7	−17.103 4	0			22.571 0	54.259 3	236.822 7
12	99.803 3	−33.818 6	−17.958 6	0			24.246 7	72.272 8	324.764 3
13	102.797 4	−34.971 3	−18.856 5	0			26.072 6	75.042 1	421.293 6
14	105.881 3	−36.170 2	−19.799 3	0			28.063 0	77.974 8	527.142 2
15	109.057 7	−37.417 0	−20.789 3	0			30.234 0	81.085 5	643.104 8
16	112.329 5	−38.713 7	−65.486 2				−129.688 7	−121.559 2	564.095 0
17	115.699 3	−40.062 2	−68.760 5				−127.102 4	−120.225 8	481.191 1
18	119.170 3	−41.464 7		0			−124.277 6	−46.572 0	466.455 8

(续表)

几年后开始	工作收入	持续性支出	教育支出	养老支出	换车	换房	净现金流	理财准备金
19	122.745 4	−42.923 3		0		−121.191 2	−41.369 1	455.948 6
20	126.427 8	−44.440 2		0		−117.817 7	−35.830 1	450.285 2
21	130.220 6	−46.017 8		0		−114.128 8	−29.926 0	450.151 1
22	134.127 2	−47.658 5		0		−110.093 8	−23.625 1	456.309 1
23	138.151 1	−49.364 9		0		−105.678 8	−16.892 6	469.607 0
24	142.295 6	−51.139 5		0		−100.846 4	−9.690 3	490.987 1
25	146.564 5	−52.985 1		0		−95.555 6	−1.976 2	521.495 8
26				−35.904 46			−35.904 5	520.094 8
27				−37.900 63			−37.900 6	516.604 9
28				−39.976 66			−39.976 7	510.808 1
29				−42.135 73			−42.135 7	502.468 6
30				−44.381 16			−44.381 2	491.332 0
31				−46.716 4			−46.716 4	477.123 4
32				−49.145 06			−49.145 1	459.546 0
33				−51.670 86			−51.670 9	438.279 8
34				−54.297 69			−54.297 7	412.979 8
35				−57.029 6			−57.029 6	383.273 9
36				−59.870 79			−59.870 8	348.761 5
37				−62.825 62			−62.825 6	309.010 8
38				−65.898 64			−65.898 6	263.557 0
39				−69.094 59			−69.094 6	211.900 0
40				−72.418 37			−72.418 4	153.501 5
41				−33.944 49			−33.944 5	129.713 0
42				−35.542 27			−35.542 3	102.752 9
43				−37.203 96			−37.204 0	72.347 3
44				−38.932 12			−38.932 1	38.201 9
45				−40.729 41			−40.729 4	0.000 0

注：方案2的IRR为6.6%。

表 5-27　张先生家庭生涯仿真表-方案 3　　　　　　　　单位：万元

几年后开始	工作收入	持续性支出	教育支出	养老支出	换车	换房	净现金流	理财准备金
							75.008 1	75.008 1
1	72.100 0	−44.520 0	−8.400 0	0.000 0	0	−12.962 5	6.217 5	92.199 6
2	74.263 0	−46.100 8	−8.820 0	0.000 0	−50	−12.227 1	−42.884 9	62.803 8
3	76.490 9	−47.744 8	−9.261 0	0.000 0		−11.431 1	8.053 9	80.046 1
4	78.785 6	−49.454 6	−9.724 1	0.000 0		−10.568 9	9.038 0	100.795 1
5	81.149 2	−51.232 8	−10.210 3	0.000 0		−9.634 3	10.071 8	125.613 6
6	83.583 7	−53.082 1	−16.081 1	0.000 0		−8.620 4	5.800 0	149.791 3
7	86.091 2	−55.005 4	−16.885 2	0.000 0		−7.519 7	6.680 9	178.387 2
8	88.673 9	−57.005 6	−17.729 5	0.000 0		−6.323 9	7.614 9	212.100 7
9	91.334 1	−59.085 8	−15.513 3	0.000 0		−5.024 1	11.710 9	254.842 7
10	94.074 1	−61.249 3	−16.288 9	0.000 0		−16.579 0	−0.043 1	292.083 9
11	96.896 4	−48.104 7	−17.103 4	0.000 0		−95.055 9	−63.367 6	271.449 2
12	99.803 3	−33.818 6	−17.958 6	0.000 0		−94.806 7	−46.780 6	264.382 5
13	102.797 4	−34.971 3	−18.856 5	0.000 0		−94.550 1	−45.580 5	257.482 0
14	105.881 3	−36.170 2	−19.799 3	0.000 0		−94.285 7	−44.373 9	250.778 6
15	109.057 7	−37.417 0	−20.789 3	0.000 0		−94.013 5	−43.162 0	244.306 3
16	112.329 5	−38.713 7	−65.486 2	0.000 0		−93.733 0	−85.603 5	194.445 7
17	115.699 3	−40.062 2	−68.760 5	0.000 0		−93.444 2	−86.567 6	136.326 2
18	119.170 3	−41.464 7				−93.146 7	−15.441 0	140.830 1
19	122.745 4	−42.923 3		0.000 0		−92.840 2	−13.018 1	148.415 9
20	126.427 8	−44.440 2		0.000 0		−92.524 6	−10.537 0	159.592 7
21	130.220 6	−46.017 8		0.000 0		−92.199 5	−7.996 7	174.944 9
22	134.127 2	−47.658 5		0.000 0		−91.864 6	−5.395 9	195.144 0
23	138.151 1	−49.364 9		0.000 0		−91.519 7	−2.733 6	220.960 6
24	142.295 6	−51.139 5		0.000 0		−91.164 5	−0.008 4	253.279 5
25	146.564 5	−52.985 1		0.000 0		−90.798 6	2.780 8	293.116 0
26				−35.904 5			−35.904 5	300.095 4
27				−37.900 6			−37.900 6	306.099 7
28				−39.976 7			−39.976 7	310.906 4
29				−42.135 7			−42.135 7	314.257 4

(续表)

几年后开始	工作收入	持续性支出	教育支出	养老支出	换车	换房	净现金流	理财准备金
30				−44.381 2			−44.381 2	315.853 1
31				−46.716 4			−46.716 4	315.347 1
32				−49.145 1			−49.145 1	312.338 4
33				−51.670 9			−51.670 9	306.363 6
34				−54.297 7			−54.297 7	296.888 0
35				−57.029 6			−57.029 6	283.294 1
36				−59.870 8			−59.870 8	264.870 1
37				−62.825 6			−62.825 6	240.795 9
38				−65.898 6			−65.898 6	210.126 5
39				−69.094 6			−69.094 6	171.774 1
40				−72.418 4			−72.418 4	124.486 9
41				−33.944 5			−33.944 5	108.755 2
42				−35.542 3			−35.542 3	89.124 2
43				−37.204 0			−37.204 0	64.959 4
44				−38.932 1			−38.932 1	35.531 1
45				−40.729 4			−40.729 4	0.000 0

注：方案 2 的 IRR 为 15%。

七、可行性与敏感性分析

（一）可行性分析

方案 1：6 年后卖掉目前自住的市价 500 万元房产置换新房，剩余按揭贷款，分 10 年还清。当年出售旧房收入偿还完剩余本金及当年房贷后，剩余全部用于付新房首付，投资性房产一直出租到退休，退休后过户给女儿。内部报酬率为 0.37%，第 8 年到第 18 年累积理财准备为负值。

评价：方案 1 不可行。一方面方案 1 的内部报酬率小于无风险报酬率，说明张先生一家的理财目标不但能轻松达成，还可以结余一些金钱。张先生夫妇终老后的房产和家用车均留给女儿，不打算做附加的遗产规划。另一方面，张先生家庭的累积理财准备，从第 8 年到第 18 年都为负值，虽然张先生家庭后续的累积理财准备能够弥补这 10 年减的赤字，但赤字时间跨度过长，如果考虑借款不可行且变卖其他资产增加现金流不符合张先生理财初衷。当用张先生的风险属性投资报酬率 ROI（6.76%）计算累积理财准备时，仍然连续多年有负值，不可行。

方案 2：15 年后卖掉目前自住的市价 500 万元房产置换 800 万元商品房，剩余按揭贷款,分10年还清。内部报酬率为6.6%,介于无风险利率和张先生的风险属性投资报酬率6.76%之间,且各期累积理财准备均非负。虽然部分年份净现金流为负,但通过累积理财准备足够弥补当年花费。

评价:方案2可行。

方案3:10年后卖掉400万元的无贷投资性房产(卖房当年不再出租)置换新房,剩余按揭贷款,分15年还清,自住500万元住房保留。

内部报酬率为15%。虽然以此内部报酬率计算的各期累积理财准备均非负,但内部报酬率高于风险属性的投资报酬率6.76%,超过了张先生一家的风险承受水平。

评价:方案3不可行。

所以选择方案2。

(二) 敏感性分析

基于可行的方案2,通过调整收入增长率,做敏感性分析。

1. 收入增长率为0

当收入增长率为0的时候,内部报酬率为17%,高于风险属性的投资报酬率,大部分年份的净现金流为负值,以风险属性的投资报酬率计算的累积理财准备从第18年开始一直为负值(见表5-28),理财方案无法实现。

表5-28 收入增长率为0的敏感性分析　　　　　　　　　　　单位:万元

几年后开始	工作收入	持续性支出	教育支出	养老支出	换车	换房	净现金流	理财准备金
0							75.008 1	75.008 1
1	70	−44.520 0	−8.400 0	0	0	−12.962 5	4.117 5	91.869 2
2	70	−46.100 8	−8.820 0	0	−50	−12.227 1	−47.147 9	60.329 5
3	70	−47.744 8	−9.261 0	0		−11.431 1	1.563 0	72.142 3
4	70	−49.454 6	−9.724 1	0		−10.568 9	0.252 4	84.651 4
5	70	−51.232 8	−10.210 3	0		−9.634 3	−1.077 4	97.956 0
6	70	−53.082 1	−16.081 1	0		−8.620 4	−7.783 6	106.814 6
7	70	−55.005 4	−16.885 2	0		−7.519 7	−9.410 3	115.551 7
8	70	−57.005 6	−17.729 5	0		−6.323 9	−11.059 0	124.124 5
9	70	−59.085 8	−15.513 3	0		−5.024 1	−9.623 2	135.589 5
10	70	−61.249 3	−16.288 9	0		−3.610 3	−11.148 5	147.477 1
11	70	−48.104 7	−17.103 4	0		22.571 0	27.362 9	199.895 7
12	70	−33.818 6	−17.958 6	0		24.246 7	42.469 6	276.326 8
13	70	−34.971 3	−18.856 5	0		26.072 6	42.244 7	365.518 3
14	70	−36.170 2	−19.799 3	0		28.063 0	42.093 5	469.712 0
15	70	−37.417 0	−20.789 3	0		30.234 0	42.027 8	591.541 9

(续表)

几年后开始	工作收入	持续性支出	教育支出	养老支出	换车	换房	净现金流	理财准备金
16	70	−38.713 7	−65.486 2	0		−129.688 7	−163.888 6	528.153 9
17	70	−40.062 2	−68.760 5	0		−127.102 4	−165.925 1	451.959 9
18	70	−41.464 7		0		−124.277 6	−95.742 3	433.003 8
19	70	−42.923 3		0		−121.191 2	−94.114 5	412.454 9
20	70	−44.440 2		0		−117.817 7	−92.257 9	390.271 4
21	70	−46.017 8		0		−114.128 8	−90.146 6	366.430 3
22	70	−47.658 5		0		−110.093 8	−87.752 4	340.933 0
23	70	−49.364 9		0		−105.678 8	−85.043 7	313.812 4
24	70	−51.139 5		0		−100.846 4	−81.985 9	285.142 0
25	70	−52.985 1		0		−95.555 6	−78.540 7	255.045 8
26				−35.904 46			−35.904 5	262.472 6
27				−37.900 63			−37.900 6	269.165 0
28				−39.976 66			−39.976 7	274.918 4
29				−42.135 73			−42.135 7	279.490 2
30				−44.381 16			−44.381 2	282.593 3
31				−46.716 4			−46.716 4	283.888 4
32				−49.145 06			−49.145 1	282.974 8
33				−51.670 86			−51.670 9	279.380 3
34				−54.297 69			−54.297 7	272.548 2
35				−57.029 6			−57.029 6	261.823 4
36				−59.870 79			−59.870 8	246.435 3
37				−62.825 62			−62.825 6	225.478 1
38				−65.898 64			−65.898 6	197.887 3
39				−69.094 59			−69.094 6	162.412 9
40				−72.418 37			−72.418 4	117.587 9
41				−33.944 49			−33.944 5	103.621 1
42				−35.542 27			−35.542 3	85.683 6
43				−37.203 96			−37.204 0	63.036 9
44				−38.932 12			−38.932 1	34.814 5
45				−40.729 41			−40.729 4	0.000 0

注：当收入增长率为0时，IRR为17%。

此时 IRR 远远大于张先生的风险属性投资报酬率，理财目标无法实现。

2. 收入增长率为 2.9%

对于原先 3% 的收入增长率，在本案例情景下，即使降低 0.1% 变为 2.9%，即当收入增长率为 2.9% 的时候，理财目标也无法达到。此时 IRR 为 6.97%，大于张先生的风险属性投资回报率 6.76%。相应工作收入的现金流和净现金流以及累计理财准备相应的变化如表 5-29 所示。

表 5-29 收入增长率为 0 的敏感性分析　　　　　　　　　单位：万元

几年后开始	工作收入	持续性支出	教育支出	养老支出	换车	换房	净现金流	理财准备金
0							75.008 1	75.008 1
1	72	−44.520 0	−8.400 0	0	0	−12.962 5	6.147 5	86.382 2
2	74	−46.100 8	−8.820 0	0	−50	−12.227 1	−43.029 0	49.372 2
3	76	−47.744 8	−9.261 0	0		−11.431 1	7.831 4	60.643 8
4	78	−49.454 6	−9.724 1	0		−10.568 9	8.732 5	73.601 9
5	81	−51.232 8	−10.210 3	0		−9.634 3	9.678 7	88.409 2
6	83	−53.082 1	−16.081 1	0		−8.620 4	5.314 3	99.883 8
7	86	−55.005 4	−16.885 2	0		−7.519 7	6.097 5	112.941 1
8	88	−57.005 6	−17.729 5	0		−6.323 9	6.928 5	127.739 3
9	91	−59.085 8	−15.513 3	0		−5.024 1	10.915 9	147.556 1
10	93	−61.249 3	−16.288 9	0		−3.610 3	12.016 3	169.854 0
11	96	−48.104 7	−17.103 4	0		22.571 0	53.229 4	234.918 8
12	99	−33.818 6	−17.958 6	0		24.246 7	71.116 3	322.404 1
13	102	−34.971 3	−18.856 5	0		26.072 6	73.752 2	418.621 3
14	104	−36.170 2	−19.799 3	0		28.063 0	76.544 7	524.335 3
15	107	−37.417 0	−20.789 3	0		30.234 0	79.508 0	640.378 9
16	111	−38.713 7	−65.486 2	0		−129.688 7	−123.291 4	561.708 8
17	114	−40.062 2	−68.760 5	0		−127.102 4	−122.120 7	478.727 7
18	117	−41.464 7				−124.277 6	−48.637 5	463.447 8
19	121	−42.923 3				−121.191 0	−43.613 7	452.127 0
20	124	−44.440 2		0		−117.817 7	−38.262 5	445.368 5
21	128	−46.017 8		0		−114.128 8	−32.555 4	443.846 3
22	131	−47.658 5		0		−110.093 8	−26.461 0	448.312 3
23	135	−49.364 9		0		−105.678 8	−19.944 8	459.605 7

(续表)

几年后开始	工作收入	持续性支出	教育支出	养老支出	换车	换房	净现金流	理财准备金
24	139	−51.139 5		0		−100.846 4	−12.969 2	478.661 7
25	143	−52.985 1		0		−95.555 6	−5.492 5	506.522 2
26				−35.904 46			−35.904 5	505.912 0
27				−37.900 63			−37.900 6	503.263 1
28				−39.976 66			−39.976 7	498.353 6
29				−42.135 73			−42.135 7	490.943 0
30				−44.381 16			−44.381 2	480.770 6
31				−46.716 4			−46.716 4	467.554 1
32				−49.145 06			−49.145 1	450.988 0
33				−51.670 86			−51.670 9	430.741 8
34				−54.297 69			−54.297 7	406.458 0
35				−57.029 6			−57.029 6	377.750 2
36				−59.870 79			−59.870 8	344.200 9
37				−62.825 62			−62.825 6	305.359 1
38				−65.898 64			−65.898 6	260.737 8
39				−69.094 59			−69.094 6	209.811 3
40				−72.418 37			−72.418 4	152.012 5
41				−33.944 49			−33.944 5	128.660 2
42				−35.542 27			−35.542 3	102.082 9
43				−37.203 96			−37.204 0	71.992 0
44				−38.932 12			−38.932 1	38.076 3
45				−40.729 41			−40.729 4	0.000 0

注：当收入增长率为 2.9% 时，IRR 为 6.97%。

八、总结

本案例中，张先生夫妻职业稳定，处于家庭成长期阶段，上有父母需要赡养，下有女儿需要抚养，还有 200 万元的房贷需 10 年偿还，虽然家庭财务压力不轻，但收入较高，且有投资性房产，财务相对稳健。但紧急预备金保留过高，资产配置过于保守，影响了资产的增值。

结合家庭的理财目标，首先，子女抚养和教育以及父母赡养具有刚性需求，参照张先生的意愿，并结合市场状况来安排相应预算。其次，降低家庭的紧急预备金，仅保留家庭年支出的25%即15万元作为紧急预备金,将剩余配置在债券和股票上。债券配置40%,即30万元,股票配置60%,即45万元。预期投资报酬率能达到6.76%。第三,针对张先生的换房需求,针对可选的3个方案,根据现金流及内部报酬率分析,建议张先生选择方案2,15年后卖掉目前自住的市价500万元房产置换800万元商品房,剩余按揭贷款,分10年还清。虽然方案1更给张先生带来更高的投资报酬率,但是连续10年累积理财准备的大额赤字不利于张先生目标的平稳实现。第四,张先生的购车目标可以正常进行。最后,张先生夫妻的养老目标相对长远,养老金储备时间充足,可以保证他们享有比较理想的退休生活品质。

依据风险属性的资产配置能达到的投资报酬率6.76%,能保证整个生涯中所有年度累计理财准备都能满足所有支出的需求,即保证所有理财目标的实现,而且该投资报酬率也符合张先生的风险承受态度偏好。此外,长期来看,该投资报酬率能对财富积累带来明显的效果,在张先生夫妻晚年能积累一定的财富。

第六章 债券收益率曲线及久期、免疫

债券的收益率曲线表示债券收益率和到期收益率之间的关系,对于预测未来经济运行有着非常重要的作用。

久期被广泛用于反映债券的票面利率与到期时间的利率风险差异,是衡量债券对于利率变动的敏感度。

通过构建一个专项投资组合来最大限度地缩小其目标的不确定性,就被称为免疫。

第一节 债券基础

一、制作中国债券收益率曲线

1. 寻找所需数据

为了画出到期收益率,寻找数据时,需要收集各种到期日的债券信息,然后做出这些债券的收益率随到期时间变化的曲线图。必须注意:要同时找到债券到期时限才能画出收益率曲线,所以可以到中国外汇中心官网上(http://www.chinamoney.com.cn/chinese/bkcurvrty/)找到 2021 年 3 月 5 日的相应信息,选定这些数据,进行复制。

2. 构建数据表模型

(1) 在单元格 A1 输入图表名称:中国债券收益率曲线;点击 A4 单元格,将复制的数据粘贴(见图 6-1-1)。

(2) 选定单元格区域 C3:E19,选择菜单栏的插入-散点图-带平滑点的散点图,下方就会生成一张债券收益率曲线图(见图 6-1-2)。

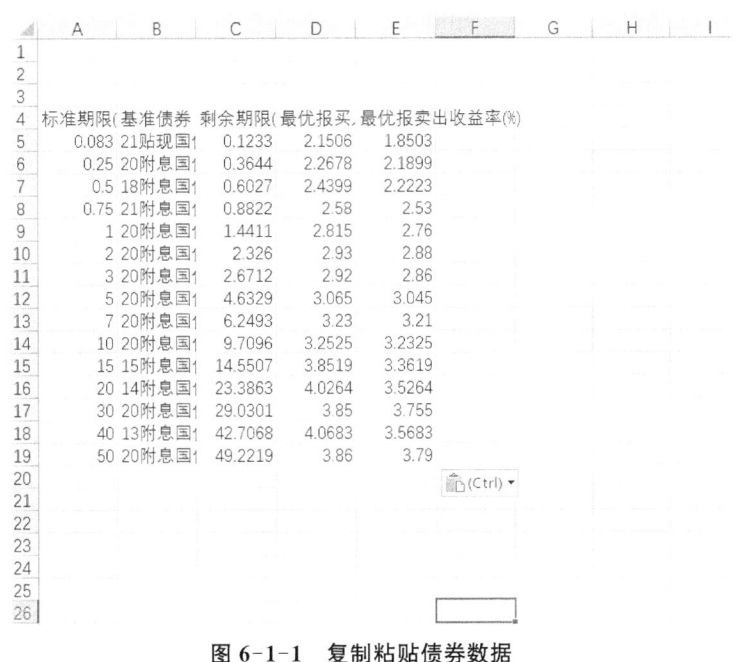

图 6-1-1 复制粘贴债券数据

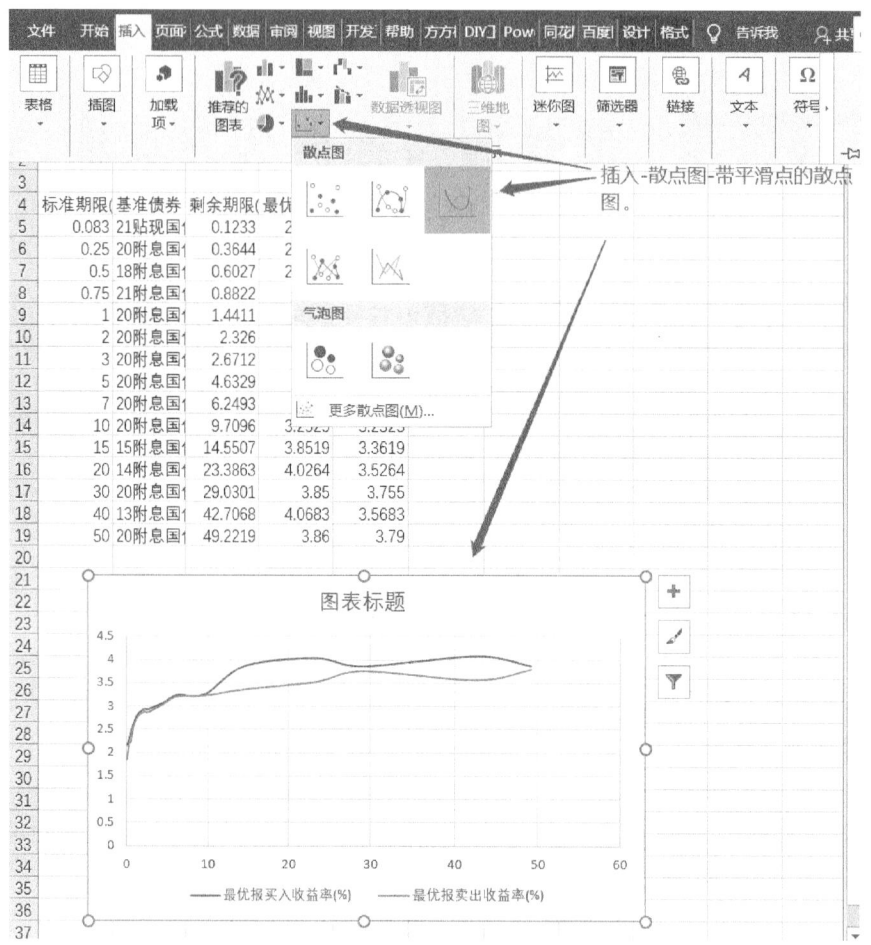

图 6-1-2　生成债券收益率曲线图

二、收益率曲线动态图

收益曲线随时间是怎样变化的？是什么因素决定了收益曲线变化的波动率呢？短期国债的收益率、中期国债的收益率和长期国债的收益率的波动率之间是否存在差异？可以使用收益曲线的动态图来回答诸如此类的问题。

动态图要使用"微调项"，它是由向上/向下箭头所组成的按钮组，通过它可以每月更新收益曲线图，并且可以直接观察到收益曲线的波动性和其他动态特征。

（1）从中国银行保险监督委员会官网上（https://yield.chinabond.com.cn/cbweb-cbrc-web/cbrc/showHistory?&locale=cn_ZH&mark=1）下载最近一年的国债和其他收益率数据。

但是打开该 Excel 表格之后，我们发现这些数据有几个错误问题：① 各个单元格左上角都有一个小三角形（见图 6-1-3），这个小三角说明该数据是文本格式；② 都是左对齐形式；③ 都没有百分号符号，这样如果转换成百分率，就会是一个百倍于实际数值的数字了。

(2) 将出现相关问题的单元格全部选中,此时选定区域的左上角会出现一个绿色的感叹号,点击之后,会出现弹表,选择"转为数字"(见图 6-1-3)。

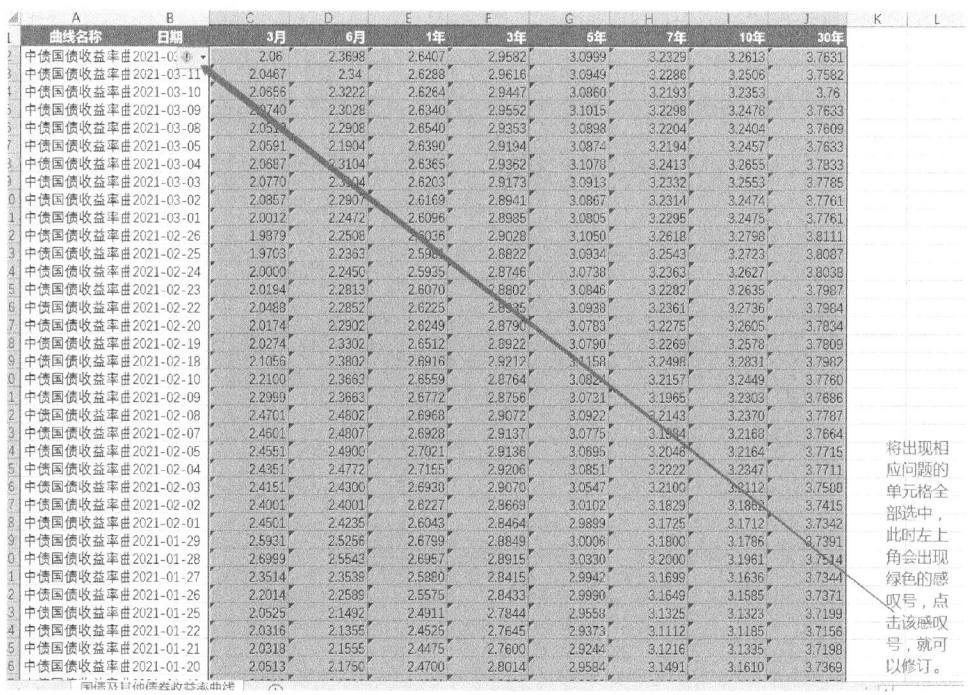

图 6-1-3　处理国债数据

(3) 我们点击选定区域 C2:J250,点击右键,点击"设置单元格格式",点击"对齐"栏的"文本对齐方式"的向下箭头,选择"靠右(缩进)",然后确定(见图 6-1-4)。

(4) 右键点击 A 列的"中债国债收益率曲线",将之删除。在数据以外的任意一个单元格填入数字"100",并按"Ctrl+C",进行复制。然后选定数据所在的区域 B2:I250,点击右键,选择"粘贴"选项中的"选择性粘贴",在箭头弹出的选项中,最下方还有一个"选择性粘贴",点击之后,在运算里面点击

图 6-1-4　调整单元格格式

"除",然后点击"确定"。点击之后,该区域变成了小数点形式,然后点击右键,选择"设定单元格格式",再选择"数字-分类-百分比",然后确定。将整个区域变成了以百分号表示的数值(见图6-1-5)。

	A	B	C	D	E	F	G	H
1	日期	3月	6月	1年	3年	5年	7年	10年
2	2021-03-12	2.06%	2.37%	2.64%	2.96%	3.10%	3.23%	3.26%
3	2021-03-11	2.05%	2.34%	2.63%	2.96%	3.09%	3.23%	3.25%
4	2021-03-10	2.07%	2.32%	2.63%	2.94%	3.09%	3.22%	3.24%
5	2021-03-09	2.07%	2.30%	2.63%	2.96%	3.10%	3.23%	3.25%
6	2021-03-08	2.05%	2.29%	2.65%	2.94%	3.09%	3.22%	3.24%
7	2021-03-05	2.06%	2.19%	2.64%	2.92%	3.09%	3.22%	3.25%
8	2021-03-04	2.07%	2.31%	2.64%	2.94%	3.11%	3.24%	3.27%
9	2021-03-03	2.08%	2.31%	2.62%	2.92%	3.09%	3.23%	3.26%
10	2021-03-02	2.09%	2.29%	2.62%	2.89%	3.09%	3.23%	3.25%
11	2021-03-01	2.00%	2.25%	2.61%	2.90%	3.08%	3.23%	3.25%
12	2021-02-26	1.99%	2.25%	2.60%	2.90%	3.11%	3.26%	3.28%
13	2021-02-25	1.97%	2.24%	2.60%	2.88%	3.09%	3.25%	3.27%
14	2021-02-24	2.00%	2.25%	2.59%	2.87%	3.07%	3.24%	3.26%
15	2021-02-23	2.02%	2.28%	2.61%	2.83%	3.08%	3.23%	3.26%
16	2021-02-22	2.05%	2.29%	2.62%	2.89%	3.09%	3.24%	3.27%
17	2021-02-20	2.02%	2.29%	2.62%	2.88%	3.08%	3.23%	3.26%
18	2021-02-19	2.03%	2.33%	2.65%	2.89%	3.08%	3.23%	3.26%
19	2021-02-18	2.11%	2.38%	2.69%	2.92%	3.12%	3.25%	3.28%
20	2021-02-10	2.21%	2.37%	2.66%	2.88%	3.08%	3.22%	3.24%
21	2021-02-09	2.30%	2.37%	2.68%	2.88%	3.07%	3.20%	3.23%
22	2021-02-08	2.47%	2.48%	2.70%	2.91%	3.09%	3.21%	3.24%
23	2021-02-07	2.46%	2.49%	2.69%	2.91%	3.08%	3.20%	3.22%
24	2021-02-05	2.46%	2.49%	2.70%	2.91%	3.07%	3.20%	3.22%
25	2021-02-04	2.44%	2.48%	2.72%	2.92%	3.09%	3.22%	3.23%
26	2021-02-03	2.42%	2.43%	2.69%	2.91%	3.05%	3.21%	3.21%
27	2021-02-02	2.40%	2.40%	2.62%	2.87%	3.01%	3.18%	3.19%
28	2021-02-01	2.45%	2.42%	2.60%	2.85%	2.99%	3.17%	3.17%
29	2021-01-29	2.59%	2.53%	2.68%	2.88%	3.00%	3.18%	3.18%
30	2021-01-28	2.70%	2.55%	2.70%	2.89%	3.03%	3.20%	3.20%
31	2021-01-27	2.35%	2.35%	2.59%	2.84%	2.99%	3.17%	3.16%
32	2021-01-26	2.20%	2.25%	2.56%	2.84%	3.00%	3.16%	3.16%
33	2021-01-25	2.05%	2.15%	2.49%	2.78%	2.96%	3.13%	3.13%
34	2021-01-22	2.03%	2.14%	2.45%	2.76%	2.94%	3.11%	3.12%
35	2021-01-21	2.03%	2.16%	2.45%	2.76%	2.92%	3.12%	3.13%
36	2021-01-20	2.05%	2.18%	2.47%	2.80%	2.96%	3.15%	3.16%

图 6-1-5 数据处理

(5) 创建微调项主菜单上点击"开发工具/插入/表单控件/数字调节钮(窗体控件)"命令(如果没有看到"开发工具",可以在"文件-选项-自定义功能区-主选项卡"里面对"开发工具"打钩)(见图 6-1-6)。

在窗体工具栏上找到上/下箭头的按钮(见图 6-1-7),当把光标放在它上面时,会出现"微调项"字样,点击上述按钮。然后拖动光标在 R4:R5 区域内创建微调项。

(6) 创建单元格链接。右击微调项会弹出一个小菜单,点击小菜单上的"设置控件格式",则会弹出一个对话框。点击"控制"选项卡,在单元格链接编辑栏中输入单元格链接 R6,并将最小值设为 2,然后点击"确定"。可以通过点击微调项的上/下箭头来进行检查,看它们是如何改变所链接的单元格的值的。

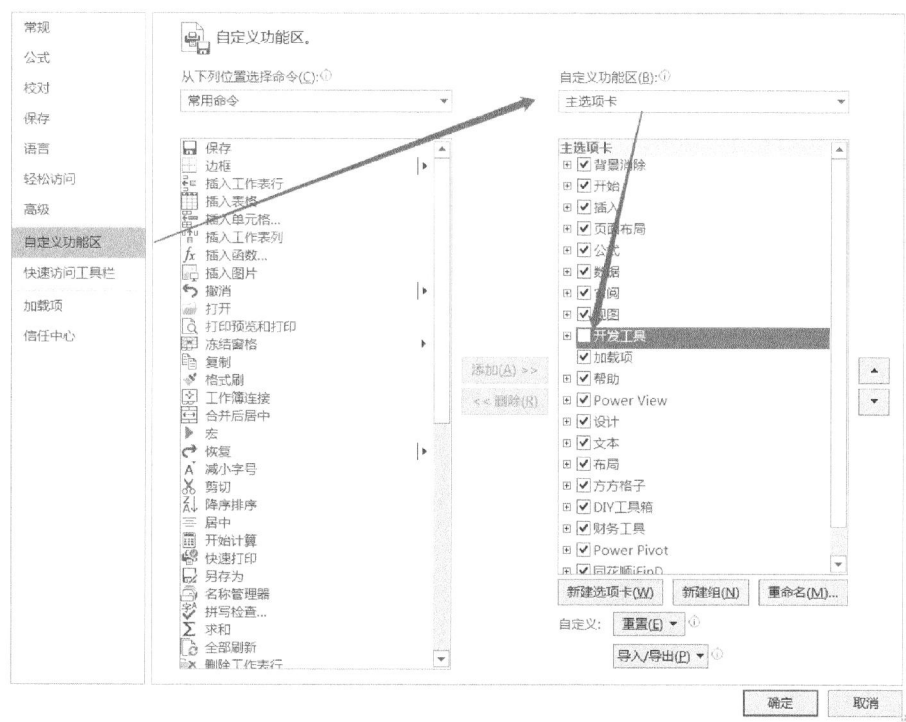

图 6-1-6 "开发工具"

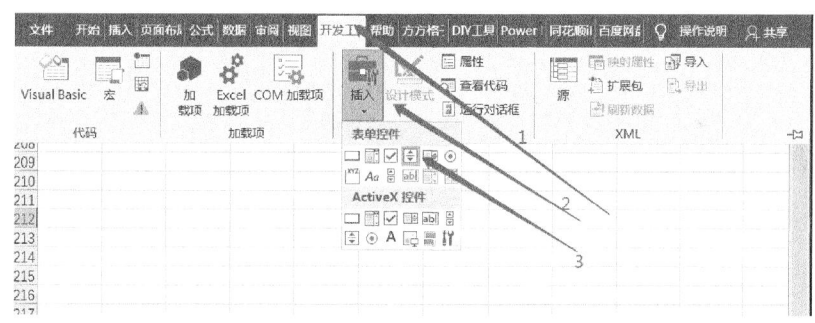

图 6-1-7 创建微调项

(7) 到期时间。引用 B1:J1 区域内的数据库中的到期时间,在单元格 S21 中输入"=B1",并将其复制粘贴到 T21:Z21 区域的单元格中。

(8) 到期收益率。利用 Excel 的 HLOOKUP 函数来引用数据库中的到期收益率值,输入"=HLOOKUP(查找值,查找区域,行)"。查找值就是相应的到期时间,查找区域为区域 A1:I250,行是已链接的单元格 R6。在单元格 S22 中输入"=HLOOKUP(S21,A1:I250,$R$6)",并将其复制粘贴到 T22:Z22 区域。

(9) 做出到期收益率随到期时间变化的曲线图。选中单元格 S21:Z22,然后从主菜单中选择"插入图表"命令,选择图表类型为 XY 散点图,然后按照图表向导的其他选项来完成图形。将图表放在 S3:Z20 区域内。

(10) 利用 Excel 的 HLOOKUP 函数来引用日期。在单元格 S2 中输入日期,输入"=HLOOKUP("日期",A1:A250,$R$6)",为了确定日期标题的格式,选中单元格 S2,然后点击"格式/单元格",在分类列表中选择日期,然后在类型列表中选择"2020-10-14"格式,然后点击"确定"(见图 6-1-8)。

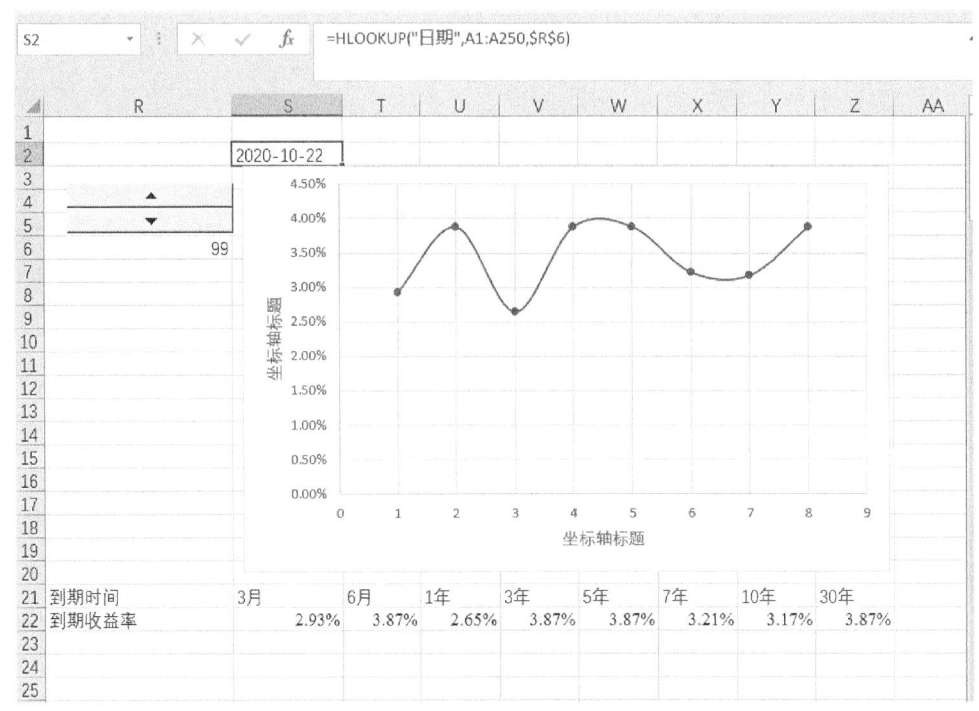

图 6-1-8 动态图

为了运行动态图,请点击微调项的向上箭头,则收益曲线开始变化。

三、债券定价基础

债券的面值为 1 000 元,每年的票面利率为 5.0%,到期收益率为 9.0%,如果每年付息两次(半年一次),到期前要付息 8 次(即到期时间为 4 年)。请问,在年利率(APR)时这张债券的价格是多少?有效年利率(EAR)时这张债券的价格又是多少?

我们将建立一种"转换开关"(switch),用来选择是根据年利率(APR)还是有效年利率(EAR)来计算债券的价格。对利率约定的选择将会决定各期的贴现率。对于给定的各期贴现率,我们将使用 4 种等价的方法来计算债券价格:① 利用债券现金流的现值来计算债券价格;② 使用债券的简化公式来计算债券价格;③ 使用中的 PV 函数来计算债券价格;④ 使用 Excel 的加载宏中的分析工具的 PRICE 函数来计算债券价格,但这种方法只适用于年利率(APR)的情况下。

然后,构建该电子数据表模型:

(1) 输入变量值并对其进行命名。在单元格 B4 中填入 0,它将作为在 APR 和 EAR

两种利率约定间进行转换的"转换开关"。为了强调正在使用哪一种利率约定,在单元格 D1 内输入"=IF($B$4=1,"有效年利率(EAR)","年利率(APR)")"(见图 6-1-9)。

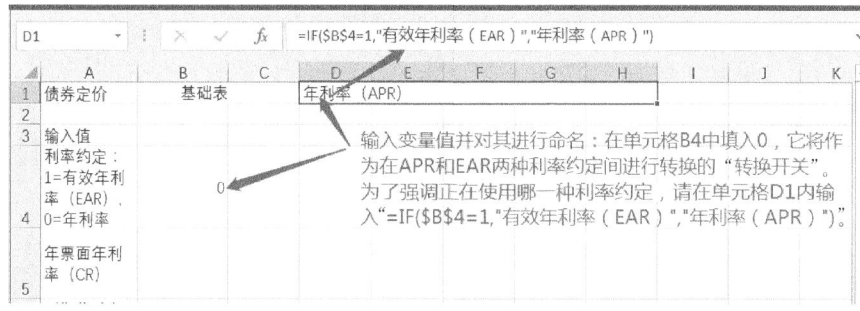

图 6-1-9　构建电子数据表模型(1)

(2)将其他变量值输入到 B5:B9 区域的单元格内,并对每个变量进行命名。选中单元格 B5,点击主菜单上的"公式/名称管理器"(见图 6-1-10)。在当前工作簿的名称中输入 CR,然后点击"确定"(见图 6-1-11)。选中单元格 B6,然后重复上述操作,将其命名为 y。重复上述过程,将单元格 B7、B8 和 B9 分别命名为 NOP、T 和 PAR(见图 6-1-12)。

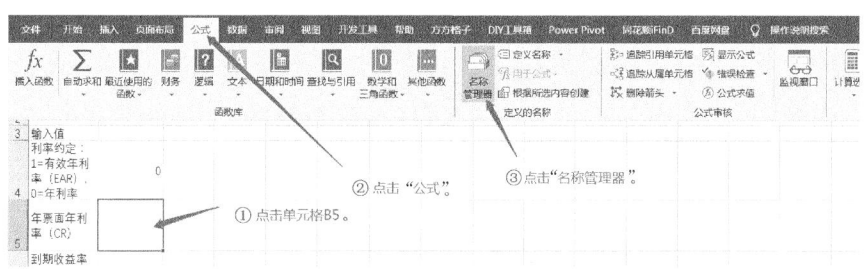

图 6-1-10　构建电子数据表模型(2)

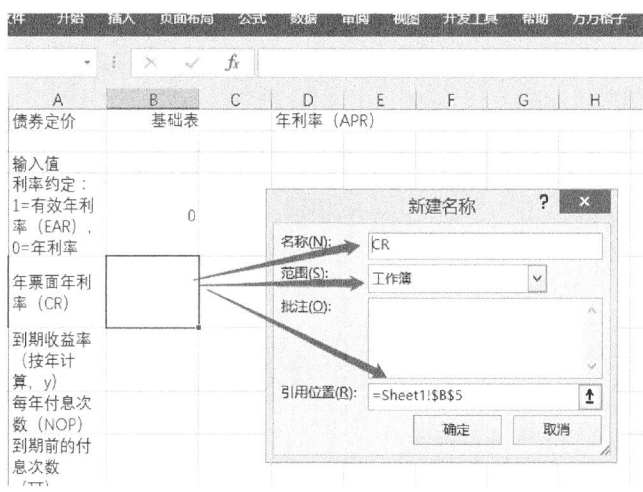

图 6-1-11　构建电子数据表模型(3)

图 6-1-12　构建电子数据表模型(4)

(3) 计算各期贴现率。各期贴现率取决于所采用的利率约定,计算公式如下所示:

① 当利率为 EAR 时:各期贴现率＝(1＋到期收益率)^(1 年付息次数)－1。

② 当利率为 APR 时,各期贴现率＝到期收益率/每年付息次数。

在单元格 B12 中输入"=IF($B$4 =1,((1 + y)^(1 / NOP))-1, y / NOP)"(见图 6-1-13),并按照上面的步骤将单元格 B12 命名为 r.(注意 r 后面有英文符号".")(见图 6-1-14)。

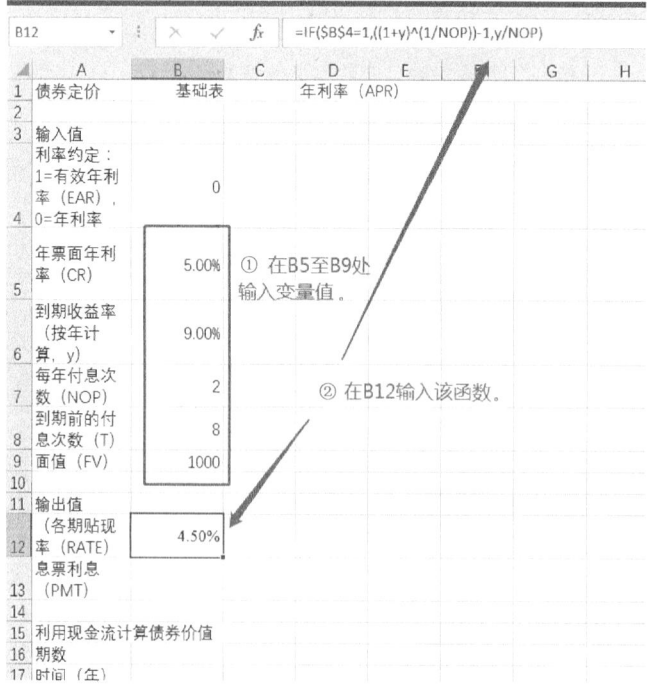

图 6-1-13　计算各期贴现率(1)

图 6-1-14 计算各期贴现率(2)

(3) 计算息票利息。息票利息的计算公式为：息票利息＝票面利率＋面值/每年付息次数。在单元格 B13 中输入"＝CR * PAR/NOP"，并按照上面的步骤将单元格 B13 命名为 PMT。

(4) 利用现金流计算债券价格。在这种方法中，债券的价格等于债券现金流的现值。在未来 4 年(或 8 期中)，这张债券每年都会产生两笔现金流。在 B16:J16 区域的单元格中输入期数编号"0,1,2,…,8"。然后按如下步骤完成债券价格的计算：

① 时间(年)＝期数/每年付息次数＝期数/NOP。在单元格 B17 中输入"＝B16/NOP"，并依次类推，在 C17:J17 区域的单元格内输入对应的公式(见图 6-1-15)。

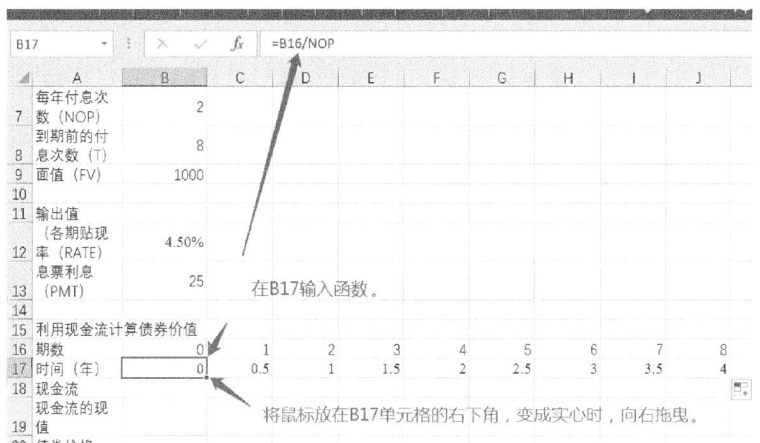

图 6-1-15 现金流计算债券价格(1)

② 第1~7期的现金流=息票利息,在单元格C18中输入"=PMT",并将其复制粘贴到D18:J18区域的单元格内。

③ 第8期的现金流=息票利息+面值。在单元格J18中的公式中加入"+PAR",所以在单元格J18中输入"=PMT+PAR"(见图6-1-16)。

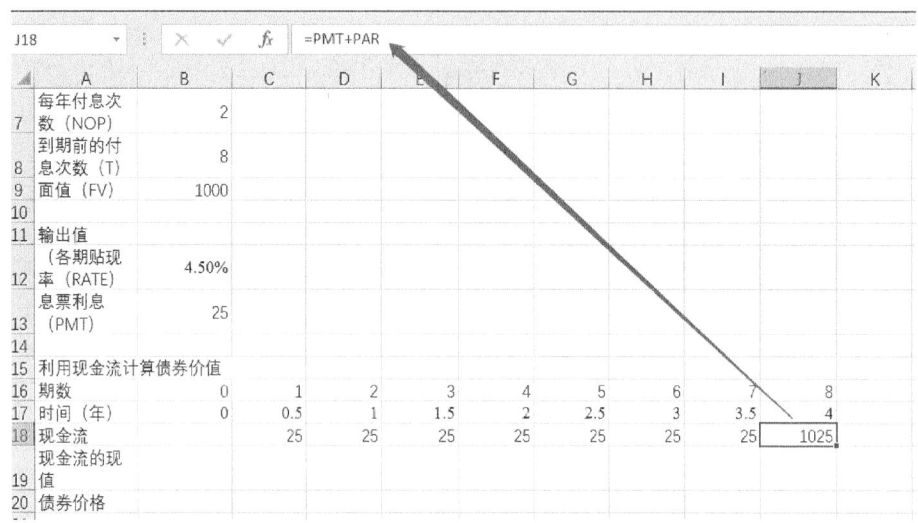

图 6-1-16　现金流计算债券价格示意图(2)

④ 现金流的现值=现金流/((1+各期贴现率^期数)=现金流/((1+r.)^期数)。在单元格C19中输入"=C18/((1 + r.) ^ C16)",并依次类推,在D19:J19区域的单元格内输入对应公式(见图6-1-17)。债券的现值=各期现金流现值的和(第19行)。在单元格B20中输入"=SUM(C19:J19)"。

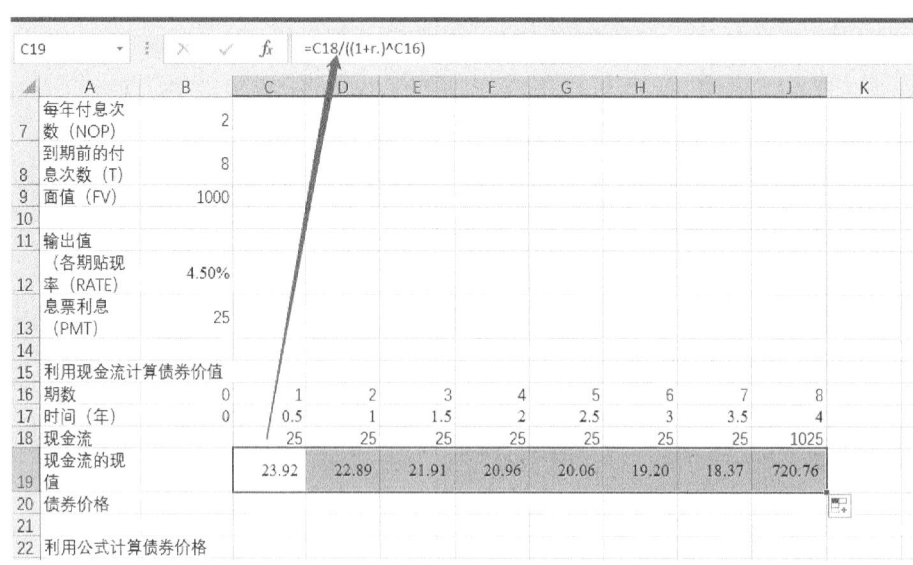

图 6-1-17　现金流计算债券价格示意图(3)

(5) 利用债券的简化公式计算债券价格。计算债券现金流的现值可以简化为一个等价公式,在单元格 B23 中输入"=PMT *(1-((1+r.)^(T)))/r.+PAR/(1+r.)^T"。

(6) 利用 PV 函数计算债券价格。Excel 中有专门计算债券价格的函数。公式为"=-PV(每期贴现率,到期前的付息次数,息票利息,面值)",在单元格 B26 中输入"=-PV(r.,T,PMT,PAR)"。

(7) 利用 PRICE 函数(在 APR 利率约定下)计算债券价格。Excel 的加载宏的分析工具库中有几个高级债券函数,其中就包括债券价格函数(计算时假定采用的是 APR 利率)

① 点击主菜单中的"文件/选项//加载宏"命令,在加载宏的对话框内选中分析工具库(见图 6-1-18),然后单击"确定"。

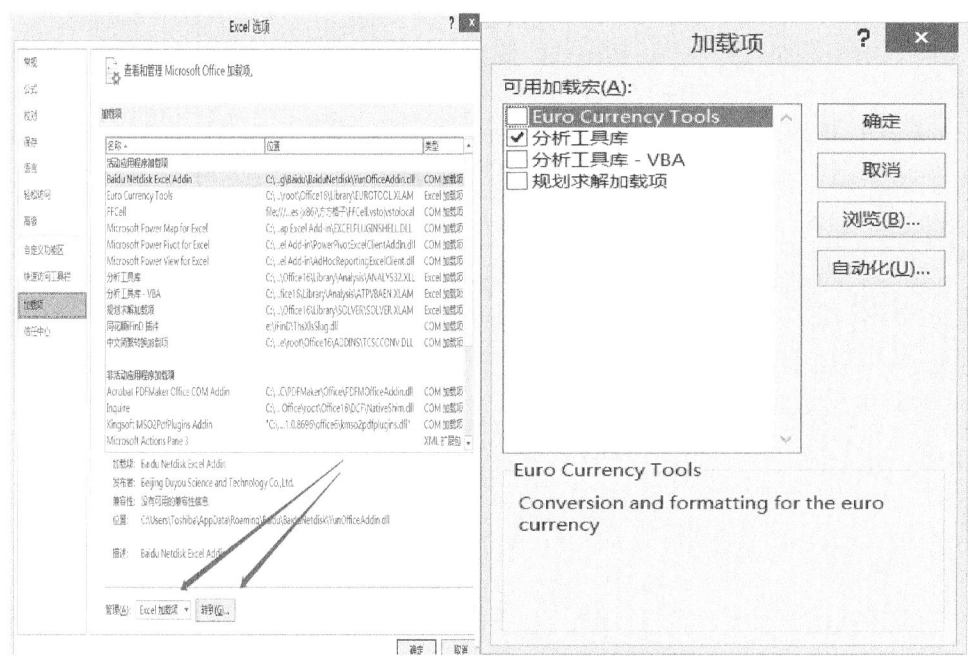

图 6-1-18 PRICE 函数计算债券价格

② 债券价格函数"=PRICE(成交日,到期日,年票面利率,到期收益率,赎回价值,付息次数)"。成交日是指用货币购买债券的日期,详细确定成交日和到期日可以进行债券价格的精确计算。在此,我们只需要让两个日期间的间隔等于:到期前付息 8 次/每年付息 2 次=4 年的到期时间,使用 DATE 函数很容易实现这项功能。DATE 函数的格式为"=DATE(年月,日)"。可以任意输入一个起始日期 1/1/2000 作为成交日,然后指定到期日的计算公式为"(1/12000+TNOP)"。我们还需要加一个 IF 语句来检验所使用的是哪种利率约定,因为债券函数只对 APR 约定有效。在单元格 B29 输入"=IF($B$4=1,"",PRICE(DATE(2000,1,1),DATE(2000+T/NOP,1,1),CR,y,100,NOP)*PAR/100)"。这里使用惯用的 100 元为赎回价值,并根据面值/100 元的比率换算价格的最终计算结果,并且最终价格用"面值/100 元"的比率来度量。

最后得到的债券价格为868.08元。值得注意的是,利用4种方法(现金流、债券的简化公式、PV函数和PRICE函数)求得的结果是一样的。

四、利用到期收益率给债券定价

通过下列实验可以验证债券价格和到期收益率之间是什么关系。

(1) 打开上述债券定价基础表,删除一些行,然后立即使用"文件/另存为"命令将其用新文件名保存下来。选中A15:A29区域,点击"编辑/删除"命令,在删除对话框中选择整行,然后点击"确定",这样就把15~29行删除掉了。

(2) 输入到期收益率。将到期收益率的值1.0%、2.0%、3.0%、4.0%、…、20.0%输入到B16:U16区域的单元格内。

(3) 计算各期贴现率。将各期贴现率的公式从单元格B12复制粘贴到单元格B17,将变量y改为B16(见图6-1-19),这样一来各期贴现率计算式就变为"=IF($B$4=1,((1+B16)^(1/NOP))-1,B16/NOP)",并依次类推,C17:U17区域的单元格内输入对应的公式(见图6-1-20)。

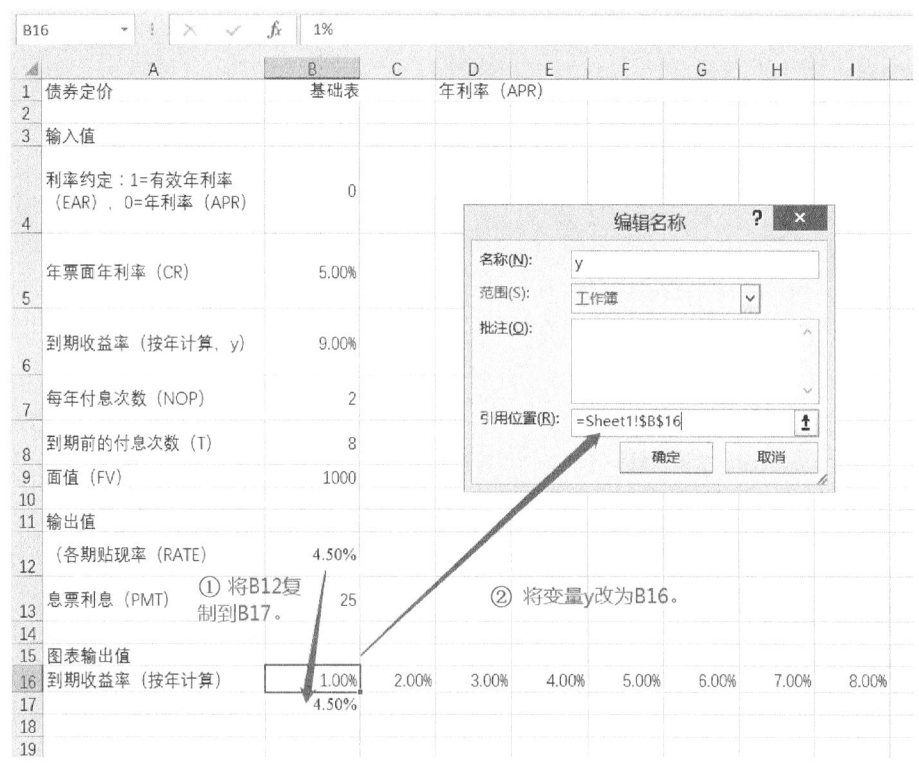

图6-1-19 计算各期贴现率(1)

(4) 计算债券价格。利用P函数和输入量T、PMT、PAR以及单元格B17的各期贴现率计算债券价格,在单元格B18中输入"=-PV(B17,T,PMT,PAR)",并依次类推,在C18:U18区域内输入对应的公式。

第六章 债券收益率曲线及久期、免疫

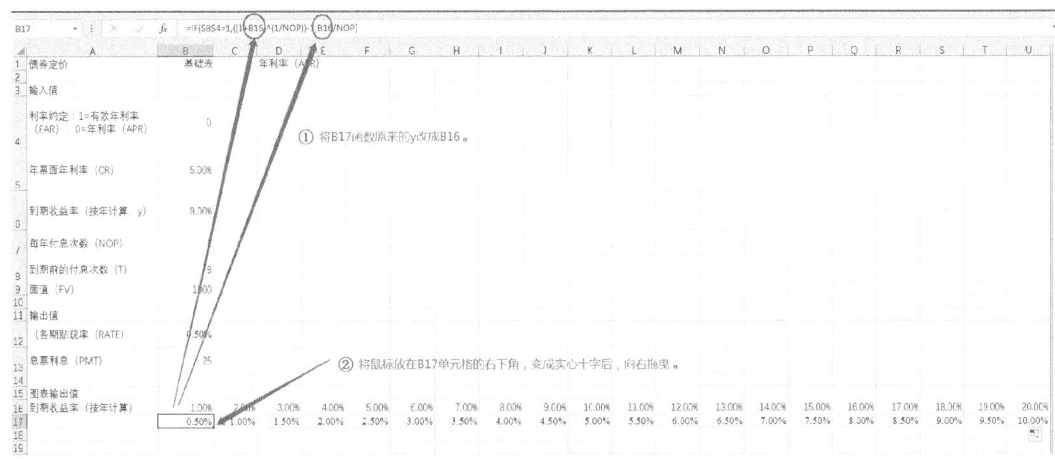

图 6-1-20　计算各期贴现率(2)

（5）做出债券价格随到期收益率变动的曲线图。选中 B16:U16 区域并按"Ctrl"选中 B8:U18 区域，然后从主菜单中选择"插入/图表"命令，在图表类型选择 XY 散点图，然后按照图表向导完成图形。将图表放在 C2:J15 区域内(见图 6-1-21)。

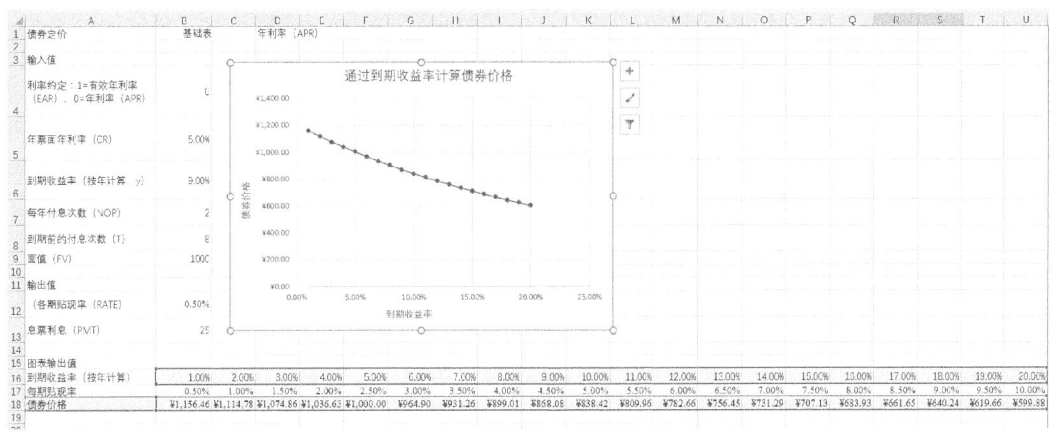

图 6-1-21　债券价格随到期收益率变动的曲线图

该曲线图表明债券价格和到期收益率之间存在反比关系，换言之，贴现率(到期收益率)越高，则债券现金流的现值(价格)越低。该图同样表明两间的关系是非线性的，而不是线性的。

第二节　债券的久期

一、债券久期基础表

一张债券的面值为 1 000 元，年票面利率为 5.0%，到期收益率为 9.0%，每年付息两次(半年一次),到期前共付息8次(即到期时间为4年)。请问,在年利率(APR)约定下,这张债券的久期(duration)及修正过的久期各是多少?在有效年利率(EAR)约定下这张债券的久期及修正过的久期又是多少?

对利率(EAR或APR)的选择将会决定各期的贴现率。对于给定的每期贴现率,我们将使用3种等价的方法来计算久期及修正后的久期。①我们将采用债券现金流的加权平均时间来计算久期,这种方法对久期进行了直观解释;②我们将使用公式计算久期,在上述两种计算方法中,修正过的久期只是对正常久期的一个简单调整[也称为麦考利(Macaulay)久期];③我们使用Excel加载宏中的分析工具库的DURATION和MDURATION函数计算久期,但这种方法只适用于年利率(APR)的情况下。

(1) 输入变量值并对其进行命名。在单元格B4中填入0,它将作为在APR和EAR两种利率约定间进行转换的"转换开关"。为了强调正在使用哪一种利率约定,请在单元格E1内输入"=IF($B$4=1,"有效年利率(EAR)","年利率(APR)")"。将其他变量值输入到B5:B9区域的单元格内,并对每个变量进行命名。选中单元格B5,点击主菜单上的"公式/名称管理器"。在当前工作簿的名称中输入CR,然后点击"确定"。选中单元格B6,然后重复上述操作,将其命名为y。重复上述过程,将单元格B7、B8和B9分别命名为NOP、T和PAR。

(2) 计算各期贴现率。各期贴现率取决于所采用的利率约定,计算公式如下所示:

① 当利率为EAR时:各期贴现率=(1+到期收益率)^(1年付息次数)-1。

② 当利率为APR时,各期贴现率=到期收益率/每年付息次数。

在单元格B12中输入"=IF($B$4=1,((1+y)^(1/NOP))-1,y/NOP)",并按照上面的步骤将单元格B12命名为r.(注意r后面有英文符号".")。

(3) 计算息票利息。息票利息的计算公式为:息票利息=票面利率+面值/每年付息次数。在单元格B13中输入"=CR*PAR/NOP",并按照上面的步骤将单元格B13命名为PMT。

(4) 利用现金流计算债券久期。利用债券现金流的加权平均时间来计算久期,这种方法对久期进行了直观的描述。在未来4年(或8期中),这张债券每年都会产生两笔现金流。在B16:J16区域的单元格中输入期数编号0、1、2、…、8。然后按如下步骤完成债券久期的计算:

① 时间(年)=期数/每年付息次数=期数/NOP。在单元格B17中输入"=B16/NOP",并依次类推,在C17:J17区域的单元格内输入对应的公式。

② 第1~7期的现金流=息票利息,在单元格C18中输入"=PMT",并将其复制粘贴到D18:J18区域的单元格内。

③ 第8期的现金流=息票利息+面值。在单元格J18的计算式中加入"+PAR",所以单元格J18中计算式为"=PMT+PAR"。

④ 现金流的现值=现金流/((1+各期贴现率^期数)=现金流/((1+r.)^期数)。在单元格C19中输入"=C18/((1+r.)^C16)",并依次类推,在D19:J19区域的单元格内输

入对应公式。

⑤ 债券的现值＝各期现金流现值的和（第 19 行）。在单元格 K19 中输入"＝SUM(C19:J19)"。

⑥ 时期 t 的权重＝t 时的现金流的现值/债券的现值。在单元格 C20 中输入"＝C19/\$K\$19"，并依次类推，在 D20:K20 区域的单元格内输入对应的等式。

⑦ 权重时间。在单元格 C21 中输入"＝C20＊C17"，并依次类推，在 D21:J21 区域的单元格内输入对应的等式。

⑧ 麦考利久期＝所有"权重时间变量"的值的总和（第 21 行）。在单元格 B22 中输入"=SUM(C21:J21)"。为了计算的完整性，可以在单元格 K21 中输入同样的公式。

⑨ 修正的久期＝久期/(1＋各期贴现率)＝久期/(1＋r.)，在单元格 B23 中输入"＝B22/(1＋r.)"。

这种计算方法直接给出了一个直观解释，即麦考利久期等于"取得现金流的时间的加权平均值"。权重等于每笔现金流的现值与债券现值的比。

（5）利用公式计算债券久期。上面的麦考利久期的计算过程（即对时间进行加权平均的计算，在单元格 B26 中输入"＝(1＋r.)/(r.＊NOP)－(1＋r.＋T＊(CR/NOP－r.))/(CR＊((1＋r.)^T－1)＋r.＊NOP)"。

修正的久期可以采用同样的公式计算，将单元格 B23 的公式复制粘贴到单元格 B27。

（6）使用函数计算债券久期。Excel 的分析工具库中有很多高级的债券函数，其中就包括计算债券久期和修正的久期的函数。

① 点击主菜单中的"文件/选项//加载宏"命令，在加载宏的对话框内选中分析工具库，然后单击确定。

② 久期函数＝DURATION(成交日，到期日，年票面利率，到期收益率，付息次数)。结算日期是指你用货币购买债券的日期，详细确定成交日和到期日可以精确计算债券的久期。在此，我们只需要让两个日期间的间隔等于到期时间为 8 期/每年付息 2 次＝4 年的到期时间，使用 DATE 函数很容易实现这项功能。DATE 函数的格式是＝DATE(年，月，日)。我们可以任意输入一个起始日期 1/1/2000 作为成交日，然后指定到期日的计算公式为(/1/2000＋TP)，我们还需要加一个 IF 语句来检验所使用的是哪种利率约定，因为债券函数只对 APR 约定有效。在单元格 B30 输入"＝IF(\$B\$4＝1,"",DURATION(DATE(2000,1,1),DATE(2000＋T/NOP,1,1),CR,y,NOP))"。

③ 修正的久期函数＝MDURATION(成交日，到期日，年票面利率，到期收益率，付息次数)，并且具有相同的变量。在单元格 B31 中输入"＝IF(\$B\$4＝1,"",MDURATION(DATE(2000,1,1),DATE(2000＋T/NOP,1,1),CR,y,NOP))"。

债券的久期为 3.65 年，修正的久期为 3.4 年。请注意：利用 3 种方法（现金流、公式和分析工具库中的函数）得到的最终结果是一样的。

二、利用久期度量债券价格的敏感度

债券久期度量了债券价格相对于利率变化的敏感度，换言之，它度量了债券的利率风险。通过债券久期可以看出在到期收益率的变化值给定的情况下债券价格的大概变动值,还可以通过图形将这种债券久期的近似方法表示出来,并可以将其与债券价格变化的实际情况做比较。

(1) 将上述第四部分的"债券久期的电子数据表模型—基础表"打开,然后使用"文件/另存为"命令将其用新文件名保存下来。选中 A27:A31 区域,点击"编辑/删除"命令,在删除对话框中选择整行,然后点击"确定",这样就可以把 27~31 行删除掉了。重复上述操作,将 14~25 行也删除掉。

(2) 输入到期收益率。将到期收益率的值 1.0%、2.0%、3.0%、4.0%、…、20.0%输入 B21:U21 区域的单元格内。

(3) 计算各期贴现率。各期贴现率取决于所采用的利率约定,计算公式如下所示:

① 当利率为 EAR 时:各期贴现率=(1+到期收益率)^(1/年付息次数)-1。

② 当利率为 APR 时:各期贴现率=到期收益率/每年付息次数。

在单元格 B22 中输入"=IF($B$4=1,((1+B21)^(1/NOP))-1,B21/NOP)",并依次类推,在 C23:U23 区域的单元格中输入对应的公式。

(4) 到期收益率的变化。到期收益率的变化量=新的到期收益率减去当前的到期收益率(y)。在单元格 B23 中输入"=B21-y",并依次类推,在 C23:U23 区域的单元格中输入对应的公式。

(5) 债券的实际价格。利用输入量 T、PMT、PAR 和单元格 B22 中的各期贴现率计算债券价格。具体步骤是:在单元格 B24 中输入"=-PV(B22,T,PMT,PAR)",并依次类推,在 C24:U24 区域的单元格内输入对应的公式。

(6) 债券当前的价格。使用最初的输入量计算债券价格,将单元格 B24 中的公式复制粘贴到单元格 B25,然后将到期收益率从 B23 改变为 r.,则计算式变为"=-PV(r.,T,PMT,PAR)",并依次类推,在 C5:U25 区域的单元格内输入对应的公式。

(7) 价格的实际百分比变化。价格的实际百分比变化=(债券的实际价格债券的当前价格)/债券的当前价格。在单元格 B26 中输入"=(B24-B25)/B25",并依次类推,在 C26:U26 区域的单元格内输入对应的公式。

(8) 修正的久期。分两步计算修正的久期,首先,将第四部分久期基础表中的单元格 B26 中的久期公式复制粘贴到单元格 B27 中;然后,通过在公式的末尾添加"/(1+r.)",将原公式改为修正的久期的公式。这样,单元格 B27 中修正的久期的计算式就是"=(1+r.)/(r.*NOP)-(1+r.+T*(CR/NOP-r.))/(CR*((1+r.)^T-1)+r.*NOP)/(1+r.)"。最后,在 C27:U27 区域的单元格内输入对应的公式。

(9) 利用久期得出的价格的近似百分比变化等于修正的久期到期收益率的变化量。在单元格 B28 中输入"=-B27*B23",并依次类推,在 C28:U28 区域内输入对应的公式。

(10) 做出价格随到期收益率变化的实际百分比变化曲线图和利用久期得出的近似百分比变化曲线图。选中 A23:U23 区域,然后按住"Ctrl"键选中 A26:U26 和 A28:U28 区域,然后从主菜单中选择"插入-图表"命令,选择图表类型为 XY 散点图,然后按照图表向导完成图形。将图表放在 C3:J20 范围内(见图 6-2-1)。

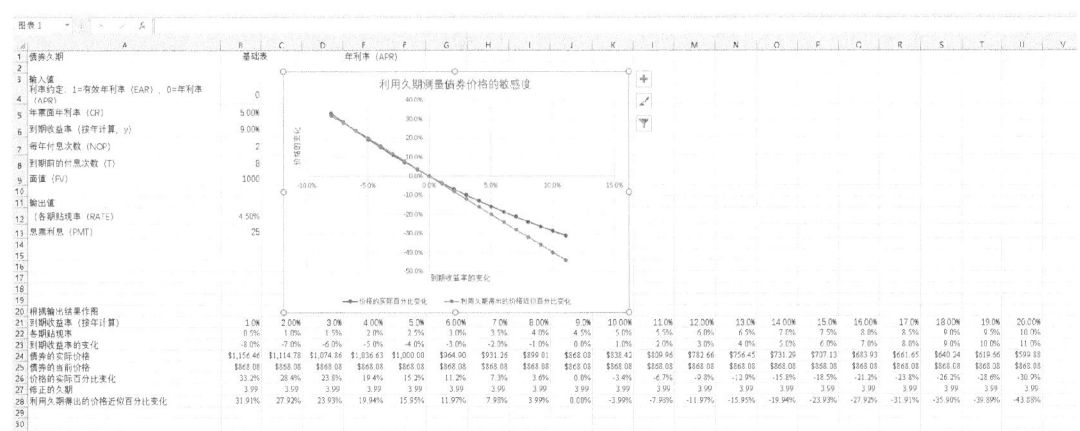

图 6-2-1　利用久期测量债券价格的敏感度曲线图

由图 6-2-1 中可以清楚地看到,久期对债券价格的敏感度做了一个很好的近似计算,也就是说,利用久期得出的价格的近似百分比变化同价格的实际百分比变化量非常接近,并且,当到期收益率的变化幅度相对较小时(例如,增加或减少 3%),这种接近程度就会非常高。如果到期收益率的变化幅度较大,则利用久期得出的价格的近似变化量同实际变化量之间会有差距。之所以会出现这种差距,是因为价格的实际百分比变化是一条曲线,而利用久期得出的价格的近似变化是一条直线。在到期收益率的变化比较大的情况下,如果人们能够解决曲线的曲度问题,那么就能对债券价格的敏感度做出更佳的概算,这恰恰是债券凸性(bond convexity)所要解决的问题,如果你想了解使用凸性能够做出什么改进的话,可以继续学习本章第三节"债券的凸性"。

三、久期的动态图

如果增加债券的票面利率,债券的久期会发生什么变化呢?如果增加债券的到期收益率,债券的久期又会发生什么变化?可以利用"微调项"建立一个动态图,并通过该动态图来回答上述问题和其他问题。"微调项"是由向上/向下箭头所组成的按钮组,只需轻轻点击鼠标便可以改变输入量的大小,随后电子数据表就会重新计算模型并立刻根据新的计算结果制图。

(1) 打开所创建的"债券久期基础表",然后使用"文件另存为"命令将其用新文件名保存下来。选中 A27:A31 区域,点击"编辑/删除"命令,在删除对话框中选择整行,然后点击确定,这样就删除掉了 27~31 行。重复上述操作,删除第 13~25 行和第 9~10 行。

(2) 增加微调项的行高。选定 A4:A7 区域,然后点击主菜单上的"开始/格式/行高"命令,输入高度为 30,然后点击确定。

(3) 打开窗体工具栏。在主菜单上点击"开发工具/插入/表单控件/窗体"命令(见图 6-2-2)。

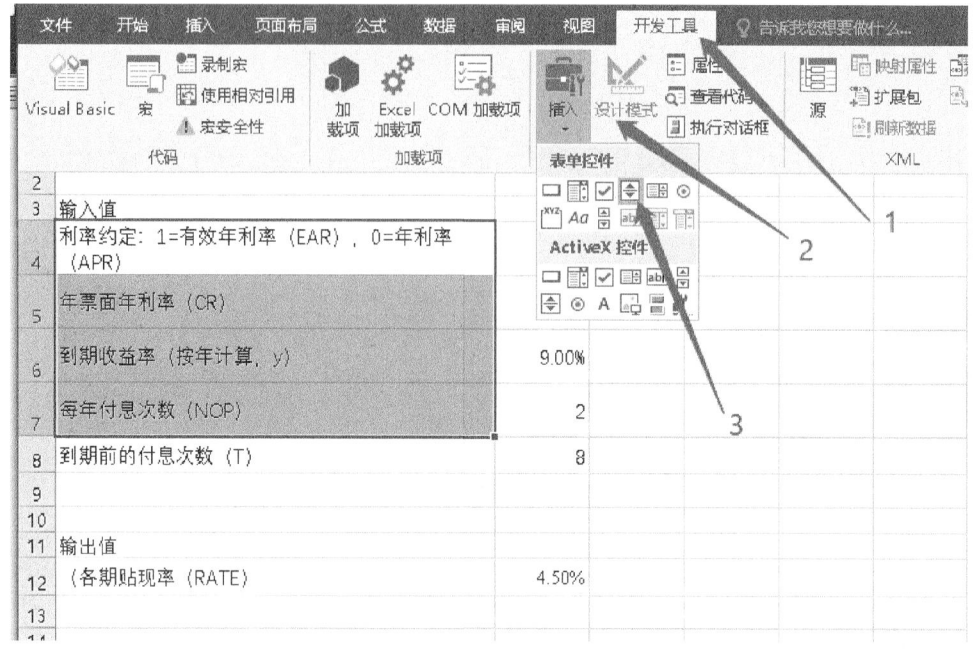

图 6-2-2 制作久期的动态图(1)

(4) 创建微调项。在窗体工具栏中找到有上下箭头的按钮(当把光标放在它上面时,会出现"微调项"),并点击它。将光标从单元格 C4 的左上角拖到右下角,这样微调项就出现在单元格 C4 中了。右击"微调项"(即将光标移到"微调项"上点击鼠标右键),将会弹出一个小菜单点击小菜单上的"复制",然后选择单元格 C5 点击"粘贴",这样就在单元格 C5 中创建了一个相同的微调项。再选择单元格 C6 点击"粘贴",选择单元格 C7 点击"粘贴",这样我们在 C 列中就有了 4 个微调项。

(5) 创建单元格链接。右击单元格 C4 的微调项,会弹出一个小菜单,点击小菜单上的"设置控件格式",则会弹出一个对话框。点击"控制"选项卡,在"单元格链接"编辑栏中输入单元格链接 D4,然后点击"确定"。对其他 3 个微调项重复上述步骤。将单元格 C5 链接到单元格 D5,单元格 C6 链接到单元格 D6,单元格 C7 链接到单元格 D7,并且在"控制"选项卡中将最小值设为 1。你可以通过点击"微调项"的上下箭头来进行检查,看它们是如何改变所链接的单元格的值

(6) 建立比例输入。所链接的单元格内的值总是整数,但我们可以将其按比例缩放为适用于我们这个问题的大小。通过在 B4 输入"=IF(D4>1,1,D4)",可以将单元格 B4 内的值限定为 1 或 0。在单元格 B5 中输入"=D5/200",在单元格 B6 中输入"=D6/200",在单元格 B7 中输入"=D7"。

(7) 输入到期时间。在 B13:AE13 区域的单元格中输入到期时间的值 1、2、3、4、…、30。

(8) 计算到期前的付息次数。到期前的付息次数=到期时间*每年的付息次数。在

单元格 B14 中输入"=B13*NOP",并依次类推,在 C14:AE14 区域的单元格内输入对应的公式。

(9) 付息债券的久期。将久期公式由原来久期基础表中的单元格 B26 复制粘贴到单元格 B15。编辑单元格 B15 中的计算式,将到期前的付息次数从 T 改为 B$14,这样计算式就变成"=(1+r.)/(r.*NOP)-(1+r.+B$14*(CR/NOP-r.))/(CR*((1+r.)^B$14-1)+r.*NOP)","B$14"中间的"$"符号表示的是 14 行,而非 14 列。在 C15:U15 区域的单元格内输入对应的公式。

(10) 零息债券的久期。零息债券是指票面利率为 0.0% 的债券。作为一个比较的基准,我们在所有其他输入量保持不变的情况下计算零息债券的久期将单元格 B15 中的公式复制粘贴到单元格 B16 中,然后将票面利率由 CR 改为 0,这样公式就变为"=(1+r.)/(r.*NOP)-(1+r.+B$14*(0/NOP-r.))/(0*((1+r.)^B$14-1)+r.*NOP)",然后在 C16:A16 区域的单元格内输入对应的公式。

(11) 删除。选中 A8:B8 区域,以"删除"命令将这些单元格的内容删除掉。同样地,选中 A11:B11 区域,以"删除"命令将这些单元格的内容删除掉。

(12) 制出付息债券和零息债券久期的动态图。选中 B13:AE13 区域,再按住"Ctrl"选中 B15:AE16 区域,然后从主菜单中选择"插入图表"命令,选择图表类型为 XY 散点图,然后按照图表向导完成图形。将图表放在 E2:K11 区域内(见图 6-2-3)。

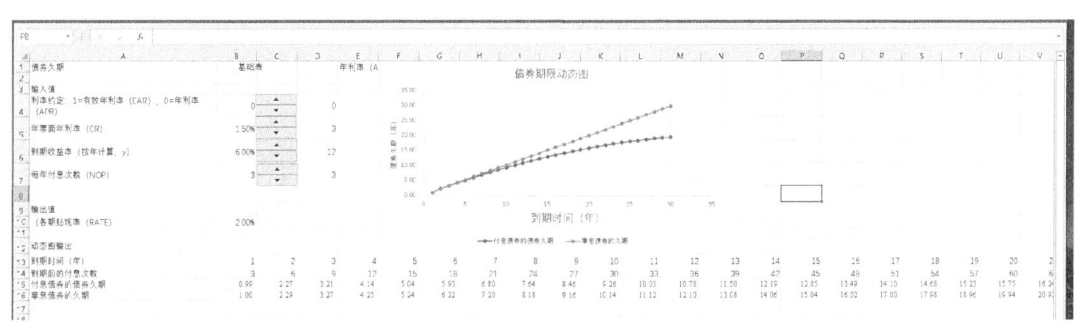

图 6-2-3 制作久期的动态图(2)

通过动态图你可以改变计算债券久期的各项输入量,并可以立即看到这种改变对付息债券和零息债券的久期随到期时间变化的曲线的影响。这样一来,可以随时检验债券的久期,下面是一些可以进行的检验:

① 年票面利率上升会引起什么变化?
② 到期收益率上升会引起什么变化?
③ 每年付息次数上升会引起什么变化?
④ 年票面利率降到 0 时会引起什么变化?
⑤ 在零息债券的久期和到期时间之间存在什么关系?
⑥ 增加到期时间是不是总会增加付息债券的久期,或者,有可能会在某一点缩短债券的久期? 换一种问法是,红线是否总是上升,或者红线会是一条"峰形"曲线吗?

第三节 债券的凸性

一、凸性基础表

一张债券的面值为 1 000 元,年票面利率为 5.0%,到期收益率为 9.0%,每年付息两次(半年一次),到期前要付息 8 次(即到期时间为 4 年)。请计算这张债券的凸性(convexity)。

我们将利用两种等价的方法来计算债券的凸性。① 通过对债券的现金流进行加权平均(时间的平方加上时间)来计算债券的凸性;② 使用公式计算债券的凸性。

(1) 输入变量值并对其进行命名。在单元格 B4 中输入"0",它将作为在 APR 和 EAR 两种利率约定间进行转换的开关。为了强调正在使用哪一种利率,在单元格 D1 中输入"=IF($B$4=1,"EAR","APR")"。将其他变量值输入到 B5:B9 区域的单元格中(见图 6-3-1),并对每个变量进行命名。将鼠标的指针放在单元格 B5 中,点击工具栏上的"公式/名称管理器/新建"命令,在当前工作簿的名称中输入"CR",然后点击"确定"。将鼠标的指针放在单元格 B6 然后重复以上操作,将其命名为"y"如此反复,将单元格 B7、B8 和 B9 分别命名为 NOP、T 和 PAR。

图 6-3-1 债券的凸性计算(1)

(2) 计算各期贴现率。各期贴现率取决于所采用的利率约定,计算公式如下所示:

① 当利率为 EAR 时:各期贴现率=(1+到期收益率)^(1/年付息次数)−1。

② 当利率为 APR 时:各期贴现率=到期收益率/每年付息次数。

在单元格 B12 中输入"=IF($B$4=1,((1+y)^(1/NOP))−1,y/NOP)",并按照上面的步骤将其命名为 r.。

(3) 计算息票利息。息票利息的公式为:息票利息=票面利率面值/每年付息次数。在单元格 B13 中输入"=CR*PAR/NOP",并按照上面的步骤将单元格 B13 命名为 PMT。

(4) 利用现金流计算债券的凸性。采用债券现金流的加权平均时间来计算债券凸性,这种方法对凸性进行了直观的描述。在未来 4 年(或 8 期)中,这张债券每年都会产生两笔现金流。在单元格 B16:J16 中输入期数编号 0、1、2、…、8。我们按如下步骤完成计算:

① 时间(年)=期数/每年付息次数=期数 NOP。在单元格 B17 中输入"=B16/NOP",并将其复制粘贴到 C17:J17 区域的单元格中。

② 从第 1～7 期,现金流＝息票利息,在单元格 C18 中输入"＝PMT",并将其复制粘贴到 D18:J18 区域的单元格中。

③ 第 8 期的现金流＝息票利息＋面值。在单元格 J8 中加入"＋PAR",所以它相当于"＝PMT＋PAR"。

④ 现金流的现值＝现金流/((1＋各期贴现率)^期数)＝现金流/((1+r.)^期数)。在单元格 C19 中输入"=C18/((1 + r.)^ C16)",并将其复制粘贴到 D19:J19 区域的单元格中。

⑤ 债券的现值＝各期现金流现值的和(第 19 行)。在单元格 K19 中输入"＝SUM(C19:J19)"。

⑥ 第 t 期的权重＝第 t 期的现金流的现值/债券的现值。在单元格 C20 中输入"＝C19/＄K＄19",并将其复制粘贴到 D20:K20 区域的单元格中。

⑦ 权重＊(时间^2＋时间)。在单元格 C21 中输入"=C20＊(C17^2 + C17)",并将其复制粘贴到 D21:J21 区域的单元格中。

⑧ 凸性＝(所有"权重(时间^2＋时间)"值的总和)/((1＋到期收益率/付息次数)^2)。在单元格 B22 中输入"＝SUM(C21:J21)/((1 + y/NOP)^2)"。为了计算的完整性,可以在单元格 K21 中输入"＝SUM(C21:J21)"。

(5) 使用公式计算债券的凸性。在单元格 B25 中输入"＝((CR＊((1+r.)^(1+T))＊(r.＊(NOP+1)+2)-CR＊(r.^2＊(NOP+T+1)＊(T+1)+r.＊(NOP+2＊T+3)+2)+ r.^3＊NOP＊T＊(NOP+T))/(r.^2＊NOP^2＊(CR＊(1+r.)^T－CR+r.＊NOP)))/((1+r.)^2)"。

通过计算得到债券的凸性为 16.23,注意使用两种方法(现金流和公式)得到的结果是一样的(见图 6-3-2)。

	A	B	C	D	E	F	G	H	I	J	K	L
1	债券的凸性	基础表	年利率	APR								
2												
3	输入值											
4	利率约定：1=有效年利率(EAR),0=年利率(APR)	0										
5	年票面年利率 (CR)	5.00%										
6	到期收益率 (按年计算, y)	9.00%										
7	每年付息次数 (NOP)	2										
8	到期前的付息次数 (T)	8										
9	面值 (FV)	1000										
10												
11	输出值											
12	(各期贴现率 (RATE)	4.50%										
13	息票利息 (PMT)	25										
14												
15	利用现金流计算债券凸性											
16	期数		0	1	2	3	4	5	6	7	8	
17	时间 (年)		0	0.5	1	1.5	2	2.5	3	3.5	4	
18	现金流			25	25	25	25	25	25	25	1025	
19	现金流的现值			23.92	22.89	21.91	20.96	20.06	19.20	18.37	720.76	868.08
20	权重			2.76%	2.64%	2.52%	2.41%	2.31%	2.21%	2.12%	83.03%	100.00%
21	权重＊(时间^2+时间)			0.02	0.05	0.09	0.14	0.20	0.27	0.33	16.61	17.72
22	凸性	16.23										
23												
24	利用公式计算债券凸性											
25	凸性	16.23										

图 6-3-2 债券的凸性计算(2)

二、包含凸性的价格敏感度

在度量债券价格对利率变化的敏感度的过程中,债券凸性是对债券存续期的一个补充。换句话说,债券的存续期和凸性共同度量了债券的利率风险。与只考虑存续期相比,加入债券凸性可以使你对由给定的到期收益率的变化导致的债券价格的百分比变化做更佳的概算。

为了全面了解债券价格的敏感度,我们将同时在一张图上对三者进行比较:根据存续期做出的债券价格的近似百分比变化、根据久期和凸性做出的债券价格的近似百分比变化以及债券价格的实际百分比变化。

(1) 打开所创建的"债券凸性模型基础表",并立即使用"文件/另存为"命令将其在新文件名下保存下来。将 14~24 行删除,步骤如下所示:选择 A14:A24,点击"编辑/删除",在删除对话框中选择整行,然后点击"确定"。现在不要删除第 25 行,因为后面我们复制粘贴凸性公式时不想再将公式重新输入一遍。

(2) 输入到期收益率。将到期收益率的值 1.0%、2.0%、3.0%、4.0%、…、20.0%输入单元格 B21:U21。

(3) 计算各期贴现率。各期贴现率取决于所采用的利率约定,计算公式如下所示:

① 当利率为 EAR 时:各期贴现率=(1+到期收益率)^(1/年付息次数)−1。

② 当利率为 APR 时:各期贴现率=到期收益率/每年付息次数。

在单元格 B22 中输入"=IF($B$4=1,((1+b21)^(1/NOP))−1,B21/NOP)",并将单元格 B22 复制粘贴到单元格 C22:U22。

(4) 到期收益率的变化。到期收益率的变化量=新的到期收益率−现在的到期收益率(y)。在单元格 B23 中输入"=B21−y",并将单元格 B23 复制粘贴到 C23:U23。

(5) 债券的实际价格。使用输入量 T、PMT、PAR 和单元格 B22 中的各期贴现率计算债券价格。具体步骤是:在单元格 24 中输入"=−PV(B22,T,PMT,PAR)",并将单元格 B24 复制粘贴到 C24:U24。

(6) 债券当前的价格。使用最初的输入值计算债券价格,将单元格 B24 复制粘贴到单元格 B25,然后将到期收益率由 B23 改变为 r.,则公式变为"=−PV(r.,T,PMT,PAR)",并将单元格 B25 复制粘贴到 C25:U25。

(7) 价格的实际百分比变化。价格的实际百分比变化=(实际债券价格−现在的债券价格)/现在的债券价格。在单元格 26 中输入"=(B24−B25)/B25",并将单元格 B26 复制粘贴到 C26:U26。

(8) 修正的存续期。单元格 B27 中修正的存续期计算式为"=((1+r.)/(r.*NOP)−(1+r.+T*(CR/NOP−r.))/(CR*((1+r.)^T−1)+r.*NOP))/(1+r.)",然后将单元格 B27 复制粘贴到 C27:U27。

(9) 存续期近似值。价格变化百分比的存续期近似值=−修正的存续期*到期收益率的变化量。在单元格 B28 中输入"=−B27*B23",并将单元格 B28 复制粘贴到 C28:U28。

(10) 凸性。将单元格 B14 中的凸性公式复制粘贴到单元格 B29,并将单元格 B29 复制粘贴到 C29:U29。为了美观,请将 A14:B14 删除。

(11) 存续期和凸性近似值。存续期和凸性近似值存续期近似值＋(1/2) * 凸性 * (到期收益率的变化值)^2。在单元格 B30 中输入"=B28＋(1/2)*B29*B23^2",并将单元格 B30 复制粘贴到 C30:U30。

(12) 作图显示价格的实际百分比变化和存续期近似值变化。选中 A23:U23,按住"Ctrl"键再选中 A26:U26、A28:U28 和 A30:U0,然后点击主菜单中的"插入图表",选择图表类型为 XY 散点图,然后按照图表向导的其他选择来完成图形。将图表放在 C3:J20 范围内(见图 6-3-3)。

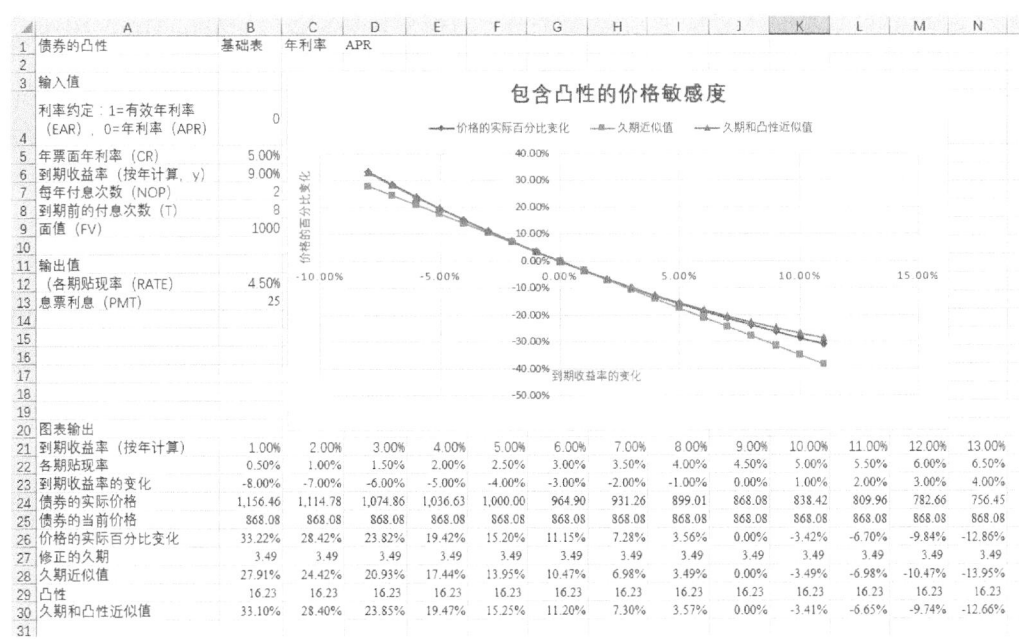

图 6-3-3　包含凸性的价格敏感度动态图

从图 6-3-3 中可以看到,存续期和凸性对债券价格敏感度的估算比单独用存续期估算出来的要好,也就是说,对于较大范围内的到期收益率的变化(比如±9%),由存续期和凸性近似得到的债券价格的百分比变化与实际的价格百分比变化非常接近。只有当到期收益率的变化量非常大时,在存续期和凸性的近似值和债券价格的实际百分比变化之间才会出现差距,但这个差距也是非常小的。在对实际百分比变化的近似中,差距对斜率做了很好的概算,而凸性则对曲率做了很好的概算。两者结合在一起,就对较大的收益率变化范围内的债券价格的敏感度(利率风险)做了很好的概算。

三、动态图

如果增加债券的票面利率,那么债券的凸性会发生什么变化呢？如果增加债券的到期收益率,那么债券的凸性又会发生什么变化呢？可以通过创建动态图,并使用"微调项"

来回答上述及更多的其他问题。微调项是由向上/向下箭头组成的按钮组,只需轻轻点击鼠标便可以改变输入值的大小,随后电子数据表就会重新计算模型并立刻对新的模型结果作图。

(1) 打开所创建的基础电子数据表,并立即使用"文件/另存为"命令将其在新文件名下保存下来。将 13~24 行删除,步骤如下所示:选中 A1:A24,点击"编辑/删除",在删除对话框中选择整行,然后点击"确定"。重复这些步骤删除第 9~10 行。

(2) 增加微调项的行高。选中 A4:A7,然后在主菜单上点击"开始/格式/行高",输入高度为 30,然后点击"确定"。

(3) 打开窗体工具栏。在主菜单上点击"开发工具/插入/表单控件/窗体"。

(4) 创建微调项。在窗体工具栏上找到上、下箭头按钮,并点击它。将光标从 C4 的左上角拖到右下角,然后单元格 C4 中就会出现一个微调项。右击"微调项"(当光标在微调项上时点击鼠标右键),将会弹出一个小菜单,点击小菜单上的"复制",然后选择单元格 C5,点击"粘贴",这样就在单元格 C5 中创建了一个相同的微调项。再选择单元格 C6 点击"粘贴"、选择单元格 C7 点击"粘贴",就在 C 列中建立了 4 个微调项。

(5) 创建单元格链接。右击单元格 C4 的微调项,将会弹出一个小菜单,点击小菜单上的"设置控件格式",则会弹出一个对话框点击"控制"选项卡,在"单元格链接"编辑框中输入单元格链接 D4,然后点击"确定"。对其他 4 个微调项重复上述步骤,将单元格 C5 链接到单元格 D5,单元格 C6 链接到单元格 D6,单元格 C 链接到单元格 D7,并且在"控制"选项卡上选择最小值为 1。可以通过点击微调项的上下箭头来进行检查,看它们是如何改变所链接的单元格的值的。

(6) 建立比例输入。所链接的单元格内的值总是整数,但我们可以将其按比例缩放为适用于我们这个问题的大小。通过输入"=IF(D4>1,1,D4)",可以将单元格 B4 内的值限定为 1 或 0。在单元格 B5 输入"=D5/200",在单元格 B6 中输入"=D6/200",在单元格 B7 中输入"=D7"。

(7) 输入到期时间。在单元格 B13:AE13 区域中输入到期时间的值 1、2、34、…、30。

(8) 计算到期前的付息次数。到期前的付息次数=到期时间×每年的付息次数。在单元格 B14 中输入"=B13*NOP",并将单元格 B14 复制粘贴到 C14:AE14。

(9) 付息债券的凸性。将凸性公式由单元格 B11 复制粘贴到单元格 B15。编辑单元格 B15 内的公式,将每一个出现变量 T 的地方都改为 B$14($ 符号在中间以锁定该行,而非该列),会发现变量 T 改变的地方有 7 处。将单元格 B15 复制粘贴到区域 C5:AE15 为了美观起见,请将区域 A11:B11 删除。

(10) 零息债券的凸性。零息债券是指票面利率为 0.0% 的债券。作为一个比较的基准,我们在所有其他输入量保持不变的情况下计算零息债券的凸性。将公式从单元格 B15 复制粘贴到单元格 B16。然后对单元格 B16 的公式进行编辑,将每一个出现变量 CR 的地方都改为 0,你会发现变量 CR 改变的地方有 4 处。将单元格 B16 复制粘贴到 C16:AE16。

(11) 作图显示付息债券和零息债券的凸性。选中单元格 B13:AE13,再按住"Ctrl"

键选中单元格 B15:AE16。然后点击主菜单中的"插入图表",选择图表类型为 XY 散点图,然后按照图表向导的其他选项来完成图形。将图表放在 E2:K11 的范围内(见图 6-3-4)。

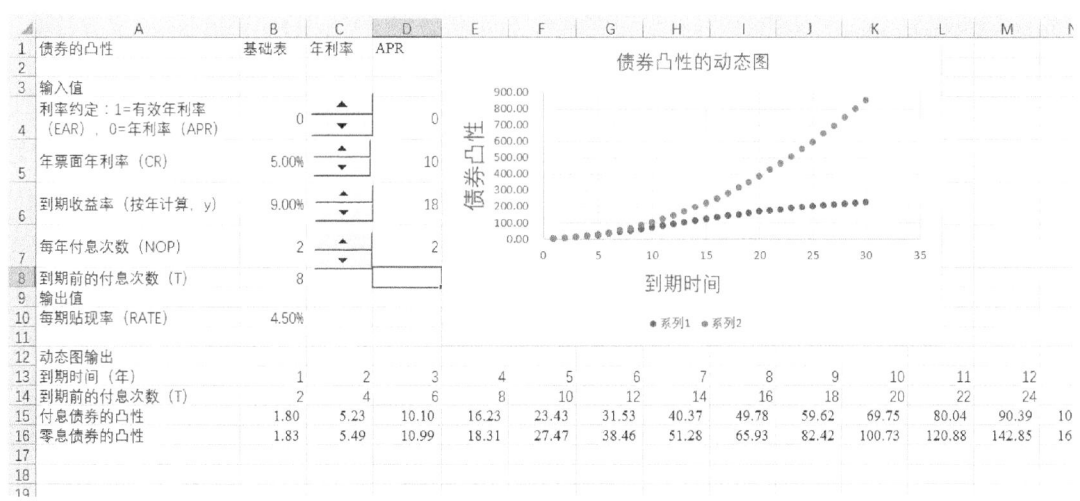

图 6-3-4 债券凸性的动态图

通过动态图可以改变债券凸性的输入值,并可以立即看到这种改变对付息债券和零息债券的凸性随到期时间变化图的影响。这使能够对债券凸性进行瞬间实验,下面是一些可以进行的实验:

① 年度票面利率上升会引起什么变化?
② 到期收益率上升会引起什么变化?
③ 每年付息次数上升会引起什么变化?
④ 年票面利率降到 0 时会引起什么变化?

增加到期时间是不是总会增加付息债券的凸性,或者,这是否有可能在某点会降低凸性?换一种问法,红线是否总是上升,或者会是一条"峰形"曲线吗?

练 习 题

一张债券的面值为 100 元,年票面利率为 2.0%,到期收益率为 3.4%,每年付息一次,到期时间为 4 年。请计算这张债券的凸性。

第七章 投资组合

投资组合是由投资人或金融机构所持有的股票、债券、金融衍生产品等组成的集合,目的是实现风险与收益的某种权衡。

投资组合分析可以分为两个层次,一是所有风险资产(典型是股票)构造的组合;二是某个风险资产组合与无风险证券(典型代表是国库券)的组合。

本章涉及基本的收益率和波动率、投资组合有效前沿(边界)、资本市场线与证券市场线等计算内容。

第一节 收益率、波动率

一、对数收益率

收益是持有某资产一段时间之后,因为资产的价格变化和期间的分红付息而产生的增值。

收益率反映了资产的获利能力。根据计息期限的不同,一般有日收益率、月收益率、年收益率等,它们之间在一定条件下可以相互转化;根据计息方式的不同,有对数收益率(相当于连续复利形式)和非对数收益率,它们之间也可以相互换算。

设不分红付息的资产价格为 S_t,其前一期的价格为 S_{t-1},则当期的对数收益率(非年化)为:

$$\mu_t = \ln \frac{S_t}{S_{t-1}}$$

如果资产在 $t-1$ 期和 t 期之间有分红,则需要将该资产复权[①],即其收益应将分红考虑进去,当期的对数收益率(非年化)为

$$\mu_t = \ln \frac{S_t + D_t}{S_{t-1}}$$

其中,D_t 为分红再投资到 t 期的价值。

对数收益率的计算在 Excel 中可以直接采用 LN 函数,计算方法如图 7-1-1 所示。图中在表格 C4 直接输入"=LN()",并在括号"()"中分别点击表格中相应的数据或输入

[①] 一般的数据终端对股票均可提供复权操作。

相应计算符号,回车即可得到计算结果,然后利用拖动操作将所有交易日实现的对数收益率计算出来。

另一种操作方法是在 C4 中输入"=",然后点击表格上方的"插入函数"图标,在弹出的操作框中寻找相应的函数或直接输入函数进行操作。

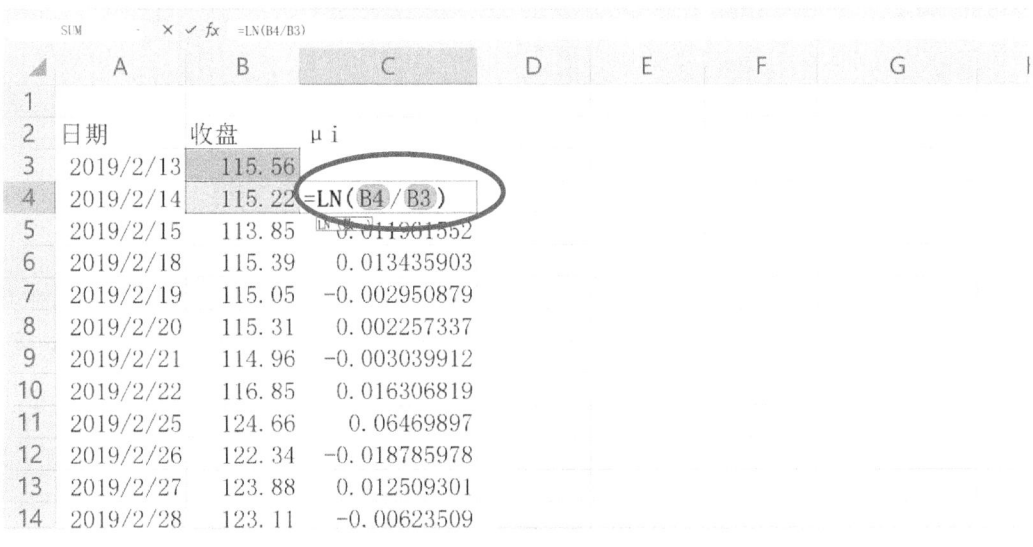

图 7-1-1　对数收益率计算

如果要计算一只股票一段时间的平均日收益率,则可采用 AVERAGE 函数,其使用方法如图 7-1-2 所示:输入"=AVERAGE(C4:C514)",计算从 C4 至 C514 的数据的算术平均值,其中 C4:C514 可以用鼠标拖动选择输入。

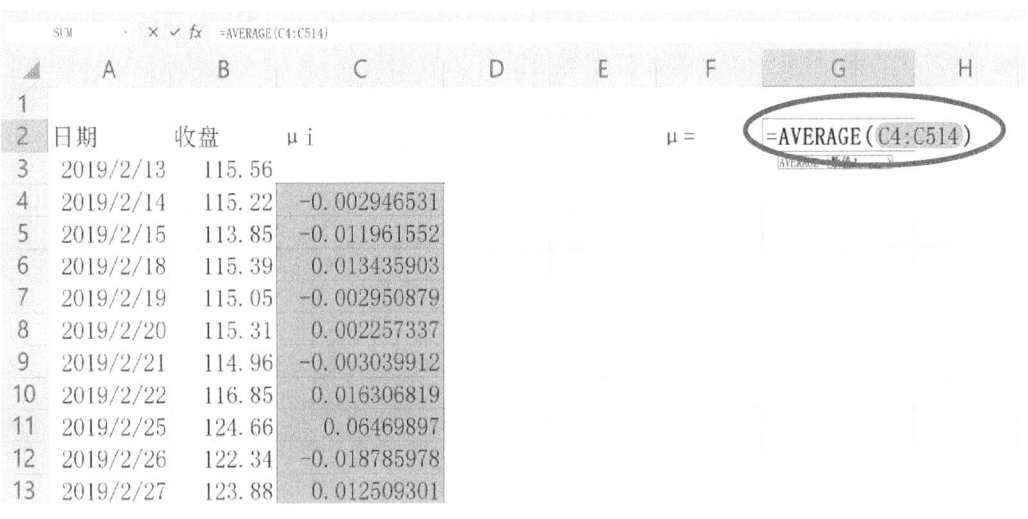

图 7-1-2　平均收益率的计算(直接输入函数)

同样,也可以通过"插入函数"进行平均收益率的计算操作(见图 7-1-3)。

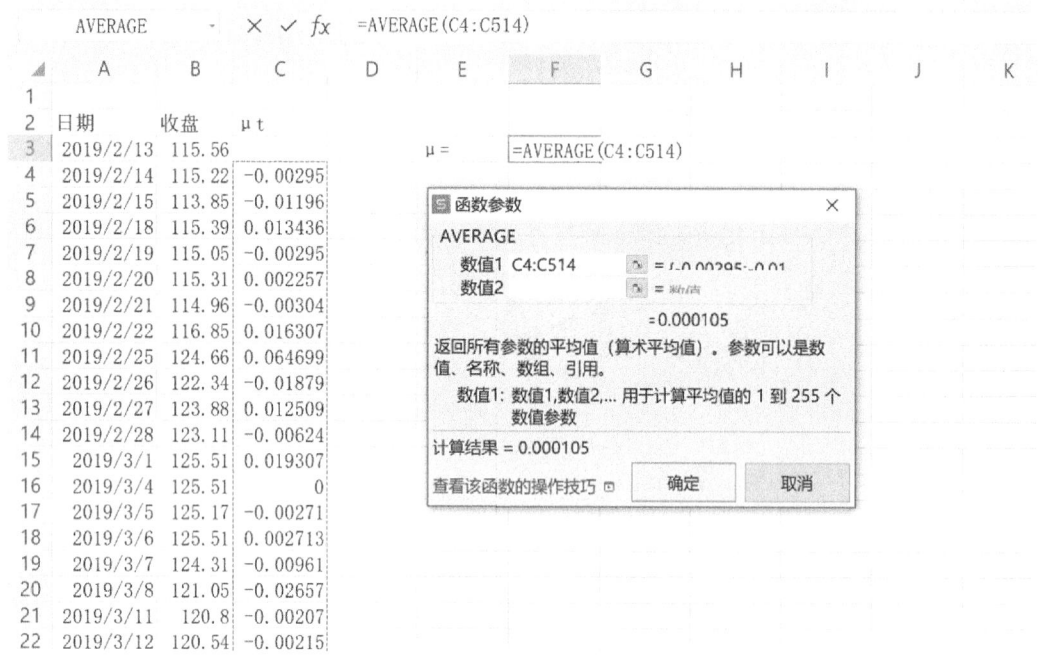

图 7-1-3 平均收益率的计算("插入函数"对话框方法)

二、波动率

波动率描述资产价格的波动程度,是对资产收益率不确定性的衡量,用于反映资产的风险水平。波动率越高,资产价格的波动越剧烈,收益率不确定性就越强;波动率越低,资产价格的波动越平缓,收益率的确定性就越强。与收益率相似,也可以根据数据的时间间隔分为日波动率、月波动率和年波动率等。

(一)波动率的估计

波动率一般通过历史数据进行估计,对已知的收益率样本 $(\mu_1, \mu_2, ..., \mu_N)$,其波动率的估计方法为:

$$\hat{\sigma} = \sqrt{\frac{1}{N-1}\sum_{i=1}^{N}(\mu_i - \bar{\mu})^2}$$

Excel 提供了 STDEV 函数来直接计算波动率,计算方法如图 7-1-4 所示。

(二)波动率的转换

可将日波动率转换为月波动率或年波动率。设日波动率为 σ,则年波动率为:

$$\sigma_Y = \sqrt{T}\sigma$$

其中 T 为一年的交易日数。

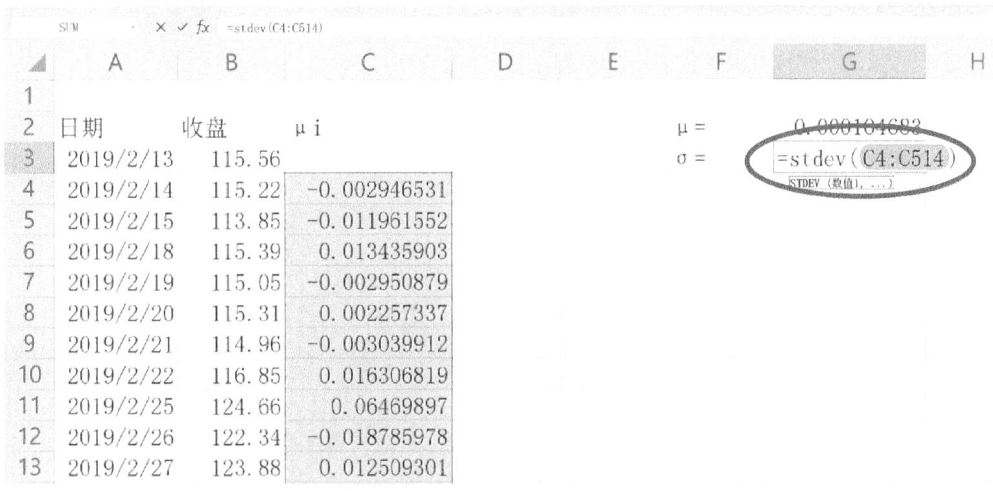

图 7-1-4　波动率的估计

如果几年按 252 个交易日计,则 T＝252,Excel 提供 SQRT 函数可计算开方,也可用"＾0.5"代替。

三、协方差与相关系数

（一）协方差

计算协方差(阵)时,需要两个或多个资产的收益率序列,且它们收益率样本的时间需要保持一致,否则计算结果不能反映真实的相关关系。

Excel 提供 COVAR 函数以供计算协方差(阵),我们以两只证券为例计算(见图7-1-5)。

图 7-1-5　协方差计算

如果涉及 3 只及以上的证券,则协方差变为协方差矩阵,需分别算出该矩阵的各个元素，其中对角线为各证券收益的方差，且该矩阵为对称矩阵。以 3 只证券为例，此时的协方差阵为 3×3 的对称方阵，计算实例如图 7-1-6 所示。

M5 fx =COVAR(C4:C514,C4:C514)

	A	C	G	K	L	M	N	O	P
1									
2	日期	μ1i	μ2i	μ3					
3	2019/2/13								
4	2019/2/14	-0.00295	-0.0072993	-0.001335					
5	2019/2/15	-0.01196	-0.0184848	-0.010522		0.000118889	6.06057E-05	6.99976E-05	
6	2019/2/18	0.013436	0.0123611	0.0118574		6.06057E-05	5.35336E-05	4.48925E-05	
7	2019/2/19	-0.00295	-0.0049261	-0.001335		6.99976E-05	4.48925E-05	5.75405E-05	
8	2019/2/20	0.002257	0	0					
9	2019/2/21	-0.00304	-0.0012353	-0.003942					
10	2019/2/22	0.016307	-0.0012369	0.0091989					
11	2019/2/25	0.064699	0.04477457	0.0522233					
12	2019/2/26	-0.01879	-0.0167068	-0.002456					
13	2019/2/27	0.012509	0.00599882	0.0123592					
14	2019/2/28	-0.00624	-0.0084085	-0.003754					
15	2019/3/1	0.019307	0.01318174	0.0195895					
16	2019/3/4	0	0.00118977	0.0059929					
17	2019/3/5	-0.00271	-0.0047676	0.0012214					
18	2019/3/6	0.002713	0.00357782	0					
19	2019/3/7	-0.00961	-0.0119762	-0.012076					
20	2019/3/8	-0.02657	-0.0206946	-0.030879					
21	2019/3/11	-0.00207	0.002457	0.0037449					

图 7-1-6　协方差阵

（二）相关系数

相关系数反映了两只证券变动方向之间的相关性，如果相关系数大于 0，说明两只证券同向变动概率大，相关系数小于 0 则说明反向变动概率大，相关系数等于 0 说明两只证券变动方向没有统计上的关系。

Excel 提供了 CORREL 函数直接计算两个样本之间的相关系数，计算例子如图 7-1-7所示：在空格处输入"=CORREL(C4:C514,G4:G514)"，由 C4:C514 和 G4:G514 两列数据获得相关系数的估计值。

SUM fx =correl(C4:C514,G4:G514)

	B	C	D	E	F	G	H	I	J	K	L
1				601398'							
2	收盘	μ1i		日期	收盘	μ2i					
3	115.56			2019/2/13	8.25						
4	115.22	-0.0029465		2019/2/14	8.19	-0.0072993		cov=	6.06057E-05		
5	113.85	-0.0119616		2019/2/15	8.04	-0.0184848		corr	=correl(C4:C514,G4:G514) CORREL(第一组数值,第二组数值)		
6	115.39	0.0134359		2019/2/18	8.14	0.0123611					
7	115.05	-0.0029509		2019/2/19	8.1	-0.0049261					
8	115.31	0.00225734		2019/2/20	8.1	0					
9	114.96	-0.0030399		2019/2/21	8.09	-0.0012353					
10	116.85	0.01630682		2019/2/22	8.08	-0.0012369					
11	124.66	0.06469897		2019/2/25	8.45	0.04477457					
12	122.34	-0.018786		2019/2/26	8.31	-0.0167068					
13	123.88	0.0125093		2019/2/27	8.36	0.00599882					

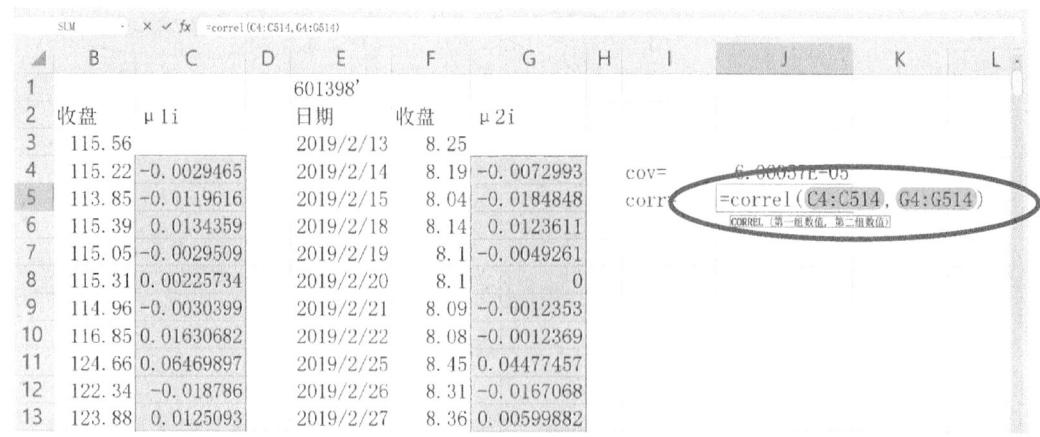

图 7-1-7　计算相关系数

第二节 投资组合的有效前沿

一、基本概念

有效前沿亦称有效边界。理性的投资者一般是厌恶风险而偏好收益的,对于相同的风险水平,会选择能提供最大收益率的组合;对于相同的预期收益率,会选择风险最小的组合。能同时满足这些条件的投资组合就是有效前沿。

风险资产的有效前沿可看作如下最优问题的解:

$$\min_{x_1, x_2, \cdots, x_N} (x_1, x_2, \cdots, x_N) \Pi \begin{bmatrix} x_1 \\ \vdots \\ x_N \end{bmatrix}$$

$$s.t. \quad x_1 + \cdots + x_N = 1$$

其中$(x_1, \cdots, x_N)$是构造风险组合的N种证券的权重向量,Π是该N种证券收益的协方差矩阵。此外,此问题还可以有其他约束条件,例如若证券不允许卖空,则可加上$x_i \geqslant 0, i = 1, \ldots, N$的约束,若每种证券的权重有某个上限$x$,可加上$x_i \leqslant x$的约束,等等。

此问题的解如图7-2-1所示。其中,区域Ⅰ是可以由这N种证券构造出来的组合的集合,即可行集;区域Ⅱ是不可能构造出来的组合的集合,称为非可行集。区域Ⅰ和Ⅱ的交界(即图中的实线部分)为组合边界,其上半部分即为风险资产组合的有效前沿。

当引入无风险资产与风险资产组合构成新的组合时,该组合在以无风险利率为截距、与风险资产有效边界的切线上,切点对应了效率组合,切线是引入无风险资产后的有效边界(见图7-2-2)。

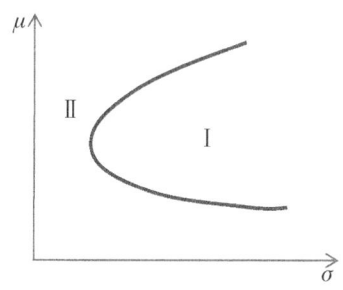

图7-2-1 风险资产有效边界

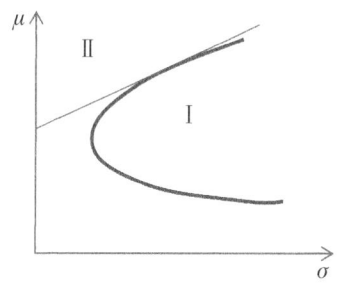

图7-2-2 引入无风险证券的组合有效边界

二、相关计算

下面对Excel实现的有关计算进行说明。

（一）两种风险资产的组合

1. 权重的设定与计算

这种情况下给定一个资产的权重 x，则因为另一个资产的权重为 $1-x$，故而资产组合就确定了。此时该组合的收益和标准差分别为：

$$\mu(x) = x\mu_1 + (1-x)\mu_2$$

$$\sigma(x) = \sqrt{(x\sigma_1)^2 + 2x(1-x)\,\mathrm{cov}_{12} + ((1-x)\sigma_2)^2}$$

这样，给定一系列的 x 值，就可以得到一系列的 $(\sigma(x), \mu(x))$，从而可以画出有效边界。下面以一个算例来说明。

首先计算两个资产的收益率；其次计算两个资产的协方差矩阵；然后设定权重系列 x 的调整间隔（本例中设为 0.1＝10%），设定 x 的起始值（本例中设为 -1），并计算系列 x 和 $1-x$（见图 7-2-3）。对每一个 x 的取值，均是由上一个取值加上调整间隔，如 M10 处对应的 x＝M9＋N7，M11 处的 x＝M10＋N7；而对 $1-x$ 的值，只需要简单输入"＝1－M9、1－M10"，或下拉拖动计算即可。

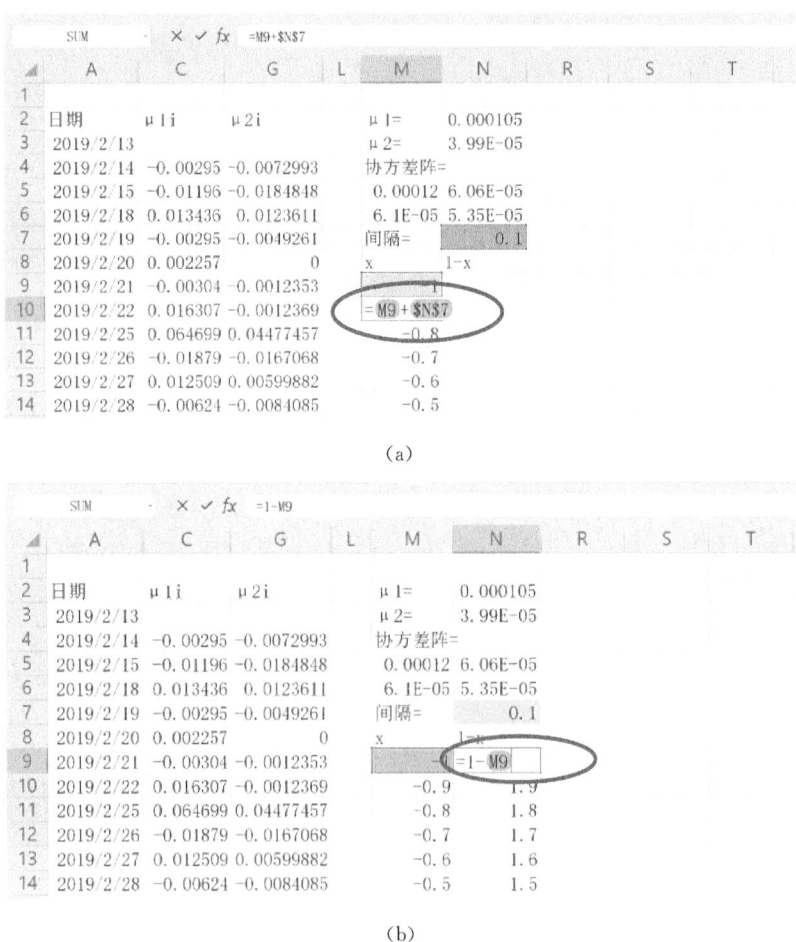

图 7-2-3　组合中权重的设定与计算

2. 收益均值和波动率

计算组合的收益均值和波动率，分别如图 7-2-4 和图 7-2-5 所示。

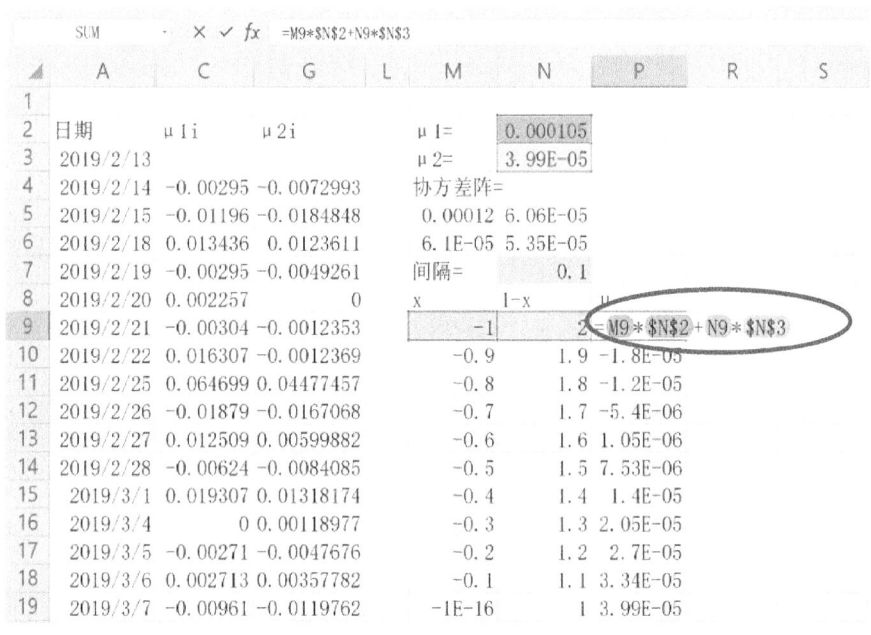

图 7-2-4　计算组合收益率

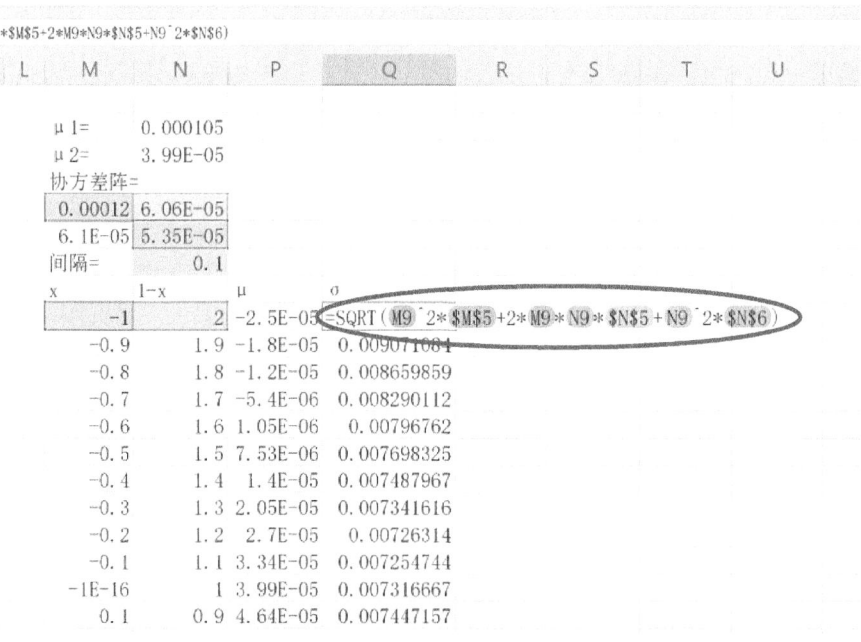

图 7-2-5　计算组合收益率波动率

3. 组合边界

以波动率为横坐标、收益率为纵坐标，插入画图（见图 7-2-6）。

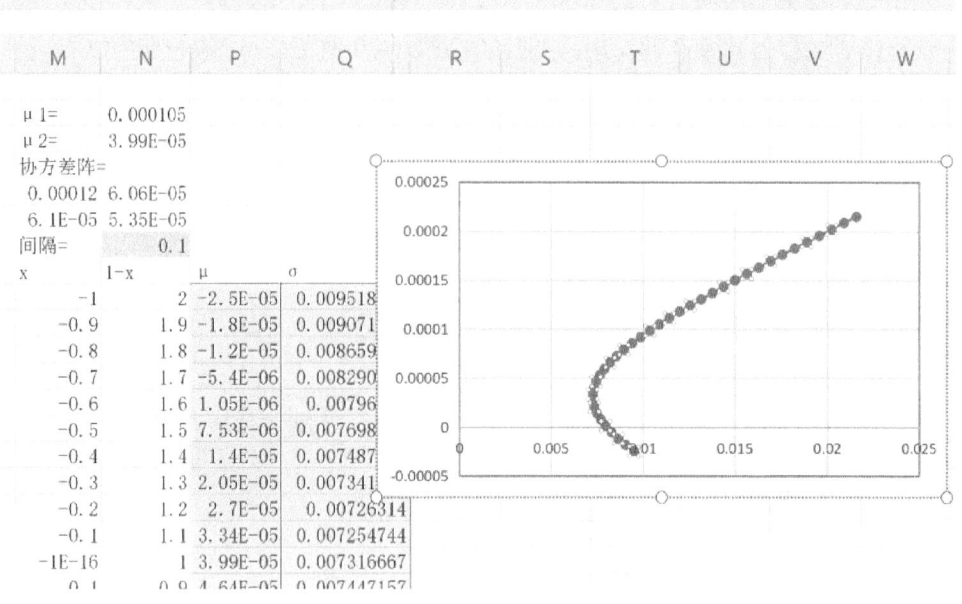

图 7-2-6 两种资产的组合边界

2. 多种风险资产的组合

当组合的资产种类较多时,对最优化问题的求解比较困难,一般只能得到数值解。这里介绍通过蒙特卡洛随机模拟寻找有效前沿的方法。

简单说,这种方法不直接求解最优化问题,而是随机生成组合,以期生成足够多的组合来逼近可行集,从而从中找出有效边界。每一个随机生成的组合用其权重向量表示,其中第 j 个随机组合表示为:

$$(x_1^j, \cdots, x_N^j), j = 1, \cdots, M$$

当随机组合样本量 M 足够大时,则该随机组合的样本可以无限逼近可行集。

Excel 可以生成随机数或随机向量,比较典型的随机数生成函数包括 RAND,RANDBETWEN 等。

RAND 函数生成一个 0 与 1 之间的随机数,如果要扩展到 $[a,b]$,其方法为:

$$x = a + (b-a) \times RAND()$$

由此即可得到 a 和 b 之间的任意随机数。我们以 3 只证券组合的例子进行说明。

(1) 计算 3 只证券的平均收益率和协方差矩阵,设定组合中权重的上下限 a 和 b。

(2) 根据 $x = a+(b-a)\times RAND()$ 计算 x_1 和 x_2,并计算 $x_3 = 1-x_1-x_2$,如图 7-2-7 所示。图中设 $a=-1, b=1$。通过下拉方法,随机生成任意多个组合样本 $(x_1^j, x_2^j, x_3^j), j=1, \cdots, M$。$M$ 可以为任意自然数。

(3) 分别计算组合的收益和波动率,其中可用到两个 Excel 函数,一个是 MMULT 函数,用来计算矩阵与矩阵之间的乘积,一个是 SUMPRODUCT 函数,用以计算两个行向量或列向量的乘积之和(见图 7-2-8、图 7-2-9)。

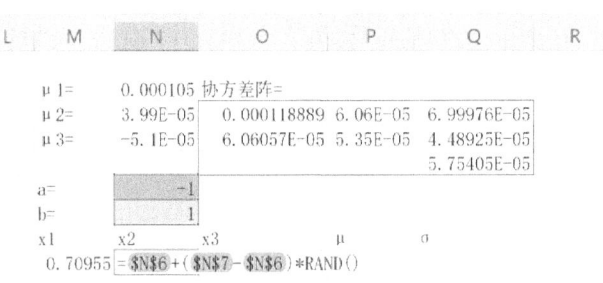

图 7-2-7 随机组合权重生成

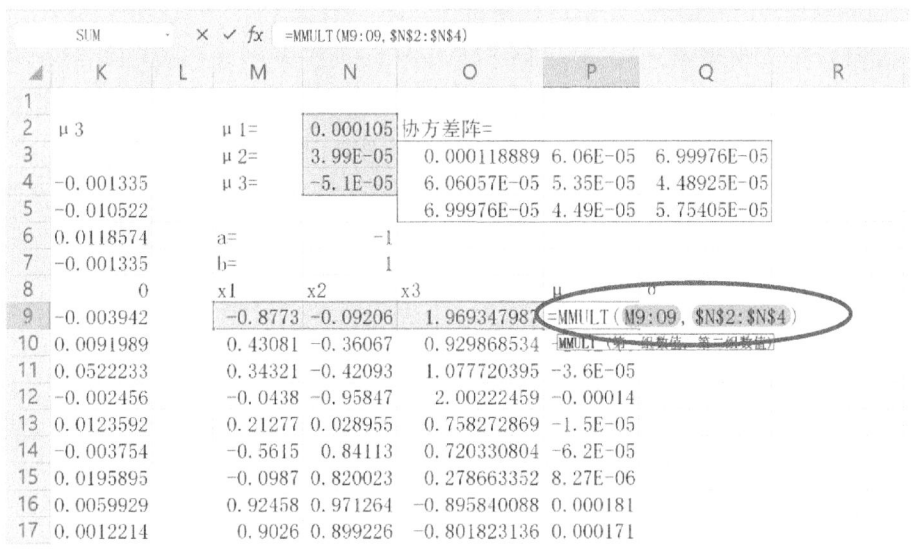

图 7-2-8 计算随机组合的均值

对组合收益率，因为：

$$\mu^j = \sum_{i=1}^{3} x_i^j \mu_i = (x_1^j, x_2^j, x_3^j) \begin{pmatrix} \mu_1 \\ \mu_2 \\ \mu_3 \end{pmatrix}$$

故可采用 MMULT 函数来计算，该函数是矩阵乘法计算函数。在本例中，将 (x_1^j, x_2^j, x_3^j) 和 $\begin{pmatrix} \mu_1 \\ \mu_2 \\ \mu_3 \end{pmatrix}$ 看作是两个矩阵，如表格中 P9 的计算为"=MMULT(M9:O9,\$N\$2:\$N\$4)"，其中 M9:O9 为 (x_1^j, x_2^j, x_3^j)，而 N2:N4 则为 $\begin{pmatrix} \mu_1 \\ \mu_2 \\ \mu_3 \end{pmatrix}$，P10 及后面的计算只需

要在锁定 N2:N4 的情况下下拉拖动即可。需要说明的是,MMULT 函数对两个矩阵进行计算的时候,输入两个矩阵的顺序不能颠倒,这和矩阵相乘是一致的。

组合的方差为:

$$\sigma^{j,2} = (x_1^i, x_2^i, x_3^i) \Pi \begin{pmatrix} x_1^i \\ x_2^i \\ x_3^i \end{pmatrix}$$

其中 Π 为协方差。因为 $(x_1^i, x_2^i, x_3^i)\Pi$ 为横向量(1×3 矩阵),可通过 MMULT 函数计算,进一步计算组合方差需要再右乘一个列向量 $\begin{pmatrix} x_1^i \\ x_2^i \\ x_3^i \end{pmatrix}$,但在 Excel 表格中组合对应的 3 只证券权重为横向量,无法继续用 MMULT 嵌套计算。由于 SUMPRODUCT 计算两个向量或数组元素乘积之和,故采用 SUMPRODUCT 函数与 MMULT 函数嵌套计算,如 SUMPRODUCT(M9:O9,MMULT(M9:O9,$O$3:$Q$5)),就表示数组 M9:O9 和 MMULT(M9:O9,$O$3:$Q$5)的元素乘积之和,而 MMULT(M9:O9,$O$3:$Q$5)的结果在 Excel 表格中没有直接显示出来,而是作为中间值直接带入 SUMPRODUCT 进行计算了。

由于用标准差来表示风险,因此标准差需要在方差计算结果上开方,图 7-2-9 中用"^0.5"来代替 SQRT 函数。

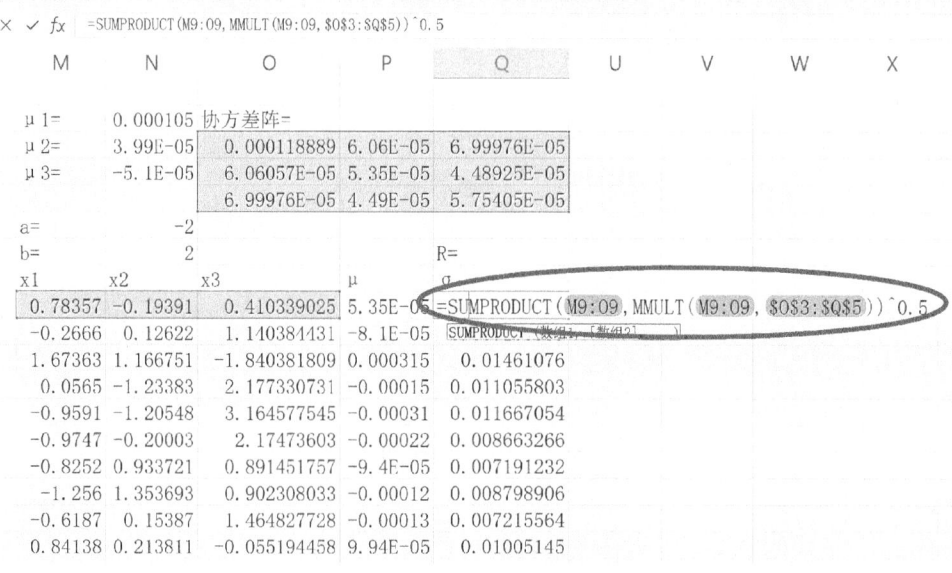

图 7-2-9 计算随机组合的波动率

(4) 组合的以波动率(图 7-2-9 中的 Q 列)作为横坐标、收益率(图 7-2-9 中的 P 列)作为纵坐标画图(见图 7-2-10)。

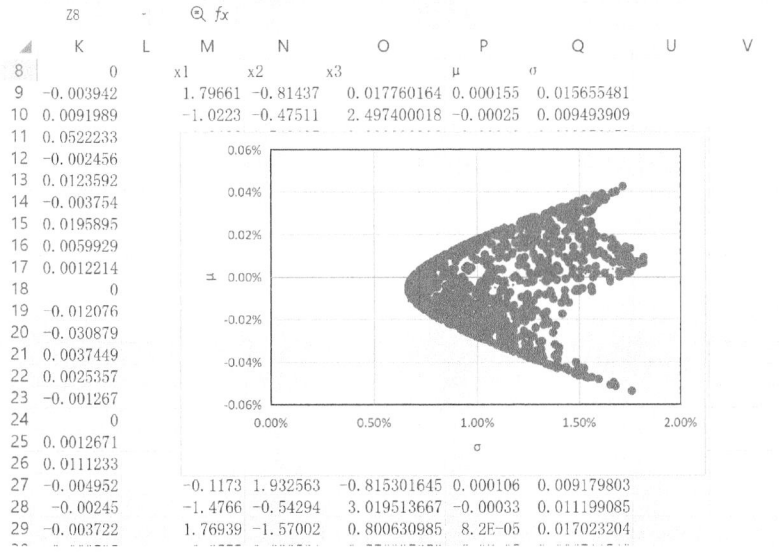

图 7-2-10 3 只证券组合的可行集(随机模拟方法)

3. 引入无风险资产

引入无风险资产的有效边界，关键在于“切点”的寻找。根据切线的定义，切点一定是所有风险资产组合与无风险利率连线中斜率最大的那个点。寻找方法如下：

(1) 计算所有风险资产组合与无风险利率连线的斜率，对图 7-2-10 中构造的组合对应的每一个点 (σ^j, μ^j)，其斜率为：

$$k^j = \frac{\mu^j - r}{\sigma^j}$$

如图 7-2-11 所示，我们设 $r=0.5\%/360$，第一个组合对应的斜率计算为“=(P9－$R$7)/Q9”，其中 P 列值为 μ^j，R7 为 r，Q 列值为 σ^j，通过锁定 R7 并下拉的方式计算随机产生的所有组合对应的斜率。

AVERAGE × ✓ fx =(P9-$R$7)/Q9

	K	L	M	N	O	P	Q	R
2	μ3		μ1=	0.000105	协方差阵=			
3			μ2=	3.99E-05	0.000118889	6.06E-05	6.99976E-05	
4	-0.001335		μ3=	-5.1E-05	6.06057E-05	5.35E-05	4.48925E-05	
5	-0.010522				6.99976E-05	4.49E-05	5.75405E-05	
6	0.0118574		a=	-2				
7	-0.001335		b=	2			r=	1.36986E-05
8	0		x1	x2	x3	μ	σ	斜率
9	-0.003942		-1.747	1.74406	1.002933116	-0.00016	0.011225319	=(P9-$R$7)/Q9
10	0.0091989		-1.7193	-0.99786	3.717130413	-0.00041	0.013416913	-0.031451066
11	0.0522233		0.46559	-1.53523	2.06964221	-0.00012	0.012704184	-0.010325315
12	-0.002456		-0.6457	-0.79021	2.435919017	-0.00022	0.009656584	-0.02447482
13	0.0123592		-0.8851	-0.36853	2.253661512	-0.00022	0.008852723	-0.026583234
14	-0.003754		-1.5996	-0.0523	2.651949837	-0.0003	0.010622743	-0.029907934
15	0.0195895		-1.4482	-0.83727	3.285500233	-0.00035	0.011911124	-0.030669479
16	0.0059929		1.84465	-0.99905	0.154408611	0.000145	0.016186179	0.008136492
17	0.0012214		1.71254	-1.3266	0.614060455	9.52E-05	0.0162262	0.005022115

图 7-2-11 随机组合的斜率计算

（2）在这些斜率中寻找最大斜率，即利用 MAX 函数计算（见图 7-2-12）。

$$k=\max_{j=1,\cdots,M} k^j$$

1000)

O	P	Q	R	S	T	U
协方差阵=						
0.000118889	6.06E-05	6.99976E-05				
6.06057E-05	5.35E-05	4.48925E-05				
6.99976E-05	4.49E-05	5.75405E-05				
		r=	1.36986E-05	最大斜率=	=MAX(R9:R1000)	
x3	μ	σ	斜率	切线x	MAX(数值1, ...)	
2.206308375	-0.00019	0.009220759	-0.022314476	0	1.36986E-05	
4.258233328	-0.00046	0.015168486	-0.031419444	0.015168486	0.000375602	
-0.752144698	0.000222	0.014645225	0.014230911	0.014645225	0.000363118	
2.792893523	-0.00027	0.010495916	-0.026980043	0.010495916	0.00026412	
1.759828368	-0.00015	0.008074273	-0.019941819	0.008074273	0.000206342	
-2.288108414	0.000375	0.016384906	0.022038639	0.016384906	0.000404625	
1.961256069	-0.00014	0.009878035	-0.015652342	0.009878035	0.000249378	
2.601896784	-0.00022	0.011100927	-0.020756602	0.011100927	0.000278555	
2.065695969	-0.00018	0.008860682	-0.021569232	0.008860682	0.000225105	
-0.372153571	0.000164	0.01282939	0.011750239	0.01282939	0.000319794	
2.268632061	-0.00015	0.012607943	-0.012617793	0.012607943	0.000314511	
0.977404599	2.04E-05	0.012954668	0.000516163	0.012954668	0.000322783	

图 7-2-12　切线斜率的确定

（3）根据截距（无风险利率）和斜率，计算切线的坐标。本例中，切线坐标包含边（0，r），由于有现成的风险组合横坐标，故只需在风险组合横坐标中单独加上 0 这一点即可，其他横坐标可直接采用风险组合横坐标（见图 7-2-13）。

× ✓ fx =Q10

M	N	O	P	Q	R	S
x1	x2	x3	μ	σ	斜率	切线x
-1.0852	-0.65676	2.741999323	-0.00028	0.010190699	-0.028707226	0
-0.114	0.789654	0.324333763	3.14E-06	0.006920088	-0.001525523	=Q10
1.00753	1.228223	-1.235758092	0.000217	0.011346037	0.01793178	0.011346037
-0.2673	0.663411	0.60385639	-3.2E-05	0.00670206	-0.006835832	0.00670206
-1.6615	0.523185	2.13831094	-0.00026	0.010181157	-0.027026895	0.010181157
-1.9694	1.407182	1.562180643	-0.00023	0.011759808	-0.020654869	0.011759808
-0.5073	-1.80308	3.310349878	-0.00029	0.013230945	-0.023174145	0.013230945
-0.3162	-1.57068	2.886852802	-0.00024	0.012198069	-0.020975623	0.012198069
-0.7573	-0.35999	2.117330875	-0.0002	0.008556283	-0.025093059	0.008556283
0.69774	0.957564	-0.65530437	0.000144	0.009607855	0.013612848	0.009607855
-0.7548	0.38844	2.143287209	-0.0002	0.008627961	-0.025138489	0.008627961

图 7-2-13　切线横坐标的确定

（4）根据横坐标数值和切线 $y^j=r+kx^j$ 的函数形式，计算切线每一个横坐标 x^j 对应的纵坐标 y^j，得到切线上的诸多点（见图 7-2-14）。

（5）在图 7-2-10 的基础上右键点击绘图区，在弹出标签中通过"选择数据-添加系列"画出切线，再对切线的线性、颜色等进行适度调整，效果如图 7-2-15 所示。

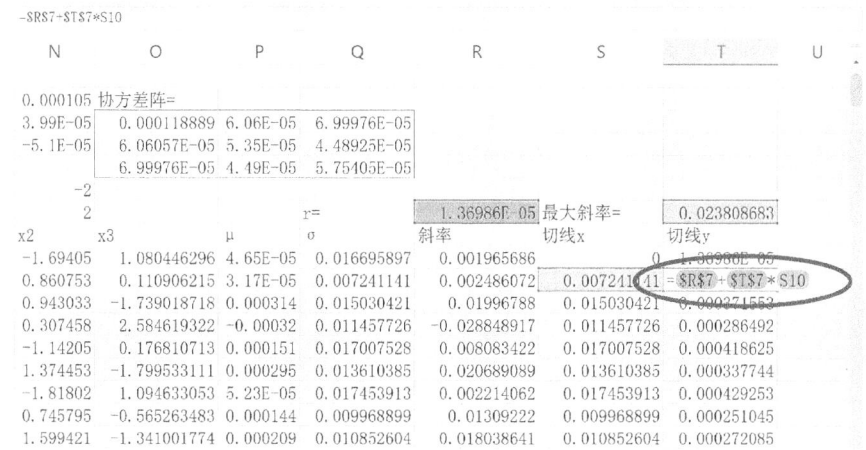

图 7-2-14 切线纵坐标的确定

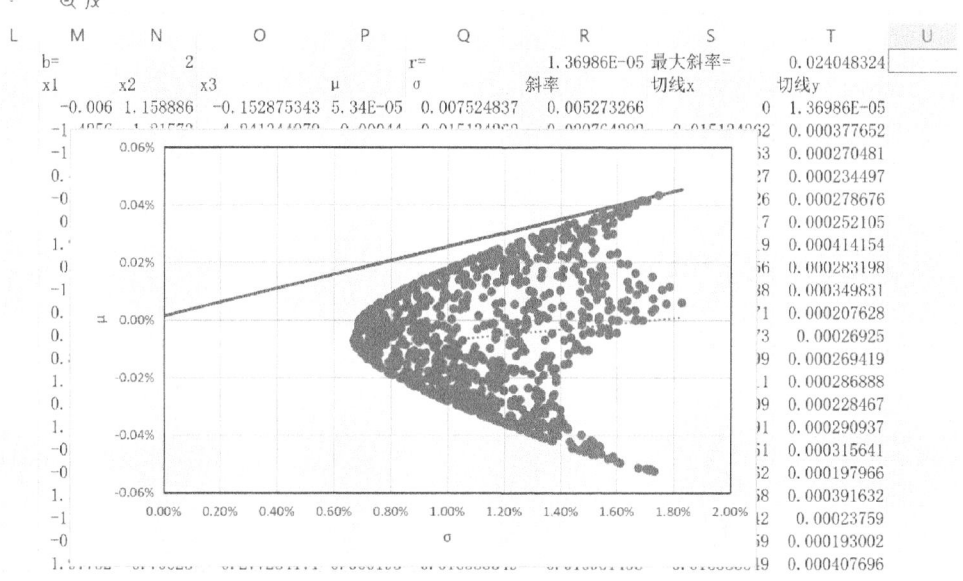

图 7-2-15 引入无风险证券的组合有效边界(红色部分)

第三节 资本市场线与证券市场线

一、资本市场线

资本市场现是无风险证券与市场组合构造的组合的风险-收益关系，根据 CAPM 理论可知，资本市场线上的点的收益 μ 和风险 σ 满足：

$$\mu = r + \frac{\mu_m - r}{\sigma_m}\sigma$$

由本章第二节可知,当我们找出所有的风险资产的可行集时,引入无风险资产构造出的新组合集合(切线)即为资本市场线,切点即对应于市场组合,用 Excel 实现相关计算的方法不在此赘述。

实际应用时,由于现实中的风险证券很多,一般难以以所有风险资产构造有效前沿寻找市场组合,故通常以某些具有代表性的指数作为市场组合的替代。

例如,以沪深 300 指数作为市场组合,以短期国债或银行间同业拆解利率(SHIBOR)作为无风险利率,调整市场组合的与无风险资产的比例,就可以得到资本市场线上的任意组合。

二、证券市场线

证券市场线描述的是单个证券与市场组合的收益率之间的关系,根据 CAPM 理论可知证券 i 的收益 μ_i 和市场组合收益 μ_m、无风险利率 r 之间满足:

$$\mu_i = r + \beta_i(\mu_m - r) + \varepsilon$$

其中,β_i 是需要估计的参数,它也反映了证券 i 的波动中系统性风险的大小。

用 Excel 估计证券市场线的计算方法如下:

第一步,以沪深 300 指数作为市场组合数据,计算市场组合的收益率 μ_m。

第二步,以某只股票的复权价格数据计算其收益率 μ。

第三步,给定无风险利率 r,分别计算 $\mu_m - r$ 和 $\mu - r$。

第四部,以样本 $\mu_m - r$ 和 $\mu - r$ 进行线性回归得到 β 的估计,从而建立该股票的证券市场线模型。

Excel 的一元线性回归可采用 LINEST 函数,也可以对散点图添加趋势线并显示回归公式,后者的操作如下:

首先对两列样本数据画出散点图,每个点的纵坐标为 $\mu - r$,横坐标为 $\mu_m - r$;其次,右键点击图中的散点,在弹出标签中选择"添加趋势线"(见图 7-3-1)。

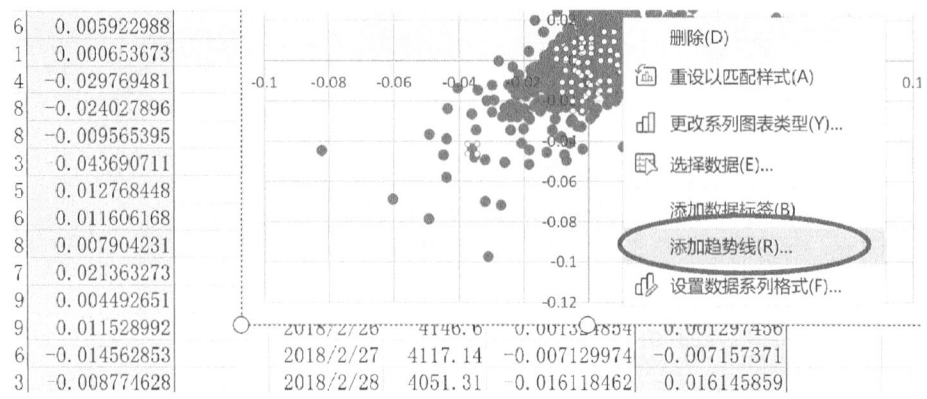

图 7-3-1 散点图添加趋势线操作

Excel 默认该趋势线为线性，趋势线出现后，右键点击该趋势线，在弹出标签中选择"设置趋势线格式"，在弹出的操作框中可对趋势线的线型、颜色等进行设置，并且可以勾选其中的"显示公式"，从而将回归方程在图中以"y＝bx＋a"的形式显示出来，也可以对该方程进一步进行文字编辑。

以 2018 年 1 月 22 日至 2021 年 3 月 20 日之间的沪深 300 指数和复权的贵州茅台股票数据为例，估算的贵州茅台股票的证券市场线和贝塔值（见图 7-3-2）。

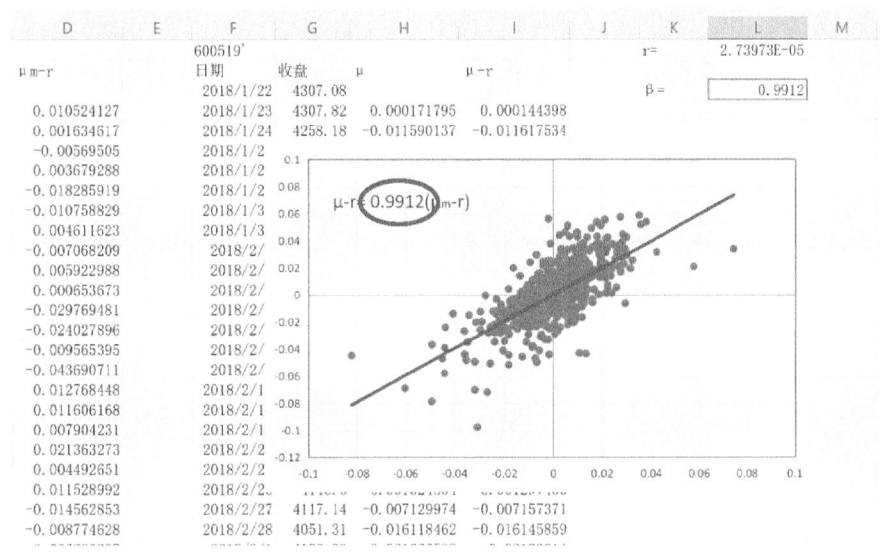

图 7-3-2　证券市场线与贝塔值（贵州茅台 600519）

练 习 题

1. 已知某股票前日收盘价为 15 元，当日收盘价为 16 元，计算该股票当日实现的日对数收益率；折算为年，该股票的年化对数收益率是多少？（一年按 252 个交易日计）

2. 某股票的日波动率为 0.25%，请计算其年化波动率。（一年按 252 个交易日计）

3. 两只股票收益率的协方差符号与相关系数符号一致，这种说法正确吗，为什么？

4. 两只股票构成的投资组合，其可行集就是有效前沿，也组合的边界。请问这种说法是否正确？

5. 如何用 Excel 的 RAND() 函数生成区间 [1,10] 之间的均匀分布随机数？

6. 分别用 MMULT 和 SUMPRODUCT 计算行向量（1，2，3，4，5）和列向量 $\begin{pmatrix} 6 \\ 7 \\ 8 \\ 9 \\ 10 \end{pmatrix}$ 的乘积。

第八章 股票定价模型及财务分析

通过股息贴现模型,建立一个两期的定价模型;并以 Excel 形式导入上市公司的财务报表,进行财务指标比率分析及杜邦分析。

第一节 股息贴现模型的两期模型

一、股利贴现模型定价

1. 实验目的

建立一个两期的股息贴现模型。在第 1 期,对这家公司未来 5 年的股息做出明确的预测;在第 2 期,对这家公司从第 6 年为未来无限期的股息做出预测,并把一个年增长率恒定的年金现值作为它的延续价值。然后再把未来的股息和第 5 期时的延续价值进行贴现,求每股的内在价值。

2. 实验内容与要求

熟悉戈登模型的运用及扩展,建立一个两期的股息贴现模型。在第 1 期,对这家公司未来 5 年的股息做出明确的预测;在第 2 期,对这家公司从第 6 年为未来无限期的股息做出预测,并把一个年增长率恒定的年金现值作为它的延续价值。然后再把未来的股息和第 5 期时的延续价值进行贴现,得到每股的内在价值。

【实验 8-1-1】 观察历史数据可以看到,在过去两年,Hot Prospects 公司股票的真实投资回报率(真实 ROI)非常高,分别达到 22.3% 和 20.7%。在过去 3 年,这家公司股票的股息已经从 5.10 美元增加到 5.84 美元和 6.64 美元。未来 5 年由于竞争加剧,预计 Hot Prospects 公司的真实 ROI 会逐渐降低。长期预测估计这家公司的真实 ROI 会降到公司每年 9.0% 的真实贴现率(真实 k)水平。Hot Prospects 公司的政策是每年保留 50.0% 的收入,并将余下的作为股息发放。预计未来的通货膨胀率为每年 3.0%。那么,这家公司股票的每股内在价值是多少呢?

解:

(1)输入值。在区域 B4:B6 输入通货膨胀率、真实贴现率和收益留存比率(见图 8-1-1)。

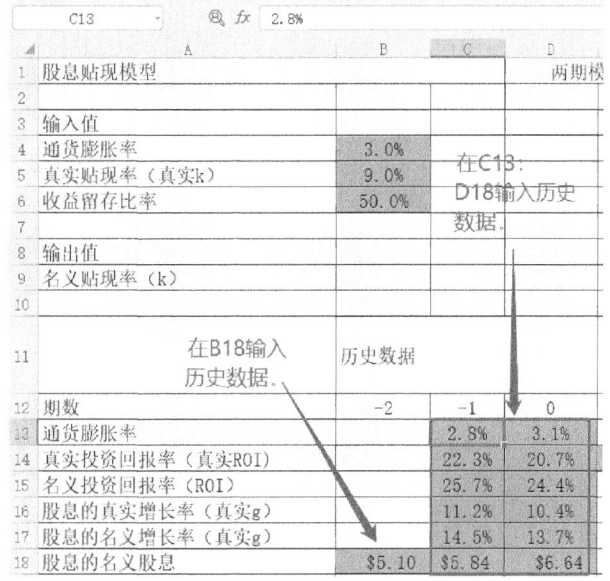

图 8-1-1　输入值

（2）在区域 C13:D18 和单元格 B18 中输入历史数据（见图 8-1-2）。

（3）在单元格 E13 中输入预测的通货膨胀率"=＄B＄4"，并将其复制粘贴到区域 F13:J13（见图 8-1-3）。

（4）计算名义贴现率。名义贴现率=(1+通货膨胀率)×(1+真实贴现率)-1。在单元格 B9 中输入"=(1+B4)*(1+B5)-1"（见图 8-1-4）。

图 8-1-2　输入历史数据

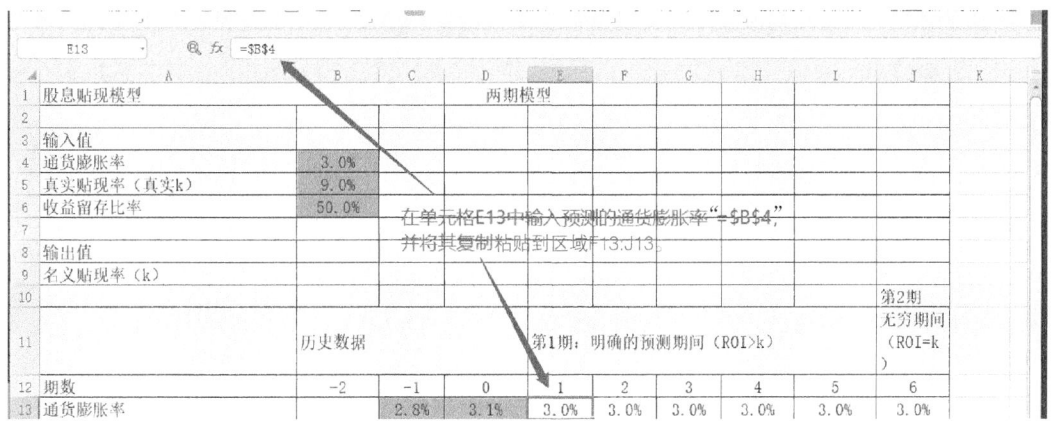

图 8-1-3　输入预测的通货膨胀率

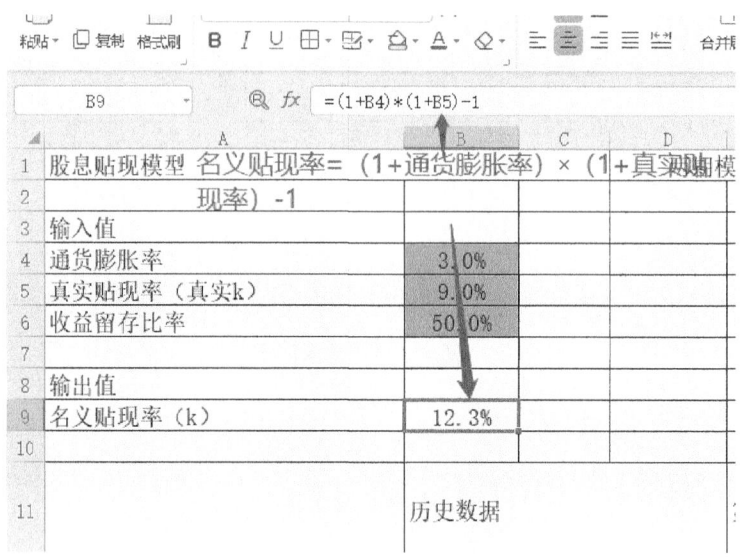

图 8-1-4 计算名义贴现率

(5) 预测未来的真实和名义 ROI。在长期中,预测公司的真实 ROI 等于公司的真实贴现率,在单元格 J14 中输入"=B5"。给定第 0 期的真实 ROI 为 20.7%,并且预测从第 6 年开始每年的真实 ROI 变为 9.0%。在区域 E14:I14 中输入第 1 期到第 5 期的真实 ROI:19.0%、17.0%、15.0%等(见图 8-1-5)。

图 8-1-5 预测未来的真实和名义 ROI

(6) 对于第 6 期,计算名义投资回报率=(1+通货膨胀率)×(1+真实 ROI)-1,在单元格 E15 中输入"=(1+E13)*(1+E14)-1",并将其复制粘贴到 F15:J15(见图 8-1-6)。

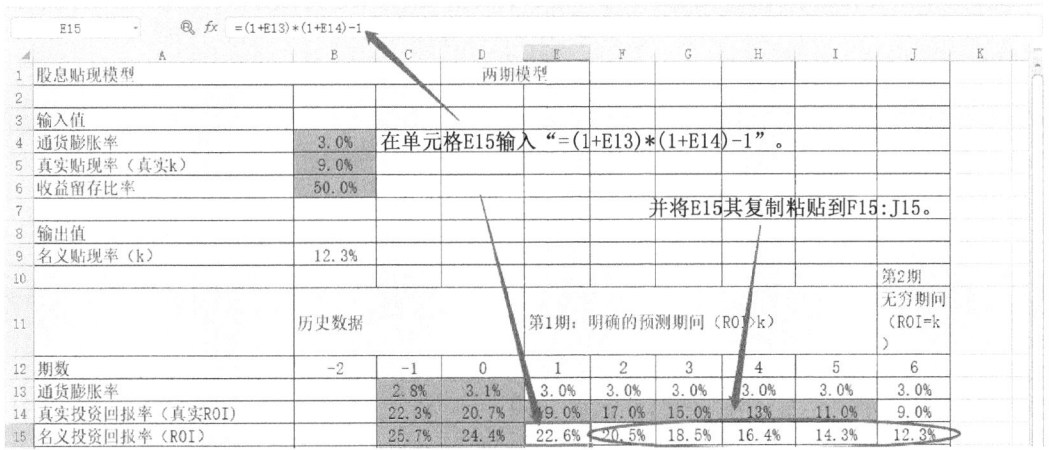

图 8-1-6　计算名义投资回报率

(7) 真实和名义的股息增长率。计算股息的真实增长率(真实)＝真实 ROI×收益留存比率,在单元格 E16 中输入"＝E14*$B$6",并将其复制粘贴到区域 F16:J16(见图 8-1-7)。

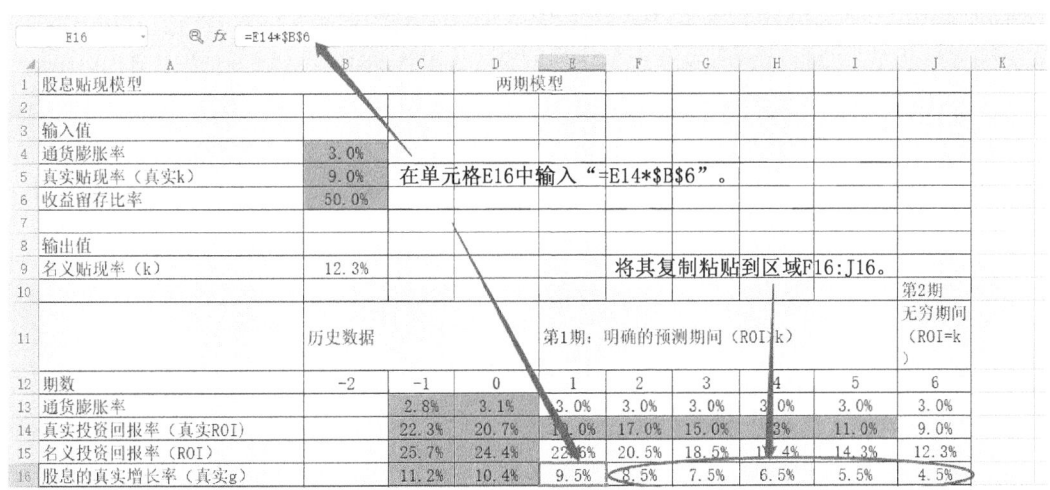

图 8-1-7　计算股息的真实增长率

(8) 计算股息的名义增长率(g)＝(1＋通货膨胀率)×(1＋真实 g)－1,在单元格 E17 中输入"＝(1＋$B$4)*(1＋E16)－1",并将其复制粘贴到区域 F17:J17(见图 8-1-8)。

(9) 每股的名义股息。第 t 期的名义股息＝(第 t－1 期的名义股息)×(1＋第 t 期的名义股息增长率),在单元格 E18 中输入"＝D18*(1＋E17)",并将其复制粘贴到区域 F18:J18(见图 8-1-9)。

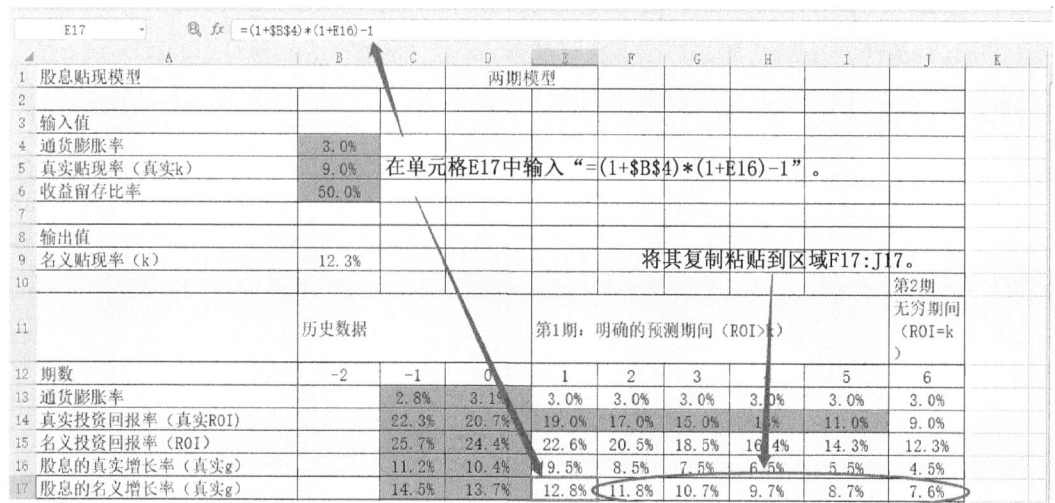

图 8-1-8 计算股息的名义增长率

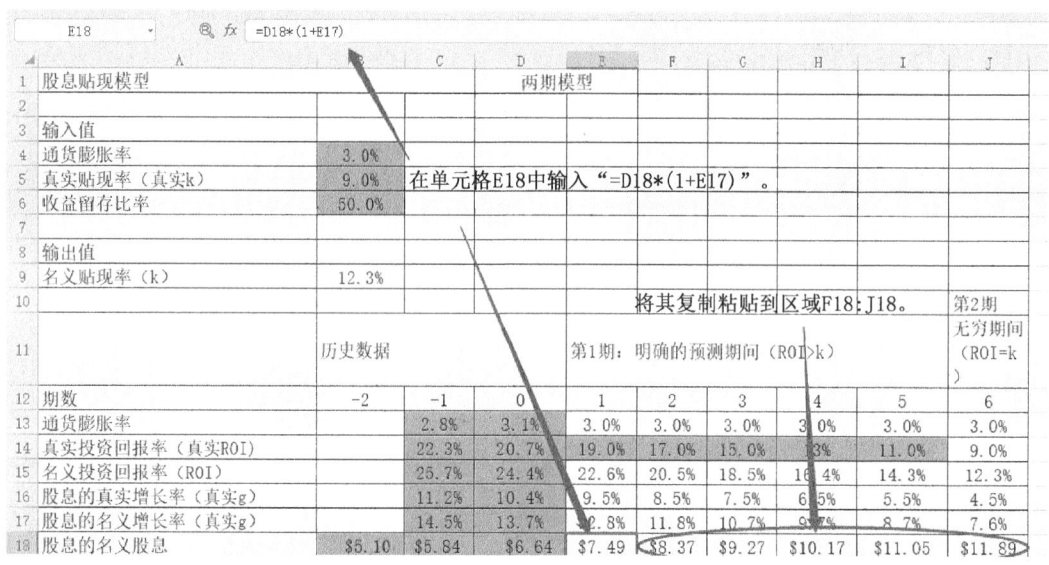

图 8-1-9 计算名义股息

（10）第5期的延续价值。第5期的延续价值等于从第6期到未来无限期的股息流的现值。利用无限期增长率年金的现值公式，计算第5期的延续价值＝第6期的股息/（名义贴现率－第6期的名义股息增长率），在单元格 I19 中输入"＝J18/(B9－J17)"（见图8-1-10）。

（11）未来每股股息于每股延续价值的和以及二者之间的现值。每一期都将未来的每股股息和每股的延续价值相加。在单元格 E20 中输入"＝SUM(E18:E19)"，并将其复制粘贴到区域 F20:I20（见图 8-1-11）。

第八章 股票定价模型及财务分析

	A	B	C	D	E	F	G	H	I	J
4	通货膨胀率	3.0%								
5	真实贴现率（真实k）	9.0%								
6	收益留存比率	50.0%								
7				在单元格I19中输入						
8	输出值			"=J18/(B9-J17)"。						
9	名义贴现率（k）	12.3%								
10										第2期
11				历史数据		第1期：明确的预测期间（ROI>k）				无穷期间（ROI=k）
12	期数		-2	-1	0	1	2	3	4	5	6
13	通货膨胀率			2.8%	3.1%	3.0%	3.0%	3.0%	3.0%	3.0%	3.0%
14	真实投资回报率（真实ROI）			22.3%	20.7%	19.0%	17.0%	15.0%	13%	11.0%	9.0%
15	名义投资回报率（ROI）			25.7%	24.4%	22.6%	20.5%	18.5%	16.4%	14.3%	12.3%
16	股息的真实增长率（真实g）			11.2%	10.4%	9.5%	8.5%	7.5%	6.5%	5.5%	4.5%
17	股息的名义增长率（真实g）			14.5%	13.7%	12.8%	11.8%	10.7%	9.7%	8.7%	7.6%
18	股息的名义股息		$5.10	$5.84	$6.64	$7.49	$8.37	$9.27	$10.17	$11.05	$11.89
19	每股的延续价值									$256.51	

图 8-1-10　计算延续价值

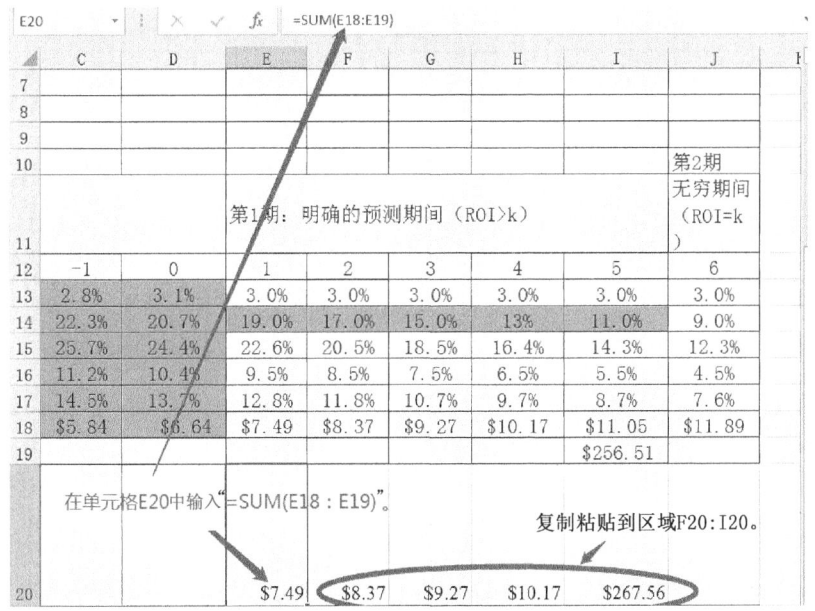

图 8-1-11　每股股息和每股的延续价值相加

（12）未来每股股息和每股延续价值之和的现值=(第 t 期的和)/[(1+名义贴现率)^t]，在单元格 E21 中输入"=E20/((1+＄B＄9)^E12)"，并将其复制粘贴到区域 F21:I21（见图 8-1-12）。

（13）求每股内在价值。对未来每股股息和每股延续价值之间和的现值求和，在单元格 D22 中输入"=SUM(E21:I21)"（见图 8-1-13）。

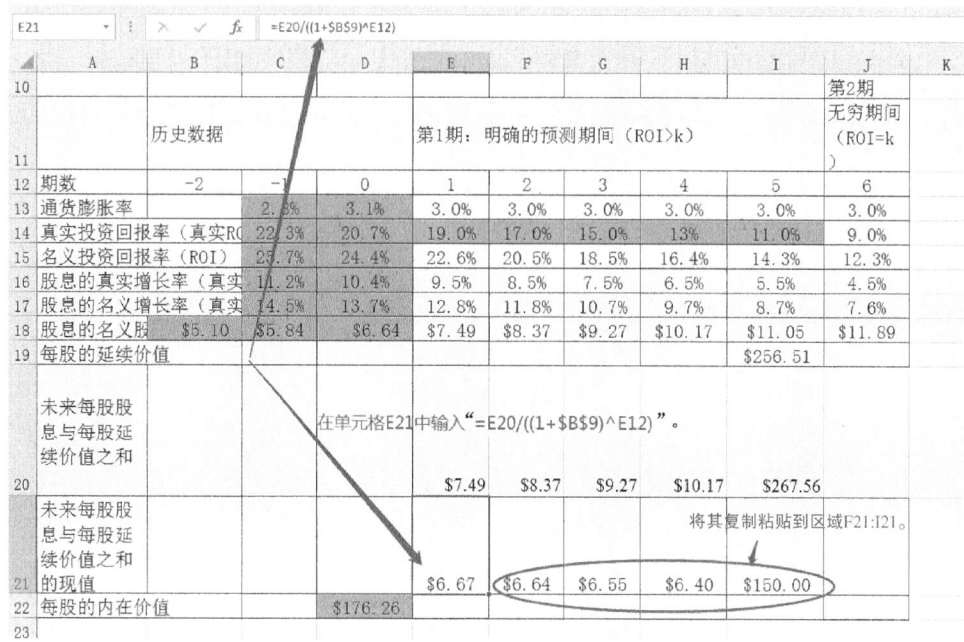

图 8-1-12 未来每股股息和每股延续价值之和的现值

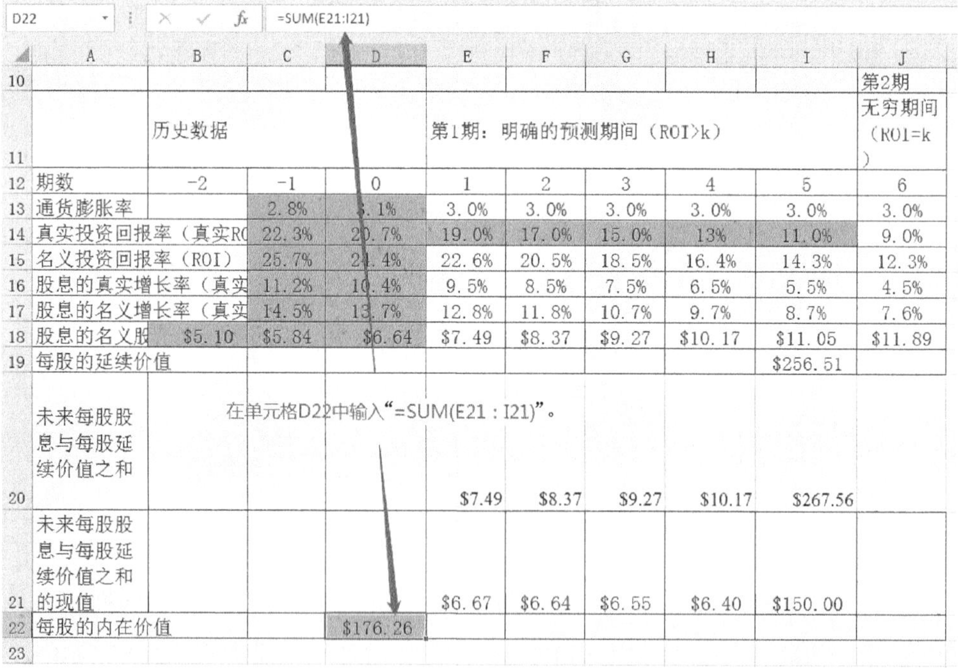

图 8-1-13 每股内在价值

根据图 8-1-13 的计算结果估计 Hot Prospects 公司的每股内在价值为 176.26 美元。

二、股利贴现模型的动态图

1. 实验目的

将上述第一部分的股息贴现模型建立一个动态图，观察如下这些因素的变化对内在价值有什么影响：① 通货膨胀率；② 收益留存比率；③ 真实贴现率(k)。或者说，准确预测这 3 个输入量到底有多重要。

2. 解决方案

首先，改变真实贴现率的输入值，并使用 Excel 的数据表特点来求出相应的每股内在价值。然后，根据数据表的输入和输出结果作图，并通过对通货膨胀率和收益留存比率比例添加微调项建立一个动态图。

(1) 打开两期的电子数据表，并移动一些项。打开创建的两期的股息贴现模型的电子数据表，并立即使用“文件/另存为”命令将其在新文件名下保存下来。在输入的上面增加 10 行：选中区域 A8:A17，然后点击“插入/行”(见图 8-1-14)。

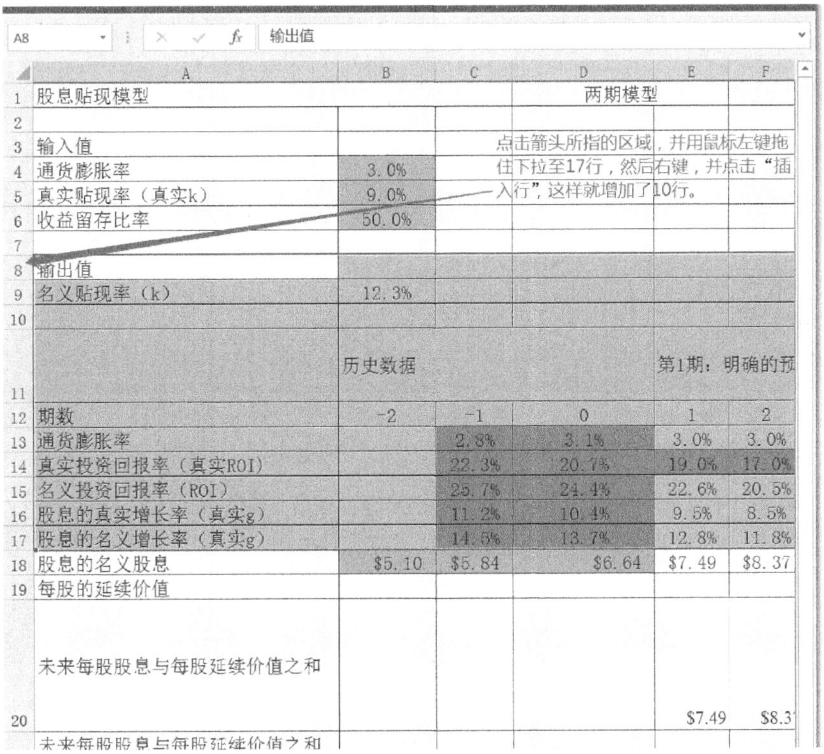

	A	B	C	D	E	F
1	股息贴现模型			两期模型		
2						
3	输入值					
4	通货膨胀率	3.0%				
5	真实贴现率（真实k）	9.0%				
6	收益留存比率	50.0%				
7						
8	输出值					
9	名义贴现率（k）	12.3%				
10						
11		历史数据			第1期：明确的预	
12	期数	-2	-1	0	1	2
13	通货膨胀率		2.8%	3.1%	3.0%	3.0%
14	真实投资回报率（真实ROI）		22.3%	20.7%	19.0%	17.0%
15	名义投资回报率（ROI）		25.7%	24.4%	22.6%	20.5%
16	股息的真实增长率（真实g）		11.2%	10.4%	9.5%	8.5%
17	股息的名义增长率（真实g）		14.5%	13.7%	12.8%	11.8%
18	股息的名义股息	$5.10	$5.84	$6.64	$7.49	$8.37
19	每股的延续价值					
20	未来每股股息与每股延续价值之和				$7.49	$8.3
	未来每股股息与每股延续价值之和					

图 8-1-14 打开电子数据表

(2) 选中单元格 A18，点击“编辑/剪切”，选中单元格 A14，点击“编辑/粘贴”。重复上述步骤，将区域 A5:B5 移到区域 A15:B15，将区域 A6:B6 移到区域 A5:B5(见图8-1-15)。

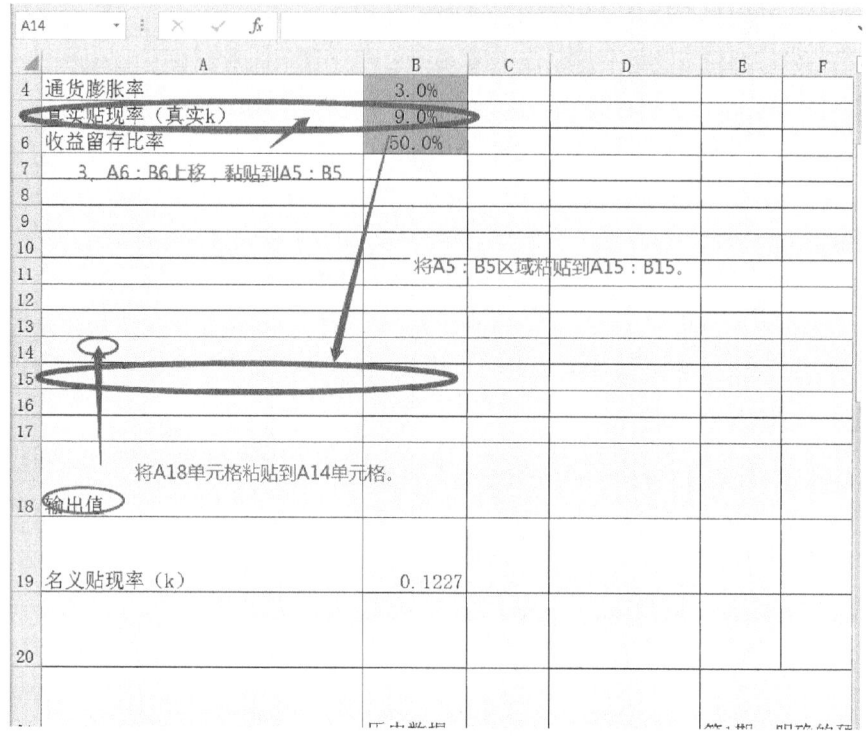

图 8-1-15　调整表格

（3）增加微调项的行高。选定 A4:A5，然后在主菜单上的"开始"，点击"格式/行高"，输入高度为 30，然后点击"确定"（见图 8-1-16）。

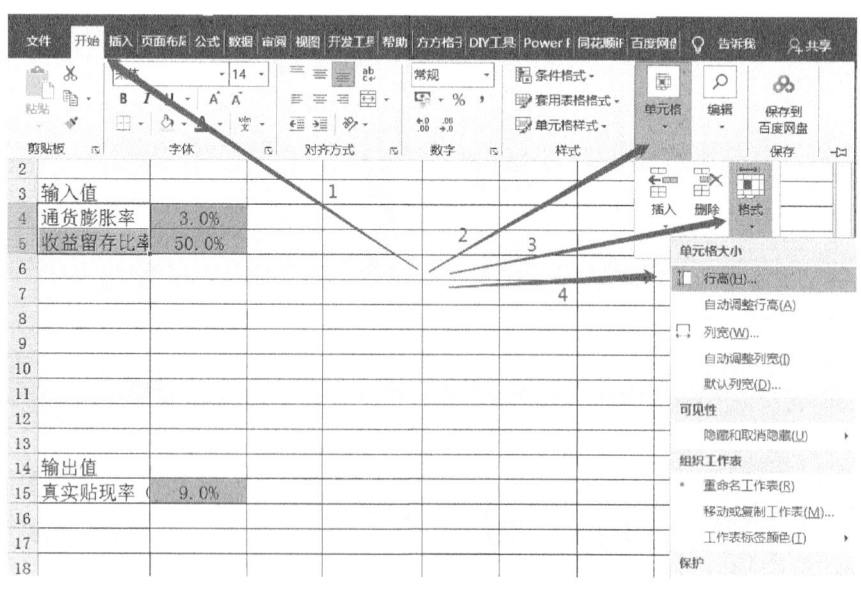

图 8-1-16　调整微调项

(4) 打开窗体工具。在主菜单上点击"开发工具-插入-表单控件-数字调节钮(窗体控件)"(见图8-1-17)。

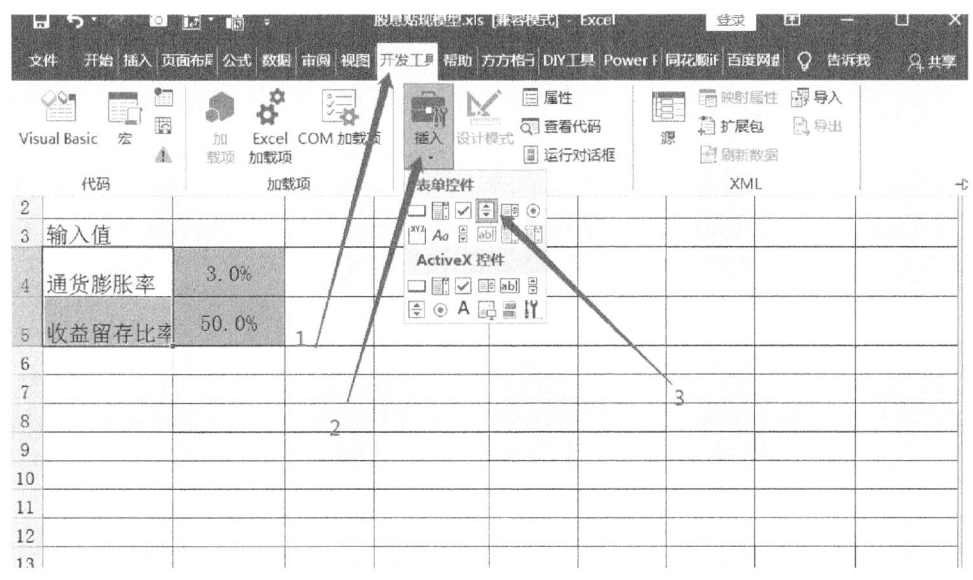

图 8-1-17　打开窗体工具

(5) 创建微调项。在窗体工具栏上找到上下箭头按钮(当你把光标放在它上面时,会出现"微调项"字样),在其上点击。然后将光标从C4的左上角拖到右下角,则一个微调就出现在单元格C4中了(见图8-1-18)。

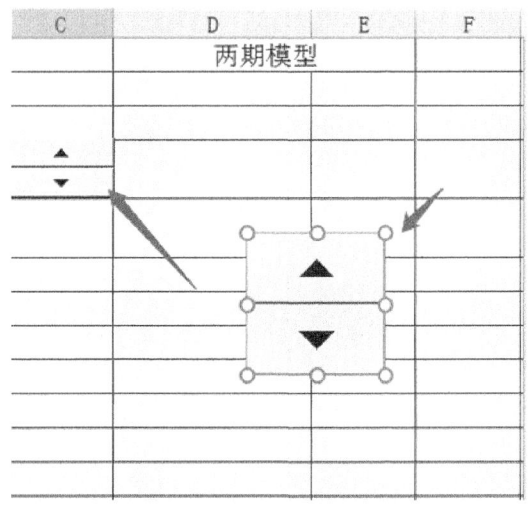

图 8-1-18　创建微调项

(6) 右击"微调项"(当光标在微调项上时点击鼠标右键),会弹出一个小菜单,点击小菜单上的"复制",然后选择单元格C5点击"粘贴",这样就在单元格C5中创建了一个相同的微调项。通过这种方式我们就在 C 列中建立两个微调项。

(7) 创建单元格链接。右击单元格 C4 的"微调项"会弹出一个小菜单,点击小菜单上的"设置控件格式"则会弹出一个对话框。点击"控制"选项卡,在单元格链接的编辑框中输入单元格链接 D4,然后点击"确定"。对另一个微调项重复上述步骤,将单元格 C5 链接到单元格 D5。可以通过点击确定微调项的上下箭头来进行检查,看它们是如何改变所链接的单元格的值的(见图 8-1-19)。

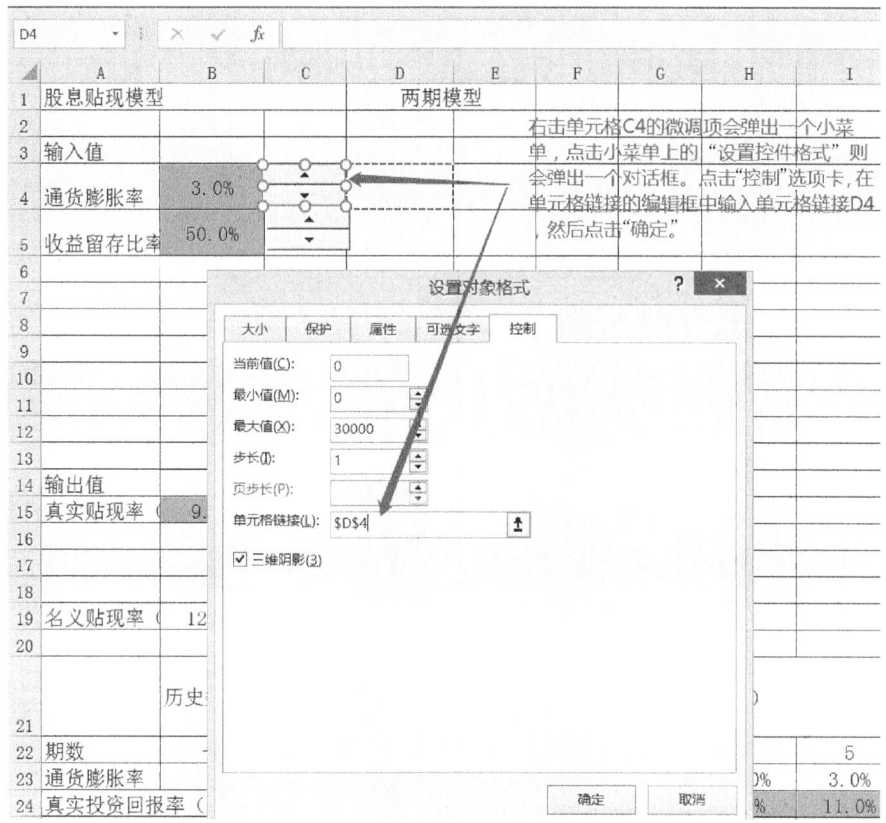

图 8-1-19　创建单元格链接

(8) 建立比例输入。所链接的单元格的值总是整数,但是我们可以将其按比例缩放为适用于我们这个问题的大小。在单元格 B4 中输入"=D4/200",在单元格 B5 中输入"=D5/10"。

(9) 输入真实贴现率的值。在区域 C15:H15 中输入 7%、8%、9%、10%、11%、12%。

(10) 创建一个数据表来计算每股的内在价值。使用 Excel 的数据表特性来计算与各个真实贴现率相对应地每股的内在价值。在单元格 B16 中输入"=D32"以明确放置输出结果的单元格。选中区域 B15:H16 点击"数据/模拟运算表",在引用行单元格一栏中输入"$B$15",点击"确定"(见图 8-1-20、图 8-1-21)。

第八章 股票定价模型及财务分析

图 8-1-20　计算每股的内在价值(1)

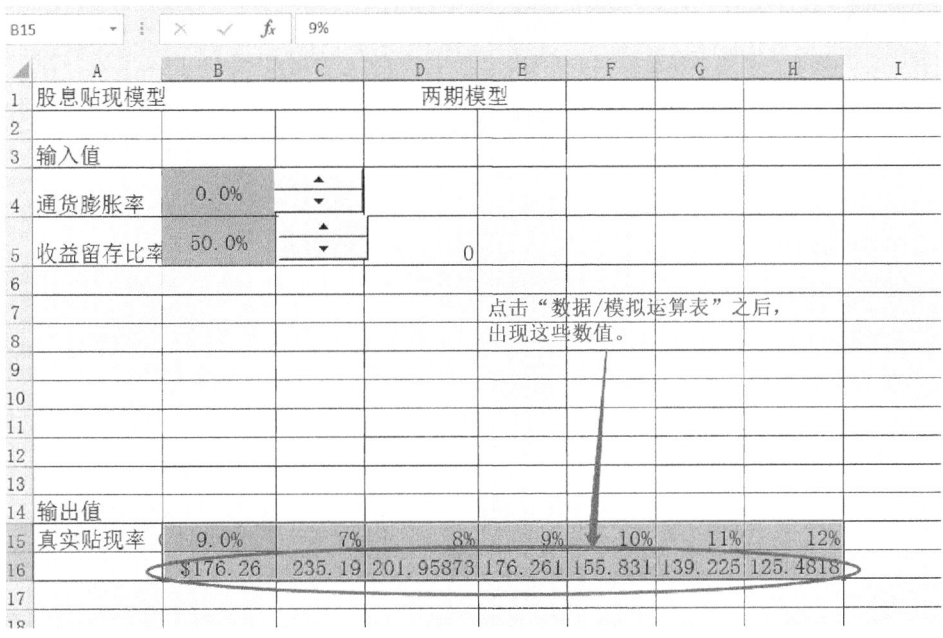

图 8-1-21　计算每股的内在价值(2)

（11）作图显示每股的内在价值。选中区域 C15:H16，然后从主菜单里选中"插入/图表"，选择图表类型为 XY 散点图，然后按照图表向导的其他选择完成图形。将图表放在

187

E2:J13 的区域内(见图 8-1-22)。

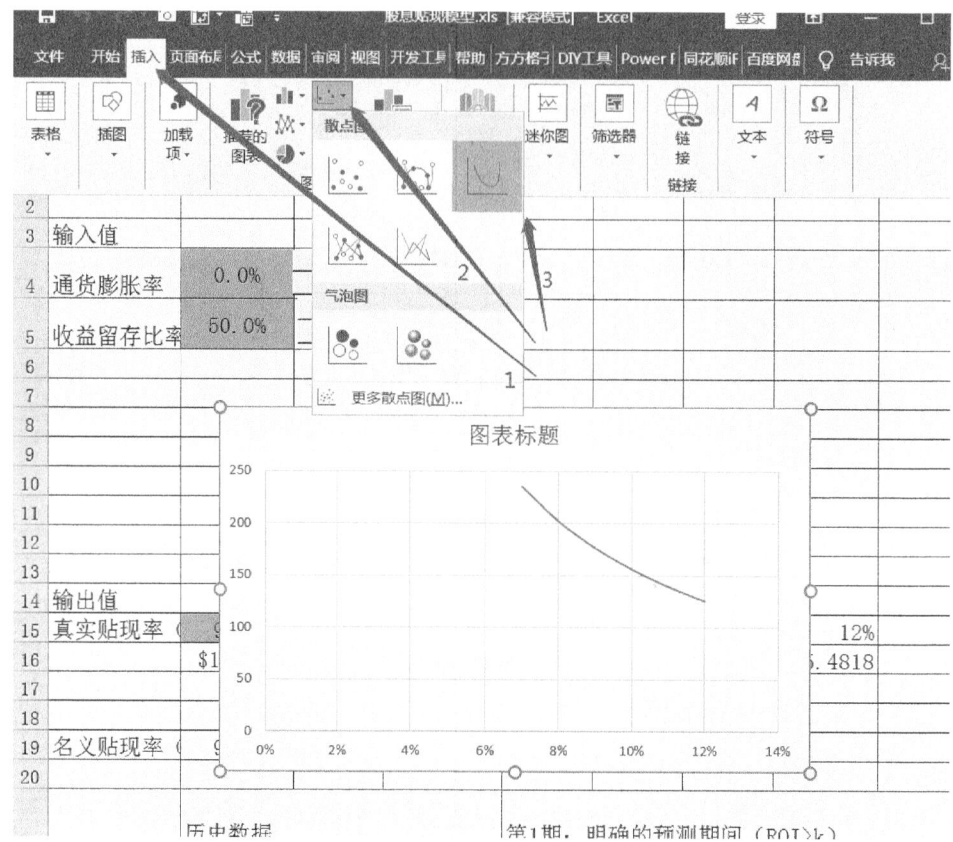

图 8-1-22 作图显示每股的内在价值

由数据表和动态图可以看出,将真实贴现率从 12%降到 7%,会使每股的内在价值从 125 美元增加到 235 美元。由此可见,每股的内在价值对真实贴现率非常敏感。点击"通货膨胀率"的微调项,发现这对每股的内在价值没有任何影响。这是因为通货膨胀率对名义投资回报率和名义贴现率的影响效果相同,这两种效果相互抵消,使得对每股内在价值的净值影响为零。点击"收益留存率"的微调项,发现这使得每股的内在价值发生了巨大的变化。因此,真实贴现率和收益留存比率尽可能精确极为重要。

第二节 上市公司财务报表建模

一、建立一般上市公司通用的财务报表模板

(1) 选择采用同花顺软件进行下载上市公司的财务报表,不像其他软件只是提供部分关键的财务数据,同花顺软件的 F10 里面集成了各上市公司的三张报表的全部财务数据。具体下载途径如图 8-2-1 所示。

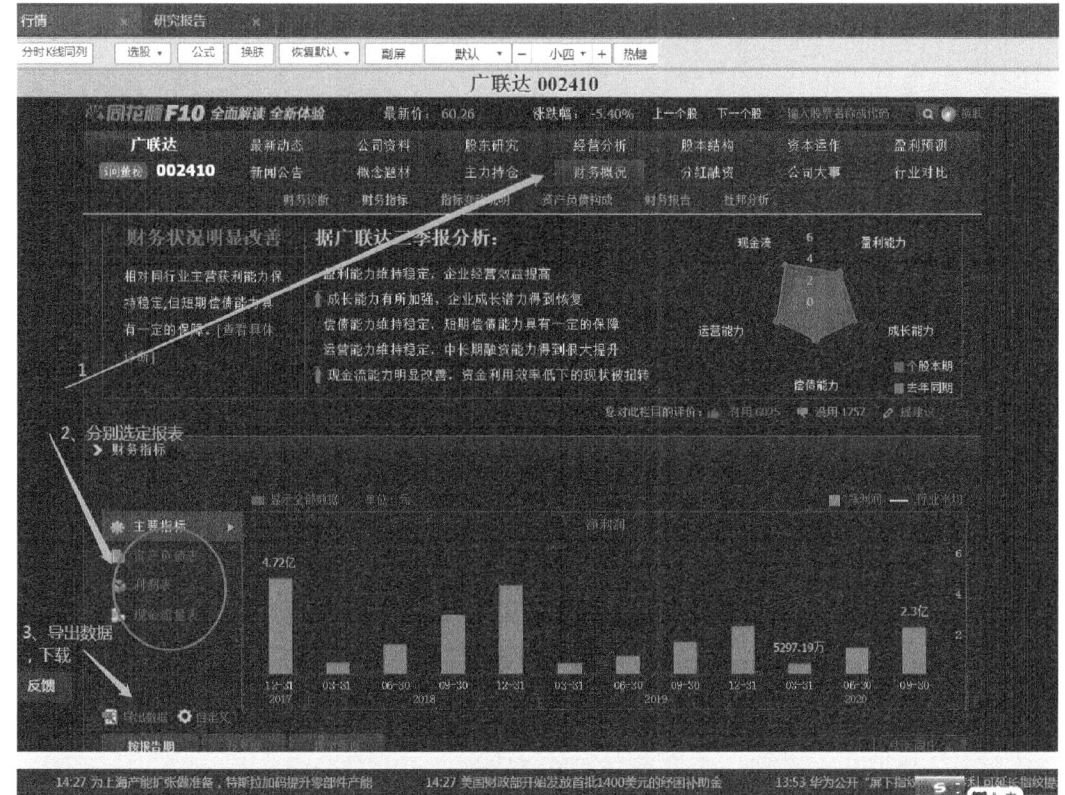

图 8-2-1　下载财务数据

（2）新建 Excel 工作表，并将下载的三张财务报表复制粘贴进去，并将工作表名改为：利润表、资产负债表、现金流量表。并创建两张新的工作表，命名为：调整后的三张财务报表和财务分析（见图 8-2-2）。

图 8-2-2　新建 Excel 工作表

（3）以利润表为例，由于同花顺软件将年报、半年报和季报都导入在内，而由于半年报和季报都没有经过会计师事务所审计，所以只保留当年本季度（或者半年报，视所在月份而定）以便进行同比分析，其他时间段都去除，只保留各年年报数据。在 A1 输入公司名称、代码、报表名称、导入日期等字样，并在第二行插入一行，在 B2 和 D2 单元格分别输入"当年最新季度"和"去年同期"字样（见图 8-2-3）。

	A	B	C	D	E	F	G
1	广联达（002410）利润表（数据来源：同花顺。导入日期：？？？。数据日						
2		当年最新季度		去年同期			
3	科目\时间	2020-09-30	2019-12-31	2019-09-30	2018-12-31	2017-12-3	2016-1
4	营业总收入(元)	2588118309	3540651173	2237088256	2904399979	2.36E+09	2.04E+
5	营业收入(元)	2544805980	3464151445	2183008527	2861555261	2.34E+09	2.03E+
6	营业总成本(元)	2356427200	3375196300	2125236800	2808862900	2.03E+09	1.81E+
7	营业成本(元)	250989600	370663200	191941800	188260400	1.62E+09	1.35E+
8	营业税金及附加(元)	25001000	43008800	26545400	45361500	40929500	365315
9	销售费用(元)	791115500	1102479300	686433300	792911800	6.82E+08	6.7E+0
10	管理费用(元)	571722200	819760700	548848500	764705800	5.19E+08	9.75E+

图 8-2-3 整理利润表

（4）将三张会计报表中各项会计科目名称前面的"其中：****""加：***""减：***"或"一、""二、***""三、***"数字全部删掉（见图 8-2-4）。因为在后面新建"调整后的财务报表"时，引用的会计科目开头都是没有这些表述，而输入的 VLOOKUP 函数采用精确匹配，这样就会出现无法找到对应科目匹配的现象。

	A	B	C	D	E	F	G	H	I
1					将这些非正式会计科目的前缀全部删除。				
2	科目\时间	2020-09-30	2020-06-30	2020-03-31	2019-12-31	2019-09-30	2019-06-30	2019-03-31	2018-12-31
3	一、营业总收入(元)	2.588E+09	1.609E+09	566273376	3.541E+09	2.237E+09	1.38E+09	472886848	2.904E+09
4	其中：营业收入(元)	2.545E+09	1.579E+09	547949299	3.464E+09	2.183E+09	1.348E+09	457321964	2.862E+09
5	二、营业总成本(元)	2.356E+09	1.485E+09	528726500	3.375E+09	2.125E+09	1.325E+09	434403000	2.609E+09
6	其中：营业成本(元)	250989600	151382500	32355100	370663200	191941800	81944000	26639700	188260400
7	营业税金及附加(元)	25001000	18050900	2845000	43008800	26545400	18439500	4703900	45361500
8	销售费用(元)	791115500	476703600	158801500	1.102E+09	686433300	439849600	135101900	792911800
9	管理费用(元)	571722200	342963800	161386700	819760700	548848500	330292600	133833600	764705800
10	研发费用(元)	709482100	473103000	162327100	969108800	626180500	421731200	123456100	727173000
11	财务费用(元)	-466500	9704400	8456000	40546300	24719000	16199600	5742800	34638300
12	其中：利息费用(元)	25685600	20975800	11494600	65094800	41822200	26915600	13160400	48879900
13	利息收入(元)	30688700	15035400	3930000	26867500	17711000	12418300	8791000	15302600
14	资产减值损失(元)	--	--	--	6105400	2748900	--	--	55812000
15	信用减值损失(元)	8583300	8091700	2555100	23523500	17819400	16044800	4925100	--
16	投资收益(元)	-822501	-7112701	-1117697	22513651	25170559	28556044	6236333.5	21989521
17	其中：联营企业和合营企业	-8242500	-7112700	-2595400	-9965500	-7324200	-3911200	-117300	-8722700
18	资产处置收益(元)	-29300	-28100	--	40300	81600	-35200	-24700	-90100
19	其他收益(元)	84197700	60706100	33591500	102361800	69574300	44458100	26285000	167120900
20	三、营业利润(元)	307617001	177770306	70020517	290370620	206677948	128266142	70980529	484557354
21	加：营业外收入(元)	476500	332800	974500	833100	2051400	1244000	189600	2555900
22	其中：非流动资产处置利得	--	--	--	--	--	--	--	--
23	减：营业外支出(元)	4813200	526800	13600	7440900	5860500	5169200	--	5494400
24	其中：非流动资产处置损失	--	--	--	--	--	--	--	--
25	四、利润总额(元)	303280300	175576300	70981400	283762800	202868800	124341000	71170200	481618900
26	减：所得税费用(元)	42895188	26601418	11329580	29184041	30141641	27561544	6846158.9	48933095
27	五、净利润(元)	260385100	150974900	59651800	254578800	172727100	96779400	64324000	432685800
28	（一）持续经营净利润(元)	260385100	150974900	59651800	254578800	172727100	96779400	64324000	432685800
29	归属于母公司所有者的净利	229778100	130027900	52971900	235072900	158848700	89544700	55364000	439076900
30	少数股东损益(元)	30607200	20947000	6679900	19506800	13878500	7234800	8960000	-6391200
31	扣除非经常性损益后的净利	207747800	111702000	47722900	190912200	128013700	61311900	49768600	409300900
32	六、每股收益(元)								
33	（一）基本每股收益(元)	0.2	0.12		0.21	0.14	0.08	0.05	0.39

图 8-2-4 调整三张会计报表

(5) 新建一张工作表,命名为:调整后的三张报表,将三张报表中常见的会计科目合并在一张工作表中,以便财报分析时引用,具体科目如图 8-2-5 所示。请严格按照相应行数填入科目名称,以免后续分析时错误引用会计科目。(注意:采用这些会计科目主要用于一般行业通用分析,但各行业有其自身特色,特别在资产负债表科目的表达形式并不完全相同)

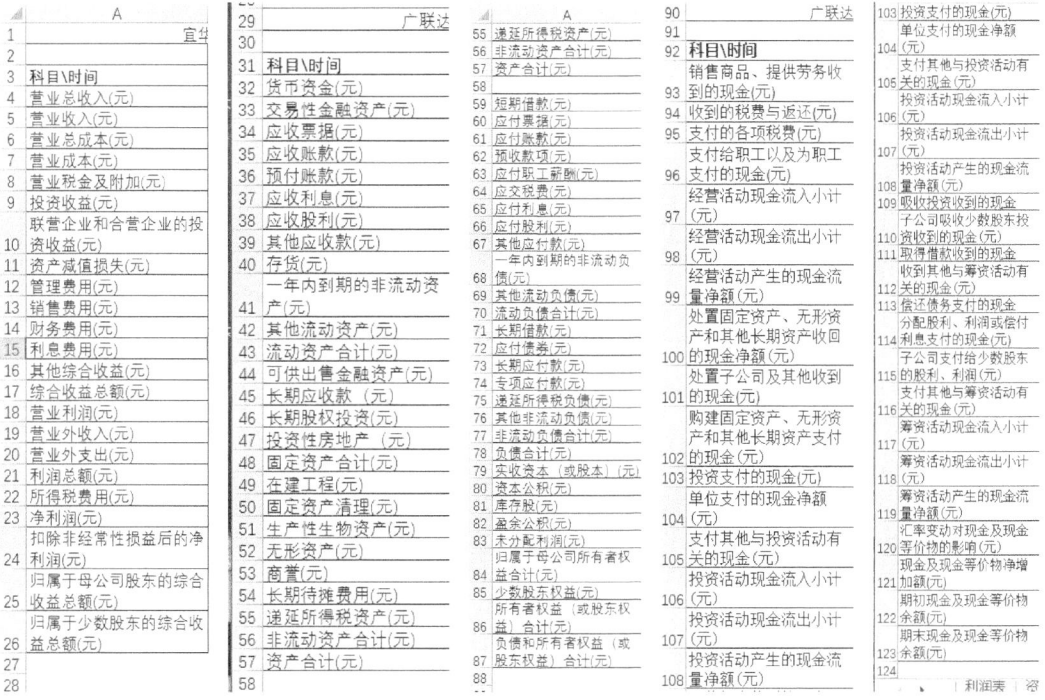

图 8-2-5　合并三张报表

(6) 在 B3 单元格输入"=VLOOKUP($A$3:$A$26,利润表!$A:$Q,2,0)",将鼠标放在 B3 单元格的右下角,当空心十字变成实心十字时,向下拖曳至 B25(见图 8-2-6)。(有些单元格会出现相应的数字,也有部分单元格出现"♯N/A"字样,对于出现这些字样的单元格,就是第四部分里面所说的会计科目前面有非正式前缀导致无法识别的现象,请到利润表对应科目删除前缀)

(7) 在 C3 单元格输入"=VLOOKUP($A$3:$A$26,利润表!$A:$Q,3,0)",然后复制粘贴至 C26。并分别在 D3 输入"=VLOOKUP($A$3:$A$26,利润表!$A:$Q,4,0)",即将搜索区域设置在 A3 列左边的第四列,然后复制粘贴至 D26。以此类推,一直复制粘贴到 Q 列。

(8) 在 B32 单元格输入"=VLOOKUP($A$32:$A$88,资产负债表!$A:$Q,2,0)",然后复制粘贴到 B88。然后修改公式的搜索列数为 3,即"=VLOOKUP($A$32:$A$88,资产负债表!$A:$Q,3,0)",对 C32 进行复制粘贴,并用鼠标拖曳至 C88。以此类推,一直复制粘贴到 Q 列,完成整个资产负债表科目的复制粘贴。(注意各行各业的资产负债表科目可能不一致,即使减去会计科目的前缀,仍会出现大量的"♯N/A"字样)

	A	B	C	D	E	F
1		宜华健康（000150）利润表（数据来源：同花顺。导入日期：？？？。数据日期：？？？）				
2		当年最新季度		去年同期		
3	科目\时间	2020-09-30	2019-12-31	2019-09-30	2018-12-31	2017-12-31
4	营业总收入(元)	2588118308.89	3,540,651,173	2,237,088,256	2,904,399,979	2,356,716,594
5	营业收入(元)	2,544,805,980	3,464,151,445	2,183,008,527	2,861,555,261	2,339,727,574
6	营业总成本(元)	2,356,427,200	3,375,196,300	2,125,236,800	2,608,862,900	2,032,104,300
7	营业成本(元)	250,989,600	370,663,200	191,941,800	188,260,400	162,027,600
8	营业税金及附加(元)	25,001,000	43,008,800	26,545,400	45,361,500	40,929,500
9	投资收益(元)	-8,242,501	22,513,651	25,170,559	21,989,521	20,082,035
10	联营企业和合营企业的投资收益(元)	-8,242,500	-9,965,500	-7,324,200	-8,722,700	-15,772,500
11	资产减值损失(元)	--	6,105,800	2,748,900	55,812,000	3,902,100
12	管理费用(元)	571,722,200	819,760,700	548,848,500	764,705,800	519,137,600
13	销售费用(元)	791,115,500	1,102,479,300	686,433,300	792,911,800	681,937,700
14	财务费用(元)	-466,500	24,719,000	34,638,300	26,094,800	
15	利息费用(元)	25,685,600	25,685,600	25,685,600	25,685,600	25,685,600
16	其他综合收益(元)	-3,133,900	-2,154,500	-1,402,500	21,559,200	-12,741,8
17	综合收益总额(元)	257,251,100	252,424,300	171,325,200	454,245,000	481,317,600
18	营业利润(元)	307,617,001	290,370,620	206,677,948	484,557,354	514,343,550
19	营业外收入(元)	476,500	833,100	2,051,400	2,555,900	23,810,400
20	营业外支出(元)	4,813,200	7,440,900	5,860,500	5,494,400	833,700
21	利润总额(元)	303,280,300	283,762,800	202,868,800	481,618,900	537,320,200
22	所得税费用(元)	42,895,188	29,184,041	30,141,641	48,933,095	43,260,771
23	净利润(元)	260,385,100	254,578,300	172,727,100	432,685,800	494,059,500
24	扣除非经常性损益后的净利润(元)	207,747,800	190,912,200	128,013,700	409,300,900	411,806,000
25	归属于母公司股东的综合收益总额(元)	226,644,200	232,917,500	157,446,700	460,636,200	459,502,400
26	归属于少数股东的综合收益总额(元)	30,607,000	19,506,800	13,878,500	-6,391,200	21,815,200

图 8-2-6　VLOOKUP 函数

（9）在 B93 单元格输入"=VLOOKUP（＄A＄93:＄A＄124,现金流量表!＄A:＄Q,2,0）",然后复制粘贴到 B124。然后修改公式的搜索列数为 3,即"=VLOOKUP（＄A＄93:＄A＄124,现金流量表!＄A:＄Q,3,0）",对 C93 进行复制粘贴,并用鼠标拖曳至 C124。以此类推,一直复制粘贴到 Q 列,完成整个现金流量表科目的复制粘贴。

（10）点击工作表最下方有圆圈的加号"新建工作表",并命名为"财务分析"（见图 8-2-7）。

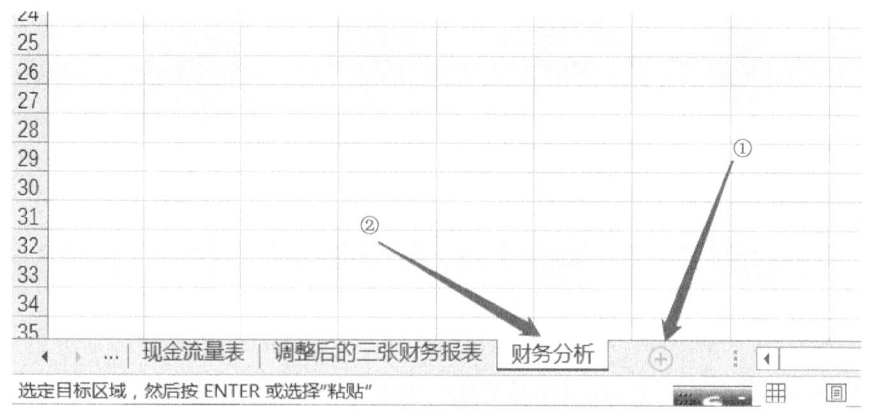

图 8-2-7　新建工作表

二、评判企业四方面能力——盈利能力、成长能力、偿债能力、运营能力

1. 合成表格

(1) 将评判上述四种能力的会计科目合成在一起,既可用使得引用方便,又能集中直观看其发展趋势。具体输入的单元格以及科目如图 8-2-8 所示。

	A
1	
2	
3	
4	营业收入
5	营业成本
6	营业利润
7	管理费用
8	销售费用
9	财务费用
10	利息费用
11	EBIT
12	税前利润
13	净利润
14	扣非后净利润
15	
16	总资产
17	流动资产总额
18	现金
19	有价证券
20	应收账款
21	存货
22	固定资产
23	总负债
24	流动负债
25	长期借款
26	股东权益（净资产）
27	
28	经营现金流量净额
29	投资现金流量净额
30	现金净流量（现金及现金等价物净增加额）
31	

图 8-2-8　会计科目合成

(2) 在 C3 单元格输入"＝调整后的三张财务报表!B3",然后复制粘贴到 R3（见图 8-2-9）。

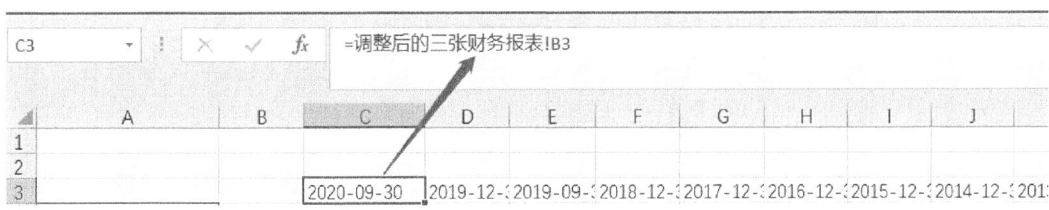

图 8-2-9　输入单元格内容(1)

（3）在 C4 单元格输入"＝调整后的三张财务报表!B5"，将鼠标放在单元格的右下角，当空心十字变成实心十字时，向右拖曳至 R4，对应营业收入（见图 8-2-10）。

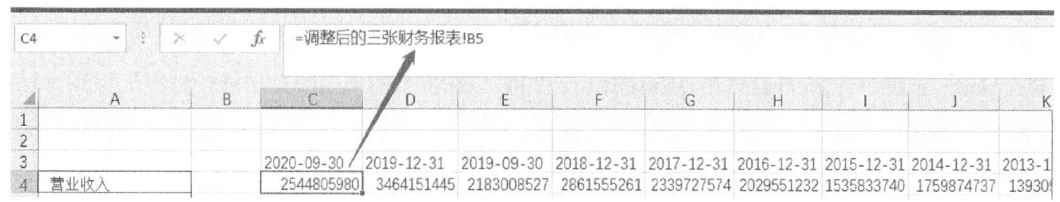

图 8-2-10　输入单元格内容(2)

（4）在 C5 单元格输入"＝调整后的三张财务报表!B7"，将鼠标放在单元格的右下角，当空心十字变成实心十字时，向右拖曳至 R5，对应营业成本。

在 C6 单元格输入"＝调整后的三张财务报表!B18"，将鼠标放在单元格的右下角，当空心十字变成实心十字时，向右拖曳至 R6，对应营业利润。

在 C7 单元格输入"＝调整后的三张财务报表!B12"，对应管理费用。

在 C8 单元格输入"＝调整后的三张财务报表!B13"，将鼠标放在单元格的右下角，当空心十字变成实心十字时，向右拖曳至 R8，对应销售费用。

在 C9 单元格输入"＝调整后的三张财务报表!B14"，将鼠标放在单元格的右下角，当空心十字变成实心十字时，向右拖曳至 R9，对应财务费用。

在 C10 单元格输入"＝调整后的三张财务报表!B15"，将鼠标放在单元格的右下角，当空心十字变成实心十字时，向右拖曳至 R10，对应利息费用。

在 C11 单元格输入"＝C12＋C10"，将鼠标放在单元格的右下角，当空心十字变成实心十字时，向右拖曳至 R11，对应 EBIT（息税前收入）。

在 C12 单元格输入"＝调整后的三张财务报表!B21"，将鼠标放在单元格的右下角，当空心十字变成实心十字时，向右拖曳至 R12，对应税前利润。

在 C13 单元格输入"＝调整后的三张财务报表!B23"，将鼠标放在单元格的右下角，当空心十字变成实心十字时，向右拖曳至 R13，对应净利润。

在 C14 单元格输入"＝调整后的三张财务报表!B24"，将鼠标放在单元格的右下角，当空心十字变成实心十字时，向右拖曳至 R14，对应扣非后净利润。

在 C16 单元格输入"＝调整后的三张财务报表!B58"，将鼠标放在单元格的右下角，当空心十字变成实心十字时，向右拖曳至 R16，对应总资产。

在 C17 单元格输入"＝调整后的三张财务报表!B44"，将鼠标放在单元格的右下角，当空心十字变成实心十字时，向右拖曳至 R17，对应流动资产总额。

在 C18 单元格输入"＝调整后的三张财务报表!B33"，将鼠标放在单元格的右下角，当空心十字变成实心十字时，向右拖曳至 R18，对应现金。

在 C19 单元格输入"＝调整后的三张财务报表!B34"，将鼠标放在单元格的右下角，当空心十字变成实心十字时，向右拖曳至 R19，对应有价证券。

在 C20 单元格输入"＝调整后的三张财务报表!B36"，将鼠标放在单元格的右下角，当空心十字变成实心十字时,向右拖曳至 R20,对应应收账款。

在 C21 单元格输入"=调整后的三张财务报表!B41",将鼠标放在单元格的右下角,当空心十字变成实心十字时,向右拖曳至 R21,对应存货。

在 C22 单元格输入"=调整后的三张财务报表!B49",将鼠标放在单元格的右下角,当空心十字变成实心十字时,向右拖曳至 R22,对应固定资产。

在 C23 单元格输入"=调整后的三张财务报表!B79",将鼠标放在单元格的右下角,当空心十字变成实心十字时,向右拖曳至 R23,对应总负债。

在 C24 单元格输入"=调整后的三张财务报表!B71",将鼠标放在单元格的右下角,当空心十字变成实心十字时,向右拖曳至 R24,对应流动负债。

在 C25 单元格输入"=调整后的三张财务报表!B72",将鼠标放在单元格的右下角,当空心十字变成实心十字时,向右拖曳至 R25,对应长期借款。

在 C26 单元格输入"=调整后的三张财务报表!B87",将鼠标放在单元格的右下角,当空心十字变成实心十字时,向右拖曳至 R26,对应股东权益(净资产)。

在 C28 单元格输入"=调整后的三张财务报表!B100",将鼠标放在单元格的右下角,当空心十字变成实心十字时,向右拖曳至 R28,对应经营现金流量净额。

在 C29 单元格输入"=调整后的三张财务报表!B109",将鼠标放在单元格的右下角,当空心十字变成实心十字时,向右拖曳至 R29,对应投资现金流量净额。

在 C30 单元格输入"=调整后的三张财务报表!B122",将鼠标放在单元格的右下角,当空心十字变成实心十字时,向右拖曳至 R30,对应现金净流量(现金及现金等价物净增加额)。

(5)在 A 列建立财务指标,具体单元格位置和比率名称如图 8-2-11 所示。

图 8-2-11　建立财务指标

2. 盈利能力

在 C43 填入"=C13",将鼠标放在单元格的右下角,当空心十字变成实心十字时,向右拖曳至 R43,表示净利润规模。

在C44填入"=(C4-C5)/C4",将鼠标放在单元格的右下角,当空心十字变成实心十字时,向右拖曳至R44,表示销售毛利率。

在C45填入"=C12/(C5+C7+C8+C9)",将鼠标放在单元格的右下角,当空心十字变成实心十字时,向右拖曳至R45,表示成本费用利润率。

在C46填入"=C11/C4",将鼠标放在单元格的右下角,当空心十字变成实心十字时,向右拖曳至R46,表示EBIT/营业总收入。

在C47填入"=C13/C4",将鼠标放在单元格的右下角,当空心十字变成实心十字时,向右拖曳至R47,表示净利率。

在C48填入"=C13/((C16+E16)/2)",将鼠标放在单元格的右下角,当空心十字变成实心十字时,向右拖曳至R48,表示总资产净利率。

在C49填入"=C13/C26",将鼠标放在单元格的右下角,当空心十字变成实心十字时,向右拖曳至R49,表示净资产收益率。

在C50填入"=C14/C26",将鼠标放在单元格的右下角,当空心十字变成实心十字时,向右拖曳至R50,表示扣非后净资产收益率。

3. 成长能力

(1) 计算同比增长率:

在C58输入"=C4/E4-1",将鼠标放在单元格的右下角,当空心十字变成实心十字时,向右拖曳至R58,表示营业收入增长率(同比)。

在C60输入"=C6/E6-1",将鼠标放在单元格的右下角,当空心十字变成实心十字时,向右拖曳至R60,表示营业利润增长率(同比)。

在C62输入"=C13/E13-1",将鼠标放在单元格的右下角,当空心十字变成实心十字时,向右拖曳至R62,表示净利润增长率(同比)。

在C64输入"=C14/E14-1",将鼠标放在单元格的右下角,当空心十字变成实心十字时,向右拖曳至R64,表示扣非后净利润增长率(同比)。

(2) 计算三年符合增长率,由于C列和E列都是当季数据,只有两期,所以不纳入计算范围。

在D59输入"=(D4/H4)^(1/3)-1";在F59输入"=(F4/J4)^(1/3)-1";将鼠标放在单元格的右下角,当空心十字变成实心十字时,向右拖曳至R59。

在D61输入"=(D6/H6)^(1/3)-1";在F61输入"=(F6/I6)^(1/3)-1";将鼠标放在单元格的右下角,当空心十字变成实心十字时,向右拖曳至R61。

在D63输入"=(D13/H13)^(1/3)-1";在F63输入"=(F13/I13)^(1/3)-1";将鼠标放在单元格的右下角,当空心十字变成实心十字时,向右拖曳至R63。

在D65输入"=(D14/H14)^(1/3)-1";在F65输入"=(F14/I14)^(1/3)-1";将鼠标放在单元格的右下角,当空心十字变成实心十字时,向右拖曳至R65。

(3) 在C66输入"=C16/E16-1",将鼠标放在单元格的右下角,当空心十字变成实心十字时,向右拖曳至R66,表示总资产增长率(同比)。

在C67输入"=C26/E26-1",将鼠标放在单元格的右下角,当空心十字变成实心十字时,向右拖曳至R67,表示资本积累率。

在C68输入"=C22/E22-1",将鼠标放在单元格的右下角,当空心十字变成实心十字时,向右拖曳至R68,表示固定资产投资扩张率。

4. 偿债能力

在C80输入"=C17/C24",将鼠标放在单元格的右下角,当空心十字变成实心十字时,向右拖曳至R80,表示流动比率。

在C81输入"=(C17-C21)/C24",将鼠标放在单元格的右下角,当空心十字变成实心十字时,向右拖曳至R80,表示速动比率。

在C82输入"=(C18+C19)/C24",将鼠标放在单元格的右下角,当空心十字变成实心十字时,向右拖曳至R82,表示现金比率。

在C83输入"=C28/C24",将鼠标放在单元格的右下角,当空心十字变成实心十字时,向右拖曳至R83,表示现金流动比率。

在C84输入"=C23/C16",将鼠标放在单元格的右下角,当空心十字变成实心十字时,向右拖曳至R84,表示资产负债率。

在C85输入"=C23/C26",将鼠标放在单元格的右下角,当空心十字变成实心十字时,向右拖曳至R85,表示产权比率。

在C86输入"=C11/C10",将鼠标放在单元格的右下角,当空心十字变成实心十字时,向右拖曳至R86,表示利息保障倍数。

在C87输入"=(C12/C11)*(C16/C26)",将鼠标放在单元格的右下角,当空心十字变成实心十字时,向右拖曳至Q87,表示复合杠杆因数。。

5. 运营能力

在C96输入"=C4/((C20+D20)/2)",将鼠标放在单元格的右下角,当空心十字变成实心十字时,向右拖曳至R96,表示应收账款周转率。

在C97输入"=C5/((C21+D21)/2)",将鼠标放在单元格的右下角,当空心十字变成实心十字时,向右拖曳至R97,表示存货周转率。

在C98输入"=C4/((C17+D17)/2)",将鼠标放在单元格的右下角,当空心十字变成实心十字时,向右拖曳至R98,表示流动资产周转率。

在C99输入"=C4/((C22+D22)/2)",将鼠标放在单元格的右下角,当空心十字变成实心十字时,向右拖曳至R99,表示固定资产周转率。

在C100输入"=C4/((C16+D16)/2)",将鼠标放在单元格的右下角,当空心十字变成实心十字时,向右拖曳至R100,表示总资产周转率。

在C101输入"=C25/C26",将鼠标放在单元格的右下角,当空心十字变成实心十字时,向右拖曳至R101,表示长期负债权益比率。

在C102输入"=C28/C4",将鼠标放在单元格的右下角,当空心十字变成实心十字时,向右拖曳至R102,表示销售现金比率。

在C103输入"=C30/C13",将鼠标放在单元格的右下角,当空心十字变成实心十字时,向右拖曳至R103,表示净利润现金含量。

在C104输入"＝C28/C13",将鼠标放在单元格的右下角,当空心十字变成实心十字时,向右拖曳至R104,表示盈余现金保障倍数。

三、杜邦分析

(1)本书采用博迪教材所推的杜邦分析五要素,即把ROE分解成:利润率、利息负担、资产周转率、杠杆比率、税务负担。在A列输入相关指标(见图8-2-12)。

(2)在C116输入"＝C11/C4",将鼠标放在单元格的右下角,当空心十字变成实心十字时,向右拖曳至R116,表示利润率公式＝EBIT/销售收入,是毛利率。

在C117输入"＝C12/C11",将鼠标放在单元格的右下角,当空心十字变成实心十字时,向右拖曳至R117,表示税前利润/EBIT,由于数值越大,表示利息负担越小,所以我们插入一行,用1减去该值,这样便于理解。

在C118输入"＝1－C117",将鼠标放在单元格的右下角,当空心十字变成实心十字时,向右拖曳至R118,表示利息负担,数字越大,利息负担越高。

图8-2-12 杜邦分析五要素

在C119输入"＝C4/C16",将鼠标放在单元格的右下角,当空心十字变成实心十字时,向右拖曳至R119,表示销售收入/资产,是资产周转率。

在C120输入"＝C12/C11",将鼠标放在单元格的右下角,当空心十字变成实心十字时,向右拖曳至R120,表示资产/权益,为杠杆比率。

在C121输入"＝C13/C12",将鼠标放在单元格的右下角,当空心十字变成实心十字时,向右拖曳至R121,表示净利润/税前利润。

在C122输入"＝1－C121",将鼠标放在单元格的右下角,当空心十字变成实心十字时,向右拖曳至R122,表示税收负担,数字越大,税收负担越高。

(3)在C115输入"＝C116＊C117＊C119＊C120＊C121",将鼠标放在单元格的右下角,当空心十字变成实心十字时,向右拖曳至R115,得出ROE,和C49的数值一致。

练 习 题

1. 一家公司过去两年股票的真实投资回报率分别为14.6%和11.9%,通货膨胀率分别为3.5%和2.4%。在过去3年,这家公司股票的每股股息分别是15.92美元、16.23美元和17.36美元。未来5年,预计这家公司的真实ROI会逐渐降低。长期预测估计这家公司的真实ROI会降到公司每年6.2%的真实贴现率水平。这家公司的政策是保留34%的收入,并将余下的作为股息发放。预计未来的通货膨胀率为每年4.1%。请建立一个两期的股息贴现模型,并利用它计算这家公司的每股内在价值。

2. 建立股贴现模型的动态图,并使用它进行瞬时实验,以验证改变各个输入量是否会增加或减少这家公司的每股内在价值,以及增加或减少的量为多少?

(1) 通货膨胀率提高会带来什么变化?

(2) 收益留存比率提高会带来什么变化?

3. 有一家公司的净利润为82万元,税前利润为153万元,ERIT为583万元,销售收入为3 740万元,资产为5 460万元,股东权益为7 230万元。计算该公司的ROE并利用杜邦系统分解ROE。

第九章 期货交易实验

期货是在交易所进行交易的标准化线性衍生品,主要包括商品期货和股指期货、国债期货等金融期货,可以用来投机、套期保值等。

本章主要涉及期货的开仓、盈亏结算和定价等内容。

第一节 开仓交易与盯市结算

对开仓来说,需要的基本计算是给定一定的初始保证金,按一定比例开仓,根据开仓时的期货价格,计算能够开仓多少手。

开仓后的持有期间,期货每日有盈亏结算,这会对保证金余额产生影响(有时候需要追缴保证金)。到平仓时,可以计算持有期间的总体盈亏。

本节忽略交易费用,以商品期货和金融期货中的股指期货为例说明相关计算。

一、商品期货

商品期货交易涉及一些基本概念,比如交易单位、报价单位、最小价位变动、最大波动限制等,如表 9-1-1 所示的上海期货交易所的铜期货合约。

表 9-1-1 上海期货交易所阴极铜期货合约

交易品种	阴极铜
交易单位	5 吨/手
报价单位	元(人民币)/吨
最小变动价位	10 元/吨
涨跌停板幅度	上一交易日结算价±3%
合约月份	1~12 月
交易时间	上午 9:00~11:30,下午 13:30~15:00 和交易所规定的其他交易时间
最后交易日	合约月份的 15 日(遇国家法定节假日顺延,春节月份等最后交易日交易所可另行调整并通知)
交割日期	最后交易日后连续三个工作日
交割品级	标准品:阴极铜,符合国标 GB/T467—2010 中 1 号标准铜(Cu-CATH-2)规定,其中主成分铜加银含量不小于 99.95% 替代品:阴极铜,符合国标 GB/T467—2010 中 A 级铜(Cu-CATH-1)规定;或符合 BS EN 1978:1998 中 A 级铜(Cu-CATH-1)规定

(续表)

交割地点	交易所指定交割仓库
最低交易保证金	合约价值的5%
交割方式	实物交割
交割单位	25 吨
交易代码	CU
上市交易所	上海期货交易所

资料来源：上海期货交易所网站。

（一）开仓

假设交易者初始保证金为 R，在某日买入（卖出）铜期货合约，如果开仓价格为 F，保证金使用比例为 θ，ϕ 为最低保证金比例，η 为交易单位（每手包含的商品吨数），则可以开仓的手数计算公式为：

$$N = \text{INT}\left(\frac{R\theta}{\phi\eta F}\right)$$

其中 INT 表示取整。以沪铜合约为例，开仓时计算所需的参数如表 9-1-2 所示。

表 9-1-2　铜期货合约开仓交易实验参数

参数	取值
初始保证金（R）	1 000 000
开仓保证金使用比例（θ）	50%
最低保证金比例（ϕ）	5%
交易单位（η）	5 吨/手

如果以第一天的收盘价格建仓，则 Excel 中建仓时期货价格 F 如图 9-1-1 所示设置。

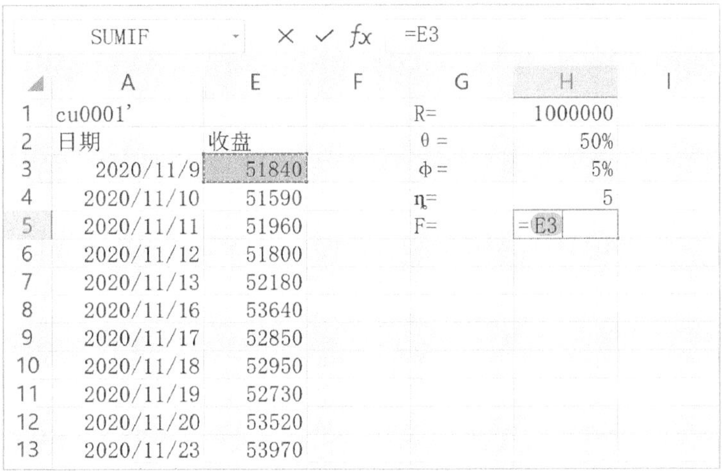

图 9-1-1　铜期货开仓交易参数设置

然后，根据上述公式计算所需开仓的手数（如图 9-1-2 所示）。

SUMIF × ✓ fx =INT(H1*H2/(H3*H4*H5))

	A	E	F	G	H	I	L
1	cu0001'			R=	1000000		
2	日期	结算价		θ =	50%		
3	2020/11/9	51840		φ =	5%		
4	2020/11/10	51590		η=	5		
5	2020/11/11	51960		F=	51840		
6	2020/11/12	51800					
7	2020/11/13	52180		N=	=INT(H1*H2/(H3*H4*H5))		
8	2020/11/16	53640			INT（数 ）		
9	2020/11/17	52850					
10	2020/11/18	52950					
11	2020/11/19	52730					

图 9-1-2　铜期货开仓交易手数计算

（二）盯市

接下来逐日结算，计算保证金余额的变动。对开多仓来说，交易首日的保证金余额变化变动为"（首日结算价－开仓价格）×开仓手数×交易单位"，以后各日的保证金余额变化则为"（当日结算价－前日结算价）×开仓手数×交易单位"（见图 9-1-3）。

SUMIF × ✓ fx =(E4-E3)*$H$7*$H$4

	A	E	F	G	H	I	J	M
1	cu0001'			R=	1000000		盯市	
2	日期	结算价		θ =	50%		保证金余额变动	
3	2020/11/9	51840		φ =	5%		0	
4	2020/11/10	51590		η=	5		=(E4-E3)*$H$7*$H$4	
5	2020/11/11	51960		F=	51840		70300	
6	2020/11/12	51800					-30400	
7	2020/11/13	52180		N=	38		72200	
8	2020/11/16	53640					277400	
9	2020/11/17	52850					-150100	
10	2020/11/18	52950					19000	
11	2020/11/19	52730					-41800	
12	2020/11/20	53520					150100	

图 9-1-3　计算保证金余额变动

对开空仓的交易来说，各日的保证金余额变动与开多仓的计算结果符号相反即可。

交易首日的保证金余额为"初始保证金＋首日保证金余额变动"；以后各日的保证金余额为"前日保证金余额＋当日保证金余额变动"（见图 9-1-4）。

最后，计算每日的期货头寸对保证金的占用，目的是看保证金余额是否足够。持有期货合约需要的保证金为"期货结算价×持仓手数×交易单位×最低保证金比例"（见图 9-1-5）。需要说明的是，如果交易者的保证金余额低于持仓期货合约所需的保证金余额，需要追缴保证金，否则将被强行平仓。

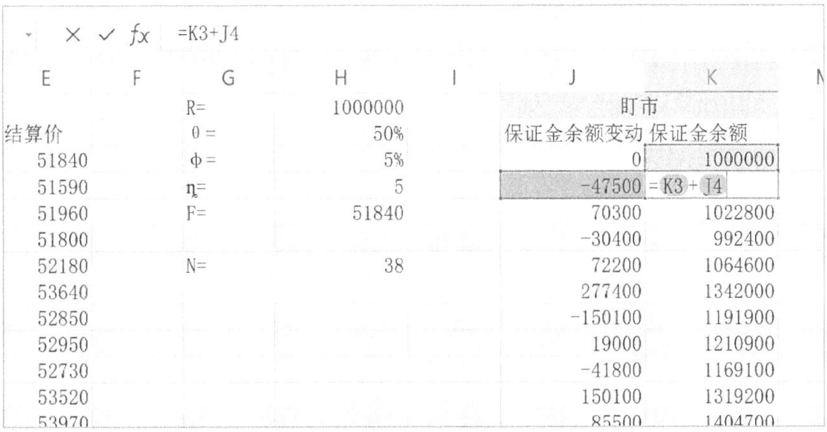

=K3+J4

E	F	G	H	I	J	K
		R=	1000000		盯市	
结算价		θ =	50%		保证金余额变动	保证金余额
51840		ф =	5%		0	1000000
51590		η=	5		-47500	=K3+J4
51960		F=	51840		70300	1022800
51800					-30400	992400
52180		N=	38		72200	1064600
53640					277400	1342000
52850					-150100	1191900
52950					19000	1210900
52730					-41800	1169100
53520					150100	1319200
53970					85500	1404700

图 9-1-4　计算保证金余额

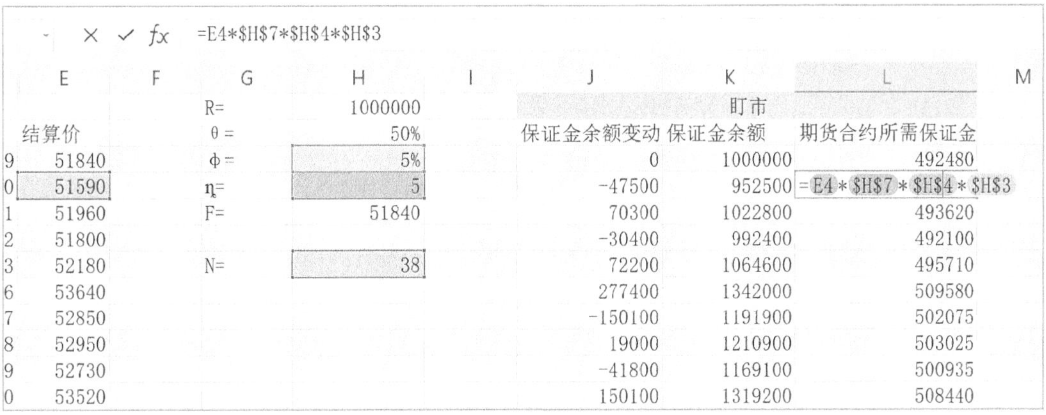

=E4*$H$7*$H$4*$H$3

	E	F	G	H	I	J	K	L	M
			R=	1000000			盯市		
	结算价		θ =	50%		保证金余额变动	保证金余额	期货合约所需保证金	
9	51840		ф =	5%		0	1000000	492480	
0	51590		η=	5		-47500	952500	=E4*$H$7*$H$4*$H$3	
1	51960		F=	51840		70300	1022800	493620	
2	51800					-30400	992400	492100	
3	52180		N=	38		72200	1064600	495710	
6	53640					277400	1342000	509580	
7	52850					-150100	1191900	502075	
8	52950					19000	1210900	503025	
9	52730					-41800	1169100	500935	
0	53520					150100	1319200	508440	

图 9-1-5　持仓所需保证金

二、股指期货

目前中国大陆地区有股指期货三种：沪深 300、中证 500 与上证 50，交易原理基本一致。我们以沪深 300 股指期货为例进行相关计算说明，其合约条款如表 9-1-3 所示。

表 9-1-3　沪深 300 股指期货合约

合约标的	沪深 300 指数	最低交易保证金	合约价值的 8%
合约乘数	每点 300 元	最后交易日	合约到期月份的第三个周五，遇国家法定假日顺延
报价单位	指数点	交割日期	同最后交易日
最小变动价位	0.2 点	交割方式	现金交割
合约月份	当月、下月及随后两个季月	交易代码	IF

(续表)

合约标的	沪深300指数	最低交易保证金	合约价值的8%
交易时间	9:30～11:30，13:00～15:00	上市交易所	中国金融期货交易所
每日价格最大波动限制	上一个交易日结算价的±10%		

资料来源：中国金融期货交易所网站。

（一）开仓

假设开仓 N 手，则需要的保证金计算公式为：

$$最低保证金 = 合约手数 \times 股指期货报价 \times 合约乘数 \times 保证金比率$$

反过来，给出一定的保证金 R 以及其允许开仓占用保证金的比例，也可以计算出最多能开仓的合约手数，计算公式为：

$$开仓手数 = \text{INT}\left(\frac{保证金 \times 允许开仓占用的保证金比例}{股指期货报价 \times 合约乘数 \times 最低保证金比例}\right)$$

对沪深300股指期货，其合约乘数为300，最低保证金比例为12%，假设初始保证金为100万元，交易者一开始允许50%的保证金予以占用，则开多仓买入期货合约的手数计算如图9-1-6所示。

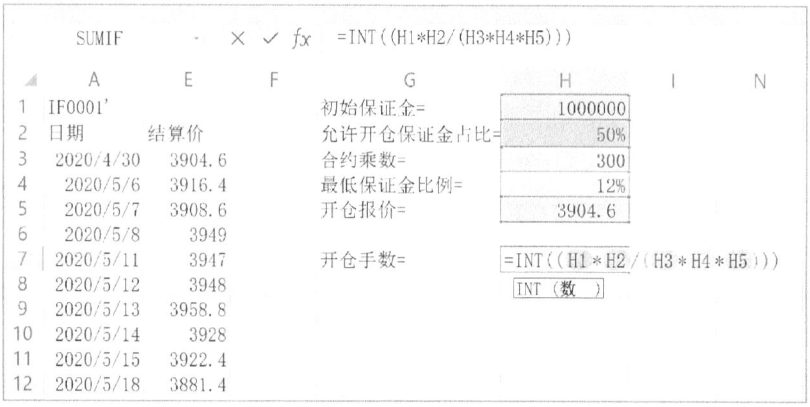

图9-1-6　股指期货开仓手数计算

（二）盯市

接下来逐日结算，计算每日保证金余额的变动。对开多仓来说，交易首日的保证金余额变化变动为"（首日结算价－开仓价格）×开仓手数×合约乘数"，以后各日的保证金余额变化则为"（当日结算价－前日结算价）×开仓手数×合约乘数"（见图9-1-7）。

与商品期货相似，对开空仓的股指期货交易来说，各日的保证金余额变动与开多仓的计算结果符号相反即可。

SUMIF　　fx　=(E4-E3)*$H$7*$H$3

	A	E	F	G	H	I	J	M
1	IF0001'			初始保证金=	1000000		盯市	
2	日期	结算价		允许开仓保证金占比=	50%		Δ保证金余额	
3	2020/4/30	3904.6		合约乘数=	300		0	
4	2020/5/6	3916.4		最低保证金比例=	12%		=(E4-E3)*$H$7*$H$3	
5	2020/5/7	3908.6		开仓报价=	3904.6		-7019.82	
6	2020/5/8	3949					36359.91	
7	2020/5/11	3947		开仓手数=	3		-1800	
8	2020/5/12	3948					900	
9	2020/5/13	3958.8					9720	
10	2020/5/14	3928					-27720	
11	2020/5/15	3922.4					-5040.09	
12	2020/5/18	3881.4					-36900	

图 9-1-7　股指期货保证金变动计算

交易首日的保证金余额为“初始保证金＋首日保证金余额变动”；以后各日的保证金余额为“前日保证金余额＋当日保证金余额变动”（见图 9-1-8）。

SUMIF　　fx　=K3+J4

	A	E	F	G	H	I	J	K
1	IF0001'			初始保证金=	1000000		盯市	
2	日期	结算价		允许开仓保证金占比=	50%		Δ保证金余额	保证金余额
3	2020/4/30	3904.6		合约乘数=	300		0	1000000
4	2020/5/6	3916.4		最低保证金比例=	12%		10619.82	=K3+J4
5	2020/5/7	3908.6		开仓报价=	3904.6		-7019.82	1003600
6	2020/5/8	3949					36359.91	1039959.91
7	2020/5/11	3947		开仓手数=	3		-1800	1038159.91
8	2020/5/12	3948					900	1039059.91
9	2020/5/13	3958.8					9720	1048779.91
10	2020/5/14	3928					-27720	1021059.91
11	2020/5/15	3922.4					-5040.09	1016019.82
12	2020/5/18	3881.4					-36900	979119.82

图 9-1-8　股指期货保证金余额计算

最后计算每日的期货持仓头寸对保证金的占用，持有期货合约需要的保证金为“期货结算价×持仓手数×合约乘数×最低保证金比例”（见图 9-1-9）。如果交易者的保证金余额低于持仓期货合约所需的保证金余额，需要追缴保证金，否则将被强行平仓，从图 9-1-9 中可以看出，本算例中的保证金余额高于持仓所需的最低保证金，因此不涉及追缴保证金的问题。

fx　=$H$7*$H$3*E4*$H$4

E	F	G	H	I	J	K	L	M
		初始保证金=	1000000			盯市		
结算价		允许开仓保证金占比=	50%		Δ保证金余额	保证金余额	持仓最低保证金	
3904.6		合约乘数=	300		0	1000000	421696.8108	
3916.4		最低保证金比例=	12%		10619.82	1010619.82	=$H$7*$H$3*E4*$H$4	
3908.6		开仓报价=	3904.6		-7019.82	1003600	422128.8108	
3949					36359.91	1039959.91	426492	
3947		开仓手数=	3		-1800	1038159.91	426276	
3948					900	1039059.91	426384	
3958.8					9720	1048779.91	427550.4	
3928					-27720	1021059.91	424224	
3922.4					-5040.09	1016019.82	423619.1892	
3881.4					-36900	979119.82	419191.1892	

图 9-1-9　股指期货持仓最低保证金计算

第二节　期货定价

在标的资产无收益、无交易费用的等市场摩擦条件下，期货价格 F 和现货价格 S 之间存在着无套利定价关系，其计算公式为：

$$F = Se^{r\tau}$$

式中：r ——连续复利型的无风险利率；

τ ——期货剩余期限。

【例 9-2-1】 给定年利率 5%，剩余期限和现货价格如图 9-2-1 中 A、B 两列所示，计算对应的期货价格。

解：

方法是直接利用上述公式进行计算，图 9-2-1 中，当剩余期限为 12 月时，期货价格为“B5 * EXP(A5/12 * $B$1)”，B5 为现货价格，A5 为剩余期限(月)，B1 为年利率，Excel 函数 EXP(x)为 e^x，锁定年利率，用下拉方式即可计算不同剩余期限的期货价格。

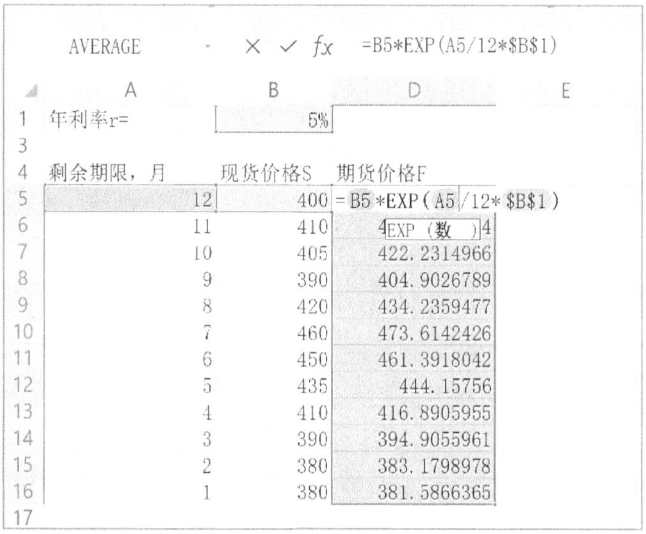

AVERAGE　×　✓　fx　=B5*EXP(A5/12*$B$1)

	A	B	D	E
1	年利率r=	5%		
3				
4	剩余期限，月	现货价格S	期货价格F	
5	12	400	=B5*EXP(A5/12*$B$1)	
6	11	410	4 EXP（数 ）4	
7	10	405	422.2314966	
8	9	390	404.9026789	
9	8	420	434.2359477	
10	7	460	473.6142426	
11	6	450	461.3918042	
12	5	435	444.15756	
13	4	410	416.8905955	
14	3	390	394.9055961	
15	2	380	383.1798978	
16	1	380	381.5866365	
17				

图 9-2-1　无市场摩擦条件下的期货价格计算

但是，现实市场中存在着摩擦，一是持有标的商品(现货)需要支付仓储成本；二是商品期货交易有手续费；三是借入和贷出利率不相同的情况。此外还可能产生其他费用，这些会对商品期货的定价造成一定的影响，我们从以下几个方面进行说明。

(一) 仓储成本

假设 1 单位商品现货 1 年需要的储藏成本为 U，在年初支付，那么对以年计的仓储期限 τ，单位现货需要支付的成本为 τU，则期货价格计算公式为：

$$F(\tau) = (S + \tau U)e^{r\tau}$$

【例 9-2-2】 接例 9-2-1 的数据，给定现货仓储成本 $U=10$，期初支付。计算不同剩余期限的期货价格。

解：

(1) 计算在各剩余期限之初需要支付的仓储成本 τU，计算方法为“期货剩余期限(月)/12×年仓储成本”(见图 9-2-2)。

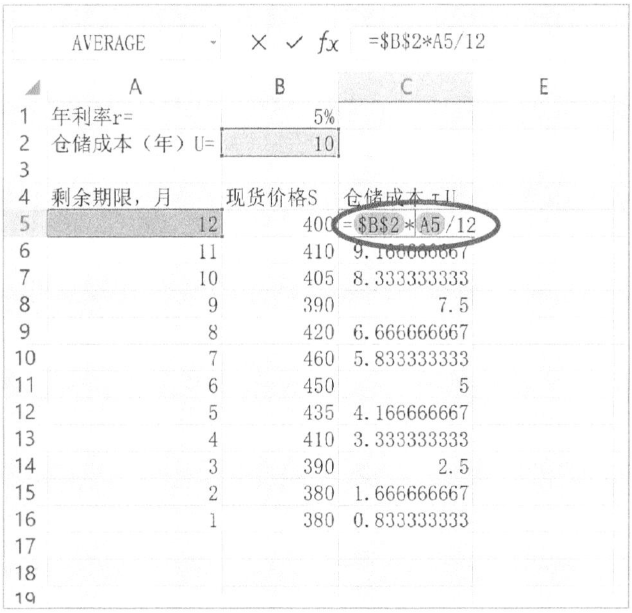

AVERAGE　×　✓　fx　=$B$2*A5/12

	A	B	C	E
1	年利率r=	5%		
2	仓储成本（年）U=	10		
3				
4	剩余期限，月	现货价格S	仓储成本 τU	
5	12	400	=$B$2*A5/12	
6	11	410	9.166666667	
7	10	405	8.333333333	
8	9	390	7.5	
9	8	420	6.666666667	
10	7	460	5.833333333	
11	6	450	5	
12	5	435	4.166666667	
13	4	410	3.333333333	
14	3	390	2.5	
15	2	380	1.666666667	
16	1	380	0.833333333	
17				
18				

图 9-2-2　仓储成本

(2) 计算期货价格(见图 9-2-3)。与图 9-2-1 相比，图 9-2-3 中的期货价格多了仓储成本的影响。

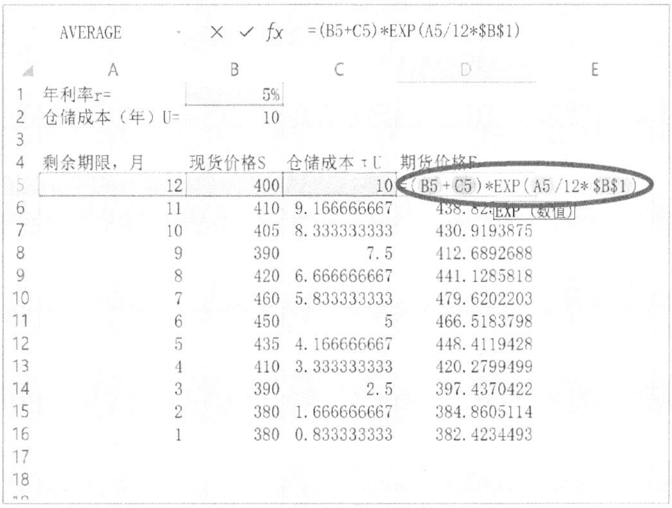

AVERAGE　×　✓　fx　=(B5+C5)*EXP(A5/12*$B$1)

	A	B	C	D	E
1	年利率r=	5%			
2	仓储成本（年）U=	10			
3					
4	剩余期限，月	现货价格S	仓储成本 τU	期货价格F	
5	12	400	10	=(B5+C5)*EXP(A5/12*$B$1)	
6	11	410	9.166666667	438.82 EXP（数值）	
7	10	405	8.333333333	430.9193875	
8	9	390	7.5	412.6892688	
9	8	420	6.666666667	441.1285818	
10	7	460	5.833333333	479.6202203	
11	6	450	5	466.5183798	
12	5	435	4.166666667	448.4119428	
13	4	410	3.333333333	420.2799499	
14	3	390	2.5	397.4370422	
15	2	380	1.666666667	384.8605114	
16	1	380	0.833333333	382.4234493	
17					
18					

图 9-2-3　仓储成本与商品期货价格

（二）交易费用

如果在无摩擦市场中考虑期货的交易费用，则无套利条件为一定的价格区间，此时期货价格和现货价格之间不再是一一对应关系：给定现货价格，合理的期货价格可以在一定的区间内浮动。

假设交易费用为现货价格的一定比例，记为 YS，不考虑仓储成本的情况下，期货价格满足：

$$S(1-Y)e^{r\tau} \leqslant F \leqslant S(1+Y)e^{r\tau}$$

式中：S ——现货价格；

F ——期货价格；

r ——无风险连续复利率；

τ ——期货剩余期限。

【例 9-2-3】 接例 9-2-1，假设交易费率为 3%，计算期货价格上下限。

解：

在下限第一笔数据空格中输入“=B5 *(1-$B$2)* EXP(A5 / 12 * $B$1)”，回车即可得到数据。锁定 B2 和 B1，通过下拉计算方式可得所有的期货价格下限（见图 9-2-4）。

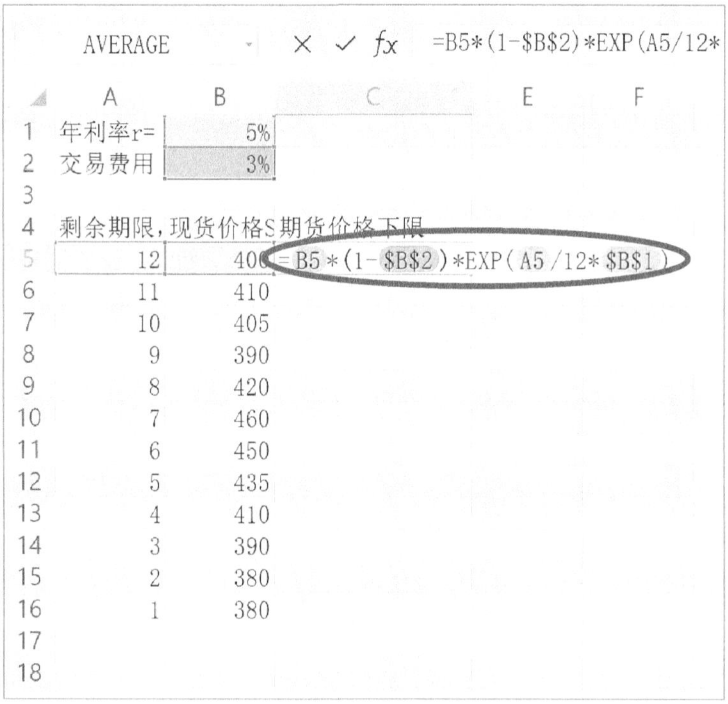

AVERAGE　=B5*(1-$B$2)*EXP(A5/12*

	A	B	C
1	年利率r=	5%	
2	交易费用	3%	
3			
4	剩余期限	现货价格S	期货价格下限
5	12	400	=B5*(1-$B$2)*EXP(A5/12*$B$1)
6	11	410	
7	10	405	
8	9	390	
9	8	420	
10	7	460	
11	6	450	
12	5	435	
13	4	410	
14	3	390	
15	2	380	
16	1	380	
17			
18			

图 9-2-4　交易费用与期货价格下限

在上限第一笔数据空格中输入“=B5 *(1 + B2) * EXP(A5 / 12 *B1)”，回车即可得到数据。锁定 B2 和 B1，通过下拉计算方式可得所有的期货价格上限（见图 9-2-5）。

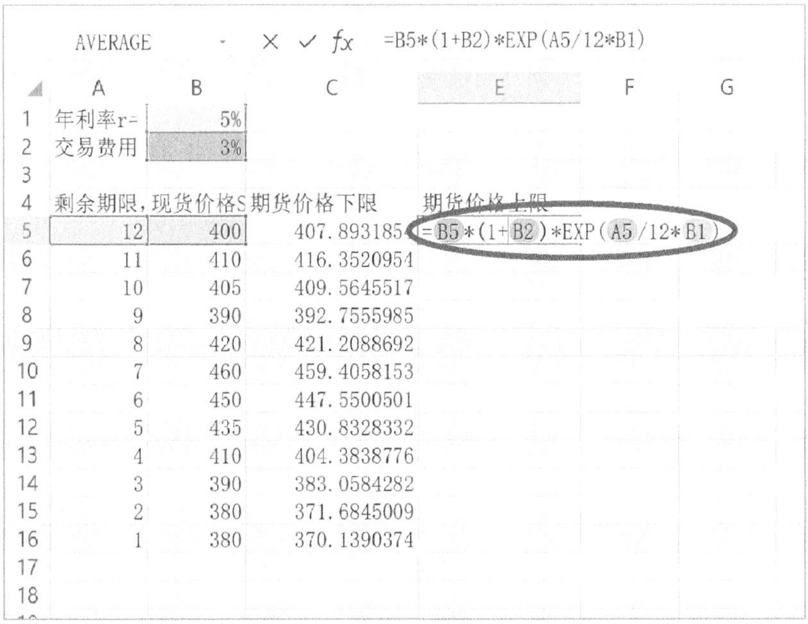

AVERAGE　× ✓ fx　=B5*(1+B2)*EXP(A5/12*B1)

	A	B	C	E
1	年利率r=	5%		
2	交易费用	3%		
3				
4	剩余期限	现货价格S	期货价格下限	期货价格上限
5	12	400	407.893185	=B5*(1+B2)*EXP(A5/12*B1)
6	11	410	416.3520954	
7	10	405	409.5645517	
8	9	390	392.7555985	
9	8	420	421.2088692	
10	7	460	459.4058153	
11	6	450	447.5500501	
12	5	435	430.8328332	
13	4	410	404.3838776	
14	3	390	383.0584282	
15	2	380	371.6845009	
16	1	380	370.1390374	
17				
18				

图 9-2-5　交易费用与期货价格上限

（三）借贷利率不等

完美的金融市场中，借贷利率没有差异，但在现实市场中，对同一个交易者，其借入资金的利率 r_b 和贷出资金的利率 r_l 会有差别，这对期货定价会有影响：

$$S(1-Y)e^{r_l\tau} \leqslant F \leqslant S(1+Y)e^{r_b\tau}$$

式中：F ——股指期货价格；

S ——指数；

r ——无风险利率；

τ ——期货期限；

Y ——交易费利率（不考虑时设其为 0）。

【例 9-2-4】 接例 9-2-1 的现货价格和交易费率数据，假设交易者借入资金的利率 $r_b=5\%$，贷出利率为 $r_b=4\%$，计算期货价格的上下限。

解：

(1) 计算期货价格下限。如图 9-2-6 所示，在 C4 中输入“=B5 *(1 −B2)*EXP(A5 / 12 *E1)”，回车即可计算剩余期限为 A5、贷出利率为 E1、交易费用为 B2、现货价格为 B5 的期货价格。锁定 B2 和 E1，用下拉方法可以计算。

(2) 计算期货价格上限。如图 9-2-7 所示，在 D5 中输入“=B5 *(1 + $B$2)*EXP (A5 / 12 * $B$1)”。其后步骤同上，用下拉方法可以计算。

AVERAGE　×　✓　fx　=B5*(1-B2)*EXP(A5/12*E1)

	A	B	C	D	E
1	借入利率rb=	5%		贷出利率rl=	4%
2	交易费用	3%			
3					
4	剩余期限，月	现货价格S	期货价格下限		
5	12	400	=B5*(1-B2)*EXP(A5/12*E1)		
6	11	410			
7	10	405			
8	9	390			
9	8	420			
10	7	460			
11	6	450			
12	5	435			
13	4	410			
14	3	390			
15	2	380			
16	1	380			
17					

图 9-2-6　贷出利率与期货价格下限

AVERAGE　×　✓　fx　=B5*(1+$B$2)*EXP(A5/12*$B$1)

	A	B	C	D	E	F
1	借入利率rb=	5%		贷出利率rl=	4%	
2	交易费用	3%				
3						
4	剩余期限，月	现货价格S	期货价格下限	期货价格上限		
5	12	400	403.834580	=B5*(1+$B$2)*EXP(A5/12*$B$1)		
6	11	410	412.5529738	442.1058339		
7	10	405	406.1656953	434.8984415		
8	9	390	389.8209502	417.0497592		
9	8	420	418.4101495	447.2630261		
10	7	460	456.7337492	487.8226699		
11	6	450	445.3178849	475.2335584		
12	5	435	429.0414311	457.4822868		
13	4	410	403.0381754	429.3973133		
14	3	390	382.1019782	406.752764		
15	2	380	371.0655427	394.6752948		
16	1	380	369.8307167	393.0342356		
17						

图 9-2-7　借入利率与期货价格上限

练 习 题

1. 假设初始保证金为 1 000 万元，最低保证金比率为 10%，交易单位为 10 吨/手，开仓价格为 2 345 元/吨，开仓保证金使用比例为 40%，计算商品期货开仓可以买入的手数。

2. 假设股指期货最低保证金比率为 12%,初始保证金 100 万元,合约乘数为 300,开仓报价为 3 500,计算满仓开仓可以买入或卖出的股指期货手数。

3. 标的价格为 100,年连续复利率为 5%,计算半年期的期货价格。

4. 标的价格为 100,年连续复利率为 5%,每单位标的的年仓储成本为 5,计算半年期的期货价格。

5. 标的价格为 100,年连续复利率为 5%,交易费用比例为 3%,计算半年期的期货价格上下限。

6. 标的价格为 100,借入年连续复利率 5%,贷出年连续复利率为 3%,交易费用比例为 3%,计算半年期的期货价格上下限。

第十章 期权实验

期权是非线性的衍生品,也是金融衍生品中最复杂的一类,它将买方的权利和卖方的或有义务分割开来。同期货一样,期权也可以用来进行投机、对冲等。

本章主要包括期权的到期损益(期权回报)、期权组合、期权的 B-S 定价和二叉树定价的相关计算。

第一节 期权到期损益

根据期权的定义,看涨期权的到期损益(也称为期权回报)为:

$$\max(0, S_T - X)$$

看跌期权的到期损益为:

$$\max(0, X - S_T)$$

式中:S_T——标的资产到期价格;
  X——行权价。

我们可以采用 Excel 的 MAX 函数来计算给定行权价和标的系列到期价格对应的期权到期损益。以看涨期权为例进行说明。

【例 10-1-1】 画出行权价为 $X = 10$、期权费为 $c = 5$ 的看涨期权的到期损益,并找出盈亏平衡点。

解:

(1)给出标的资产到期价格的系列值,本例中设为从 0 到 20(见图 10-1-1)。

(2)利用 MAX 函数计算 S_T 不同取值的期权到期损益 $\max(0, S_T - X)$(见图 10-1-2)。

(3)计算看涨期权的投资收益,即期权到期损益减去期权费 $\max(0, S_T - X) - c$(见图 10-1-3)。

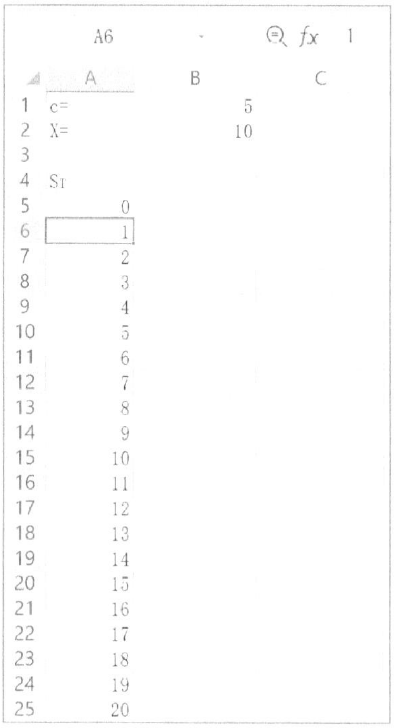

图 10-1-1 标的资产到期价格

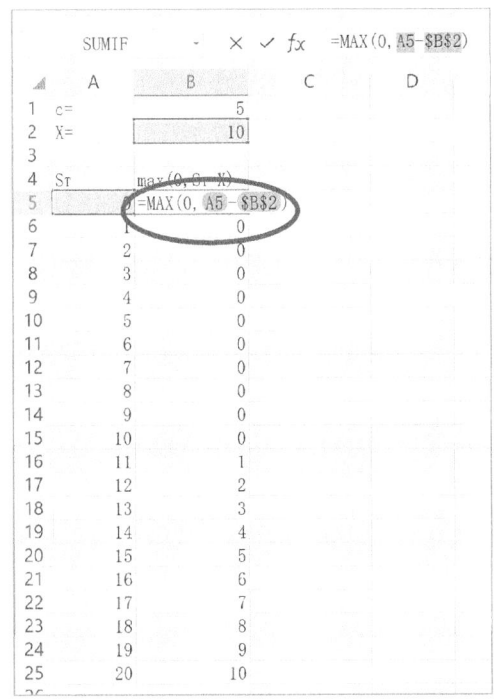
图 10-1-2 看涨期权到期损益(回报)计算

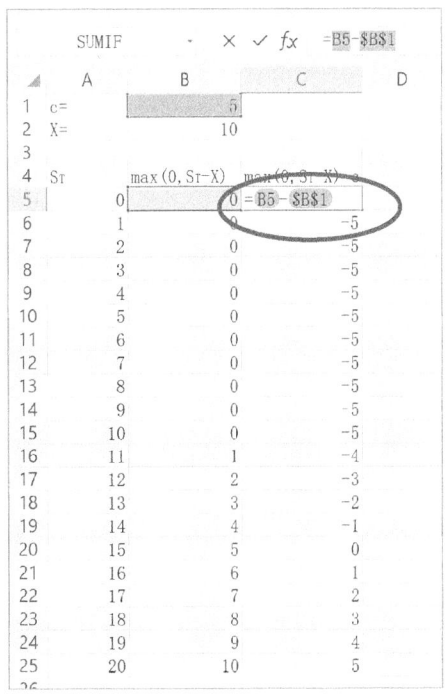
图 10-1-3 看涨期权盈亏分布计算

(4) 以标的资产到期价格为横坐标,画出看涨期权的到期损益和投资盈亏分布,从中可以直观地看出盈亏平衡点为 $S_T = 15$。

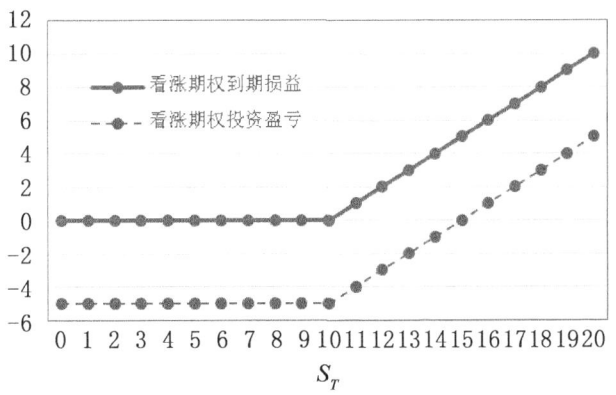

图 10-1-4 看涨期权到期损益与投资盈亏分布

第二节 期权交易策略

一、期权与标的组合

期权与标的的组合主要分为:标的多头+看跌期权多头,标的多头+看涨期权空头,标的空头＋看涨期权多头,标的空头＋看跌期权空头。对这类组合的分析主要通过组合的到期损益分布来进行。本书以"标的多头＋看跌期权多头"为例进行说明。

这种组合的到期损益为:

$$\begin{cases} X, & S_T \leqslant X \\ S_T, & S_T > X \end{cases}$$

【例10-2-1】 看跌期权期权费 $p=3$,行权价 $X=10$,构造"标的多头＋看跌期权空头"组合,并画出组合到期损益和组合的盈亏分布(损益扣除组合成本)。

(1) 给出标的资产到期价格序列,计算看跌期权的到期损益分布,方法如本章第一节所示。

(2) 计算"标的＋看跌期权"组合的到期损益,该组合到期损益＝标的价格＋看跌期权到期损益,并扣除看跌期权成本后,获得该组合的投资盈亏分布(见图10-2-1)。

(3) 以标的价格为横坐标,画出组合的到期损益和盈亏分布(见图10-2-2)。

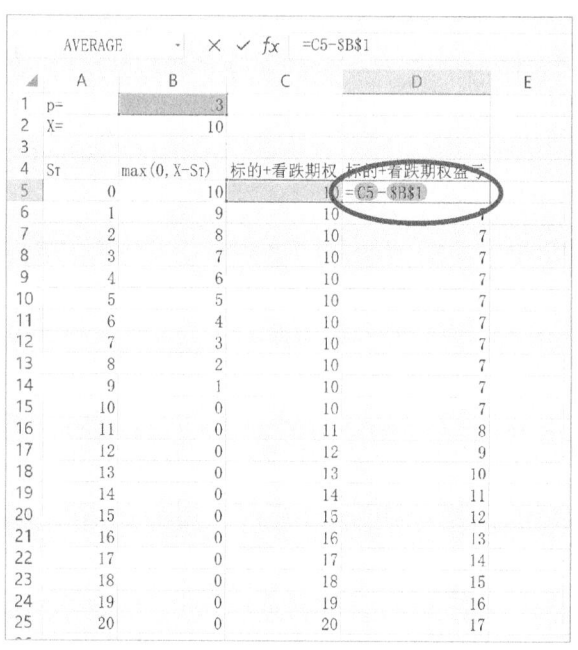

图10-2-1 "标的＋看跌期权"组合计算

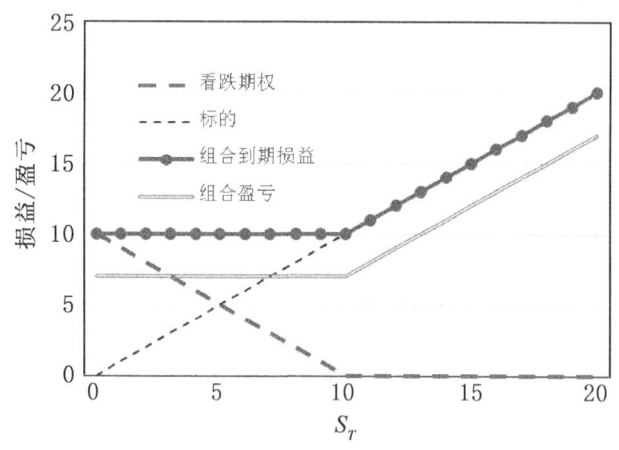

图10-2-2 标的＋看跌期权组合

二、价差

价差是同为看涨期权或同为看跌期权构造的组合,组合中期权的区别仅仅在于行权价不同（垂直价差）或者到期日不同（水平价差或日历价差）。最常见的是行权价不同的期权构造的牛市价差、熊市价差和蝶式价差。

1. 看涨期权牛市价差

用看涨期权构造牛市价差遵循“低买高卖”的原则，及买入低行权价看涨期权、卖空高行权价看涨期权。

【例 10-2-2】 两个看涨期权标的和到期时间均相同，但行权价有区别，分别为 $X_1=5$、$X_2=12$，期权费分别为 $c_1=5$、$c_2=3$。据此设计一份牛市价差，并画出其到期损益和盈亏分布。

解：

(1) 给定标的资产到期价格，根据本章第一节的方法计算两份看涨期权的到期损益（见图 10-2-3）。

B7 fx =MAX(0, A7-$B$1)

	A	B	C
1	X1=	5	
2	X2=	12	
3	c1=	5	
4	c2=	3	
5			
6	ST	max(0, ST-X1)	max(0, ST-X2)
7	0	0	0
8	1	0	0
9	2	0	0
10	3	0	0
11	4	0	0
12	5	0	0
13	6	1	0
14	7	2	0
15	8	3	0
16	9	4	0
17	10	5	0
18	11	6	0
19	12	7	0
20	13	8	1
21	14	9	2
22	15	10	3
23	16	11	4
24	17	12	5
25	18	13	6
26	19	14	7
27	20	15	8

图 10-2-3 构造牛市价差的看涨期权到期损益

(2) 根据“低行权价看涨期权到期损益－高行权价看涨期权到期损益”，计算牛市价差的到期损益，并根据“牛市价差盈亏＝牛市价差损益－牛市价差成本”计算牛市价差盈亏分布，其中，牛市价差成本＝低行权价看涨期权费－高行权价看涨期权费。如图 10-2-4 所示，以 E7＝B7－C7、F7＝E7－(B3－B4)为例，其中 B3－B4 为看涨期权牛市价差的成本。

E7 　 f_x =B7-C7

	A	B	C	E	F	G
4	c2=	3				
5						
6	ST	max(0, ST-X1)	max(0, ST-X2)	牛市价差到期损益	牛市价差到期盈亏	
7	0	0	0	0	-2	
8	1	0	0	0	-2	
9	2	0	0	0	-2	
10	3	0	0	0	-2	
11	4	0	0	0	-2	
12	5	0	0	0	-2	
13	6	1	0	1	-1	
14	7	2	0	2	0	
15	8	3	0	3	1	
16	9	4	0	4	2	
17	10	5	0	5	3	
18	11	6	0	6	4	
19	12	7	0	7	5	
20	13	8	1	7	5	
21	14	9	2	7	5	
22	15	10	3	7	5	
23	16	11	4	7	5	
24	17	12	5	7	5	
25	18	13	6	7	5	
26	19	14	7	7	5	
27	20	15	8	7	5	
28						

图 10-2-4　看涨期权牛市价差到期损益及盈亏分布计算

（3）以标的资产到期价格为横坐标，画出看涨期权牛市价差的到期损益和盈亏分布（见图 10-2-5）。

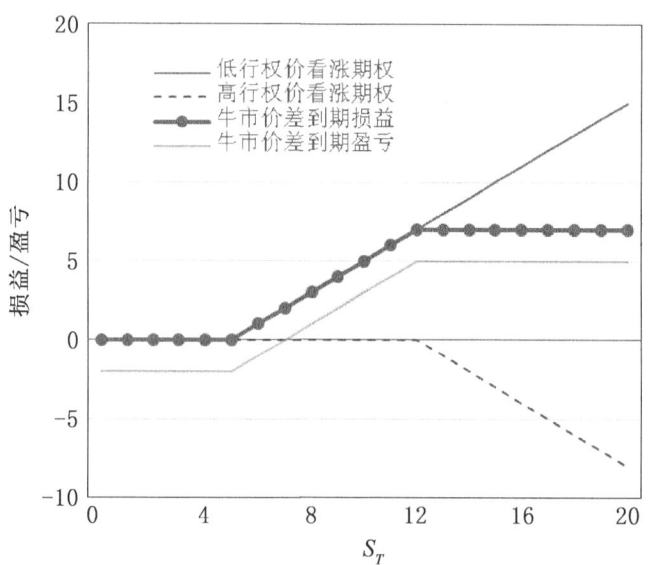

图 10-2-5　看涨期权牛市价差到期损益与盈亏分布

2. 看跌期权牛市价差

看跌期权构造牛市价差与采用看涨期权一样,按照"低买高卖"的方法实现。

【例 10-2-3】 两个看跌期权标的和到期时间均相同,但行权价有区别,分别为 $X_1=5$、$X_2=12$,期权费分别为 $p_1=1$、$p_2=3$。据此设计一份牛市价差,并画出其到期损益和盈亏分布。

解:

(1)给定标的资产到期价格,根据本章第一节的方法计算两份看跌期权的到期损益(如图 10-2-6 所示)。

(2)根据"低行权价看跌期权到期损益－高行权价看跌期权到期损益",计算牛市价差的到期损益,并根据"牛市价差盈亏＝牛市价差损益－牛市价差成本"计算牛市价差盈亏分布,其中,牛市价差成本＝低行权价看跌期权费－高行权价看跌期权费。如图 10-2-7 所示,以 E7＝B7－C7、F7＝E7－(B3－B4)为例,其中 B3－B4 为看涨期权牛市价差的成本。

(3)以标的资产到期价格为横坐标,画出看跌期权牛市价差的到期损益和盈亏分布(见图 10-2-8)。

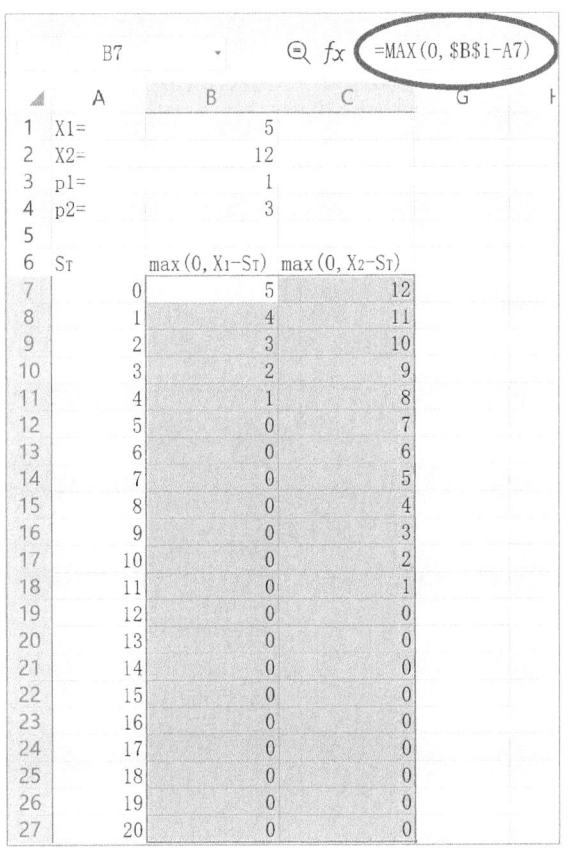

图 10-2-6 看跌期权牛市价差——看跌期权到期损益计算

	A	B	C	D	E	F	G
1	X1=		5				
2	X2=		12				
3	p1=		1				
4	p2=		3				
5							
6	S_T	max(0,X_1-S_T)	max(0,X_2-S_T)	-max(0,X_2-S_T)	牛市价差到期损益	牛市价差到期盈亏	
7	0	5	12	-12	-7	-5	
8	1	4	11	-11	-7	-5	
9	2	3	10	-10	-7	-5	
10	3	2	9	-9	-7	-5	
11	4	1	8	-8	-7	-5	
12	5	0	7	-7	-7	-5	
13	6	0	6	-6	-6	-4	
14	7	0	5	-5	-5	-3	
15	8	0	4	-4	-4	-2	
16	9	0	3	-3	-3	-1	
17	10	0	2	-2	-2	0	
18	11	0	1	-1	-1	1	
19	12	0	0	0	0	2	
20	13	0	0	0	0	2	
21	14	0	0	0	0	2	
22	15	0	0	0	0	2	
23	16	0	0	0	0	2	
24	17	0	0	0	0	2	
25	18	0	0	0	0	2	
26	19	0	0	0	0	2	
27	20	0	0	0	0	2	

图 10-2-7 看跌期权牛市价差到期损益与盈亏

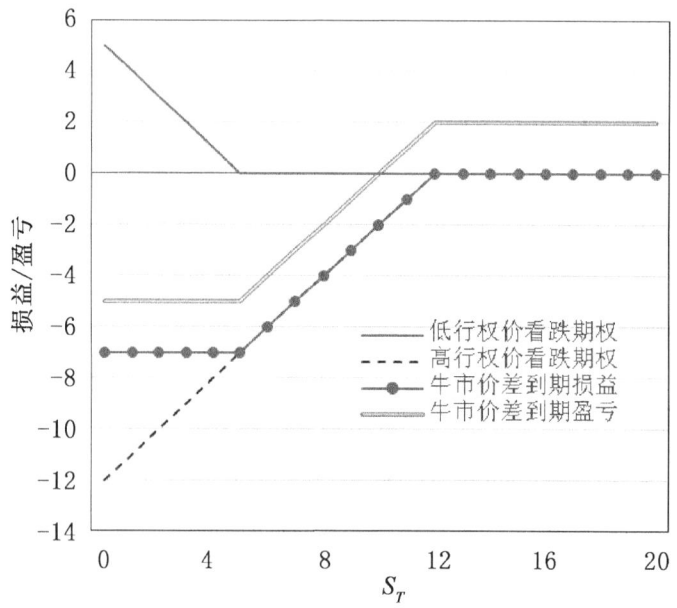

图 10-2-8 看跌期权牛市价差到期损益与盈亏分布

3. 看涨期权熊市价差

用看涨期权构造牛市价差遵循"高买低卖"的原则,即买入高行权价看涨期权、卖空低行权价看涨期权。从构造方法山可以看出,看涨期权熊市价差是看涨期权牛市价差的"空头"。

【例10-2-4】 两个看涨期权标的和到期时间均相同,但行权价有区别,分别为 $X_1=5$、$X_2=12$,期权费分别为 $c_1=5$、$c_2=3$。据此设计一份熊市价差,并画出其到期损益和盈亏分布。

解:

(1) 给定标的资产到期价格,根据本章第一节的方法计算两份看涨期权的到期损益。

(2) 根据"高行权价看涨期权到期损益－低行权价看涨期权到期损益",计算熊市价差的到期损益,并根据"熊市价差盈亏＝熊市价差损益－熊市价差成本"计算熊市价差盈亏分布,其中,牛市价差成本＝低行权价看涨期权费－高行权价看涨期权费。

(3) 以标的资产到期价格为横坐标,画出看涨期权牛市价差的到期损益和盈亏分布(见图10-2-9)。

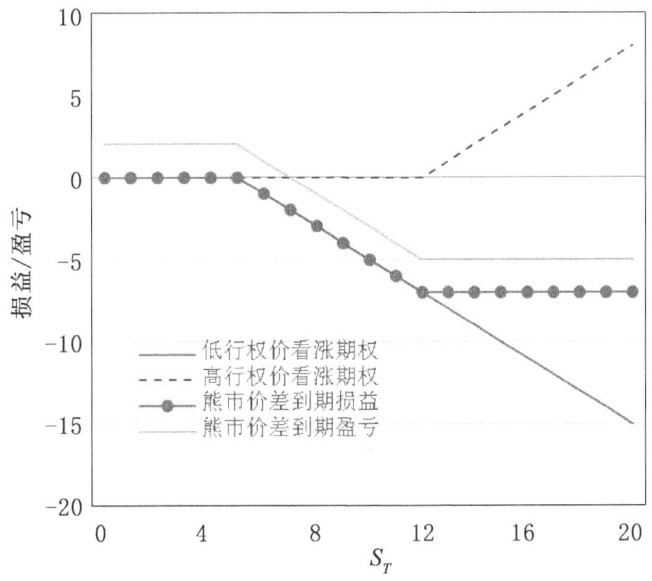

图 10-2-9 看涨期权熊市价差到期损益与盈亏分布

4. 看跌期权熊市价差

【例10-2-5】 两个看跌期权标的和到期时间均相同,但行权价有区别,分别为 $X_1=5$、$X_2=12$,期权费分别为 $p_1=1$、$p_2=3$。据此设计一份熊市价差,并画出其到期损益和盈亏分布。

解:

(1) 给定标的资产到期价格,根据本章第一节的方法计算两份看跌期权的到期损益。

(2) 根据"高行权价看跌期权到期损益－低行权价看跌期权到期损益",计算熊市价差的到期损益,并根据"熊市价差盈亏＝熊市价差损益－熊市价差成本"计算熊市价差盈亏分布,其中,熊市价差成本＝高行权价看跌期权费－低行权价看跌期权费。

(3) 以标的资产到期价格为横坐标,画出看跌期权牛市价差的到期损益和盈亏分布(见图10-2-10)。

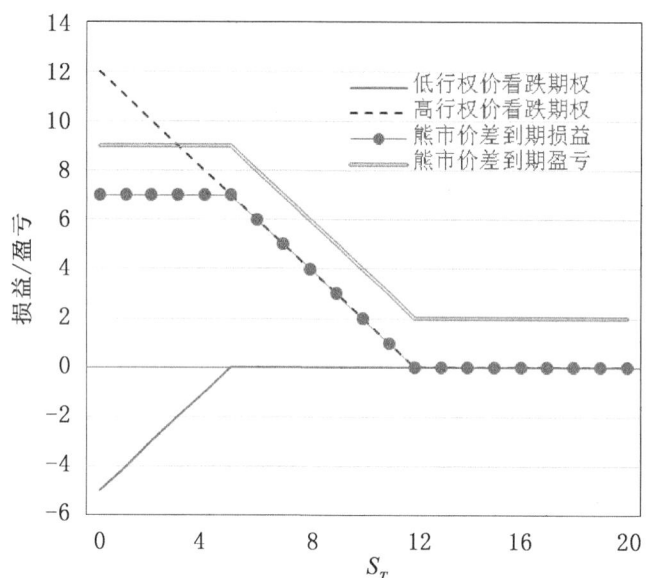

图 10-2-10　看跌期权熊市价差的到期损益与盈亏分布

5. 蝶式价差

蝶式价差由三种看涨期权或看跌期权组合而成,要求三种个期权的行权价满足:低行权价＋高行权价＝2倍中行权价。蝶式价差的构造方法为:买入低行权价期权、卖空2倍中行权价期权、买入高行权价期权。

我们以看涨期权为例进行说明(看跌期权的情况与之相似)。

【例 10-2-6】　给定三种看涨期权,行权价分别为3、9、15,期权费分别为6、3、1,请用它们构造出一份蝶式价差,并画出其到期损益与盈亏分布。

解:

(1) 采用本章第一节的方法,分布计算买入低、高行权价,以及卖空2倍中行权价期权的到期损益(见图10-2-11)。

(2) 计算蝶式价差的到期损益和到资盈亏分布(见图10-2-12)。其中,蝶式价差到期损益为"低行权价期权到期损益－2×中行权价到期损益＋高行权价到期损益",蝶式价差到期盈亏＝蝶式价差到期损益－蝶式价差成本,蝶式价差成本＝低行权价期权费－2倍中行权价期权费＋高行权价期权费。

(3) 以标的资产到期价格为横坐标,画出蝶式价差到期损益与盈亏(见图10-2-13)。

	B6		f_x	=MAX(0,A6-$B$1)	
	A	B	C	D	E
1	X1	3		c1=	6
2	X2=	9		c2=	3
3	X3	15		c3=	1
4					
5	S_T	max(0,S_T-X_1)	-2max(0,S_T-X_2)	max(0,S_T-X_3)	
6	0	0	0	0	
7	1	0	0	0	
8	2	0	0	0	
9	3	0	0	0	
10	4	1	0	0	
11	5	2	0	0	
12	6	3	0	0	
13	7	4	0	0	
14	8	5	0	0	
15	9	6	0	0	
16	10	7	-2	0	
17	11	8	-4	0	
18	12	9	-6	0	
19	13	10	-8	0	
20	14	11	-10	0	
21	15	12	-12	0	
22	16	13	-14	1	
23	17	14	-16	2	
24	18	15	-18	3	
25	19	16	-20	4	
26	20	17	-22	5	
27					

图 10-2-11　蝶式价差——期权到期损益计算

	E6		f_x	=B6+C6+D6		
	A	B	C	D	E	F
1	X1	3		c1=	6	
2	X2=	9		c2=	3	
3	X3	15		c3=	1	
4						
5	S_T	max(0,S_T-X_1)	-2max(0,S_T-X_2)	max(0,S_T-X_3)	蝶式价差损益	蝶式价差盈亏
6	0	0	0	0	0	-1
7	1	0	0	0	0	-1
8	2	0	0	0	0	-1
9	3	0	0	0	0	-1
10	4	1	0	0	1	0
11	5	2	0	0	2	1
12	6	3	0	0	3	2
13	7	4	0	0	4	3
14	8	5	0	0	5	4
15	9	6	0	0	6	5
16	10	7	-2	0	5	4
17	11	8	-4	0	4	3
18	12	9	-6	0	3	2

图 10-2-12　蝶式价差到期损益与盈亏计算

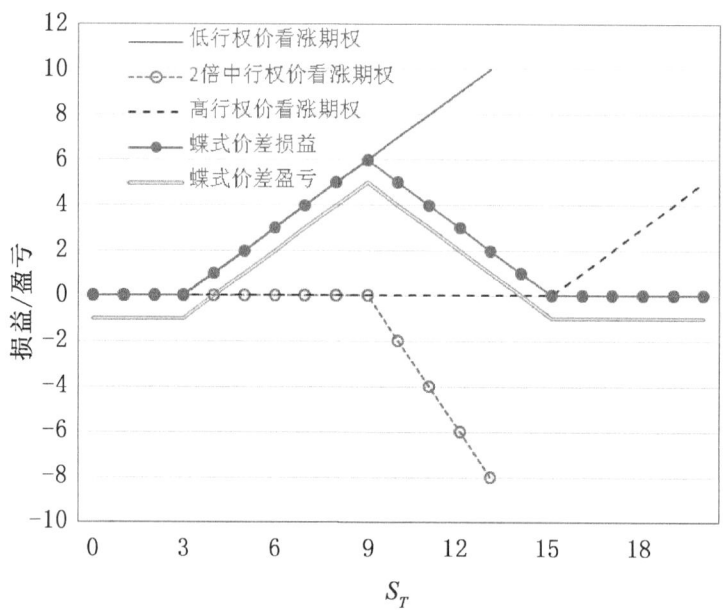

图 10-2-13 蝶式价差到期损益与盈亏分布

三、组合期权

组合期权是既包含看涨期权又包含看跌期权的组合,最基本的包括跨骑、宽跨、带式等,它们在 Excel 中的构造实现方法相似,我们以宽跨为例进行说明。

【例 10-2-6】 设有标的和到期时间均相同的看跌期权和看涨期权,其有关数据如表 10-2-11 所示。

表 10-2-1 看跌期权和看涨期权的有关数据

	行权价	期权费
看跌期权	$X_1 = 8$	$c_1 = 1$
看涨期权	$X_2 = 12$	$c_2 = 2$

请构造宽跨组合,并画出其到期损益和盈亏分布。

解:

(1) 设定标的资产到期价格系列,计算看涨期权和看跌期权到期损益,计算方法同本章第一节(见图 10-2-14)。

(2) 根据"宽跨到期损益=看跌期权到期损益+看涨期权到期损益",计算宽跨组合的到期损益,再扣除组合成本(看涨期权和看跌期权的费用之和),得到宽跨组合的盈亏分布(见图 10-2-15)。

(3) 以标的资产到期价格为横坐标,画出宽跨组合的到期损益和盈亏分布(见图10-2-16)。

	A	B	C	F
		B7		=MAX(0,$B$1-A7)
1	X₁=	8		
2	X₂=	12		
3	p₁=	1		
4	c₂=	2		
5				
6	S$_T$	max(0,X₁-S$_T$)	max(0,S$_T$-X₂)	
7	0	8	0	
8	1	7	0	
9	2	6	0	
10	3	5	0	
11	4	4	0	
12	5	3	0	
13	6	2	0	
14	7	1	0	
15	8	0	0	
16	9	0	0	
17	10	0	0	
18	11	0	0	
19	12	0	0	

图 10-2-14　宽跨组合——期权到期损益计算

	A	B	C	D	E	F
	AVERAGE			=B7+C7		
1	X₁=	8				
2	X₂=	12				
3	p₁=	1				
4	c₂=	2				
5						
6	S$_T$	max(0,X₁-S$_T$)	max(0,S$_T$-X₂)	宽跨到期损益	宽跨盈亏分布	
7	0	8	0	=B7+C7	5	
8	1	7	0	7	4	
9	2	6	0	6	3	
10	3	5	0	5	2	
11	4	4	0	4	1	
12	5	3	0	3	0	
13	6	2	0	2	-1	
14	7	1	0	1	-2	
15	8	0	0	0	-3	
16	9	0	0	0	-3	
17	10	0	0	0	-3	
18	11	0	0	0	-3	
19	12	0	0	0	-3	

图 10-2-15　宽跨组合到期损益与盈亏计算

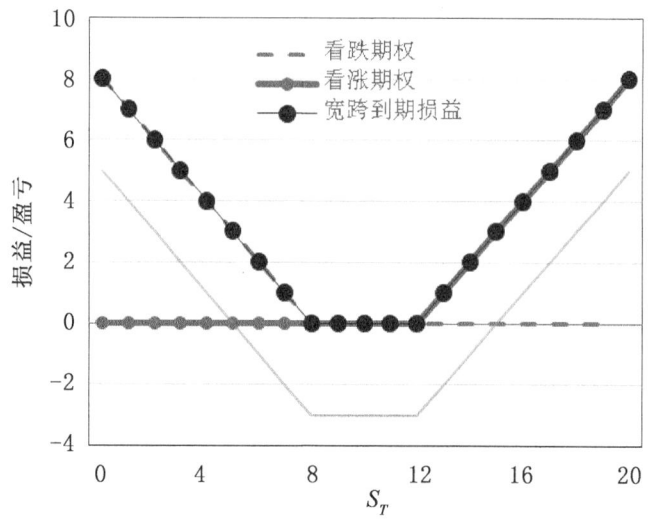

图 10-2-16　宽跨组合到期损益与盈亏分布

第三节　B-S模型

一、布朗运动与标的价格动态

B-S模型假设标的资产价格动态服从如下形式：

$$dS_t = \mu S_t dt + \sigma S_t dw_t$$

式中：S_t——标的价格；

　　　μ——预期收益；

　　　w_t——标准布朗运动；

　　　σ——标准差。

由此可得：

$$S_t = S_0 e^{\left(\mu - \frac{1}{2}\sigma^2\right)t + \sigma w_t}$$

关于标准布朗运动 w_t，有几个重要特征：

$$w_t \sim N(0, t)$$

$$dw_t \sim N(0, dt)$$

$$(dw_t)^2 = dt$$

【例 10-3-1】 设 $\mu = 5\%$，$\sigma = 20\%$，$dt = 1/360$，$S_0 = 100$。请随机模拟一条100个交易日的股票价格曲线。

解：

可以利用 NORMINV 函数生成任意的布朗运动轨迹，以及给定初始价格的股票价格

动态,方法如下:

(1) 用 NORMINV(RAND(),0,SQRT(dt))生成系列 $\mathrm{d}w_t$(见图 10-3-1)。

(2) 根据 $w_t = \int_0^t \mathrm{d}w_t$,将前面各期的 $\mathrm{d}w_t$ 累加,计算 w_t。其中 B5＝A5,B6＝B5＋A6,以此类推(见图 10-3-2)。

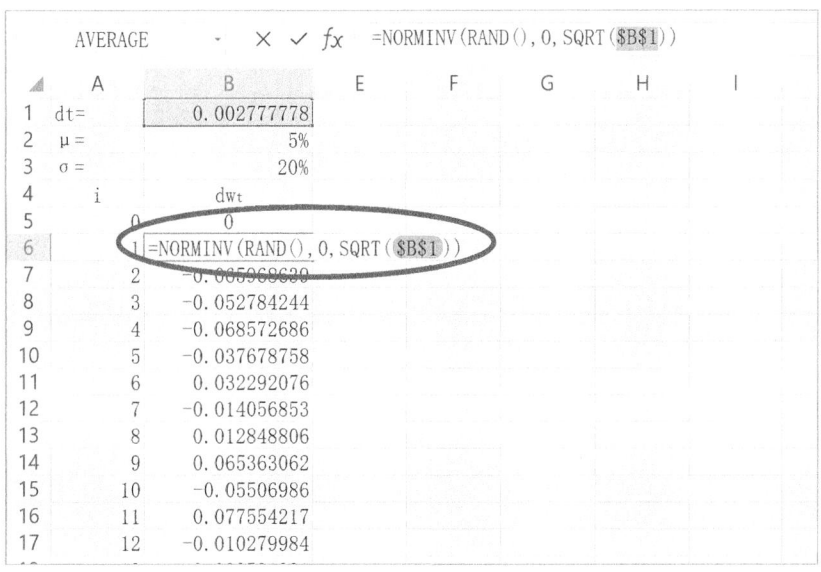

图 10-3-1　$\mathrm{d}w_t$ 的生成

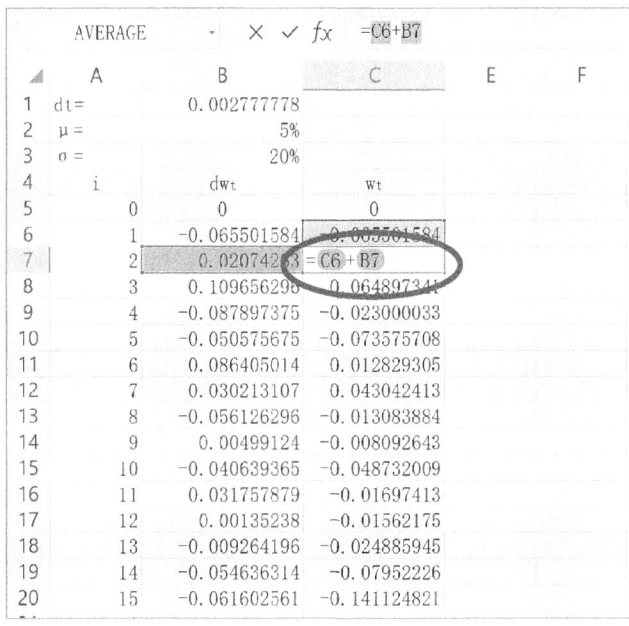

图 10-3-2　布朗运动的生成

(3) 计算标的资产价格曲线(见图10-3-3)。

	A	B	C	D	E	F	G	H
	AVERAGE		× ✓ fx	=100*EXP(($B$2-1/2*$B$3^2)*$B$1*A6+$B$3*C6)				
1	dt=	0.002777778						
2	μ=	5%						
3	σ=	20%						
4	i	dwt	wt	St				
5	0	0	0	100				
6	1	-0.007848843	-0.007848843	=100*EXP(($B$2-1/2*$B$3^2)*$B$1*A6+$B$3*C6)				
7	2	-0.001001242	-0.008850085	99.83979343				
8	3	-0.003364561	0.012214646	99.78094735				
9	4	-0.07070701	-0.082921656	98.38803371				
10	5	-0.033607187	-0.116528844	97.73708662				
11	6	0.015319964	-0.101208879	98.04518169				
12	7	-0.087998877	-0.189207756	96.3427329				
13	8	-0.049295973	-0.238503729	95.40548837				
14	9	-0.025550567	-0.264054296	94.92710932				
15	10	0.051015105	0.315069401	93.97132092				
16	11	-0.048142984	-0.363212385	93.07860728				
17	12	-0.077057645	-0.44027003	91.6627591				
18	13	0.092184315	-0.348085715	93.37618894				
19	14	-0.034784431	-0.382870146	92.73656353				
20	15	0.009899884	-0.372970262	92.92810537				

图 10-3-3 标的资产价格曲线的计算

(4) 画出随机生成的股票价格曲线(见图10-3-4)。

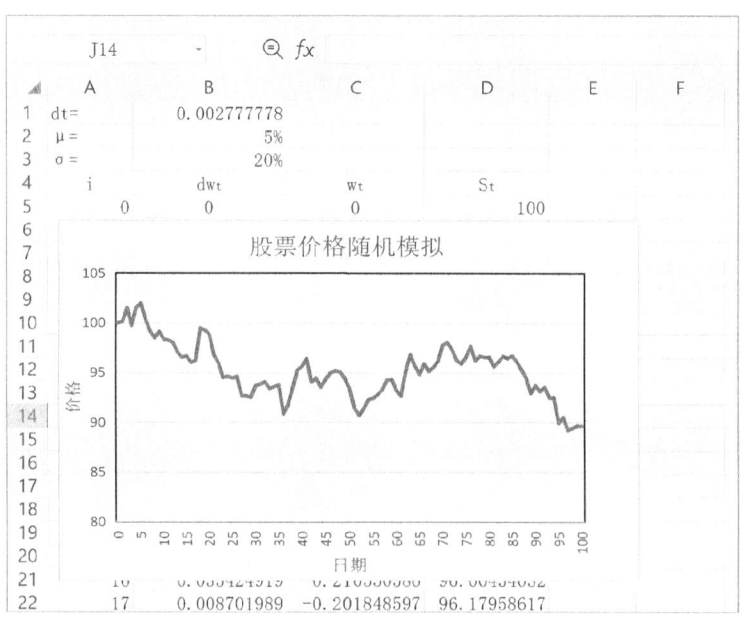

图 10-3-4 股票价格随机模拟曲线

二、B-S 定价公式

对欧式期权来说,其看涨和看跌期权的价格计算公式分别为:

$$c_t = S_t N(d_1) - Xe^{-r\tau} N(d_2)$$

$$p_t = Xe^{-r\tau} N(-d_2) - S_t N(-d_1)$$

其中，

$$d_1 = \frac{\ln\left(\dfrac{S_t}{X}\right) + \left(r + \dfrac{1}{2}\sigma^2\right)\tau}{\sigma\sqrt{\tau}}$$

$$d_2 = d_1 - \sigma\sqrt{\tau}$$

本书以标的资产无收益的欧式期权为例进行说明。

【例 10-3-2】 给定表 10-3-2 条件，分别计算看涨期权和看跌期权的价格曲线。

表 10-3-2 期权价格参数

参数	取值
行权价	$X = 10$
标的波动率	$\sigma = 20\%$
无风险利率	$r = 5\%$
期权剩余期限	$\tau = 0.5$

直接输入计算式比较复杂，将计算分成几步进行。

(1) 计算 d_1、d_2、$N(d_1)$、$N(d_2)$、$N(-d_1)$、$N(-d_2)$，分别如图 10-3-5、图 10-3-6、图 10-3-7、图 10-3-8 所示。

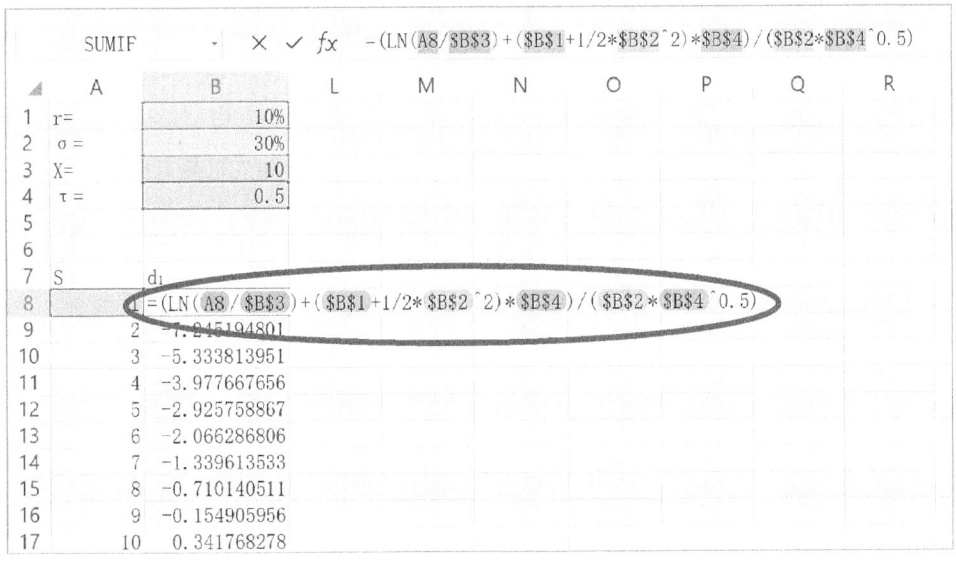

图 10-3-5 计算 d_1

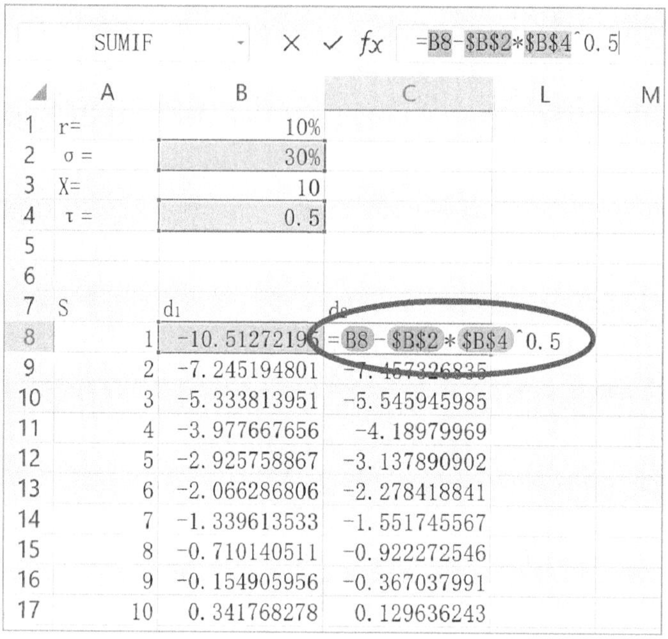

SUMIF × ✓ fx =B8-$B$2*$B$4^0.5

	A	B	C	L	M
1	r=	10%			
2	σ =	30%			
3	X=	10			
4	τ =	0.5			
5					
6					
7	S	d1	d2		
8	1	-10.51272195	=B8-$B$2*$B$4^0.5		
9	2	-7.245194801	-7.457326835		
10	3	-5.333813951	-5.545945985		
11	4	-3.977667656	-4.18979969		
12	5	-2.925758867	-3.137890902		
13	6	-2.066286806	-2.278418841		
14	7	-1.339613533	-1.551745567		
15	8	-0.710140511	-0.922272546		
16	9	-0.154905956	-0.367037991		
17	10	0.341768278	0.129636243		

图 10-3-6 计算 d_2

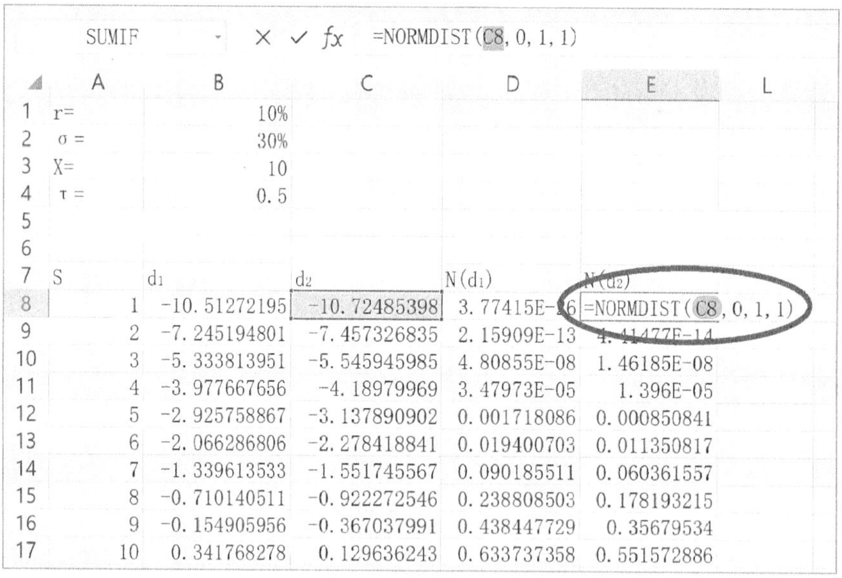

SUMIF × ✓ fx =NORMDIST(C8,0,1,1)

	A	B	C	D	E	L
1	r=	10%				
2	σ =	30%				
3	X=	10				
4	τ =	0.5				
5						
6						
7	S	d1	d2	N(d1)	N(d2)	
8	1	-10.51272195	-10.72485398	3.77415E-26	=NORMDIST(C8,0,1,1)	
9	2	-7.245194801	-7.457326835	2.15909E-13	4.41477E-14	
10	3	-5.333813951	-5.545945985	4.80855E-08	1.46185E-08	
11	4	-3.977667656	-4.18979969	3.47973E-05	1.396E-05	
12	5	-2.925758867	-3.137890902	0.001718086	0.000850841	
13	6	-2.066286806	-2.278418841	0.019400703	0.011350817	
14	7	-1.339613533	-1.551745567	0.090185511	0.060361557	
15	8	-0.710140511	-0.922272546	0.238808503	0.178193215	
16	9	-0.154905956	-0.367037991	0.438447729	0.35679534	
17	10	0.341768278	0.129636243	0.633737358	0.551572886	

图 10-3-7 $N(d_1)$与$N(d_2)$的计算

(2) 根据上述公式计算看涨期权与看跌期权价格(见图 10-3-9)。由于 $N(d_1)$、$N(d_2)$、$N(-d_1)$、$N(-d_2)$ 均已计算完毕,在这一步中直接引用。

(3) 画出期权价格曲线(见图 10-3-10、图 10-3-11),图中的期权下限计算公式采用了郑振龙和陈蓉编写的《金融工程》教材的结论,不在此赘述。

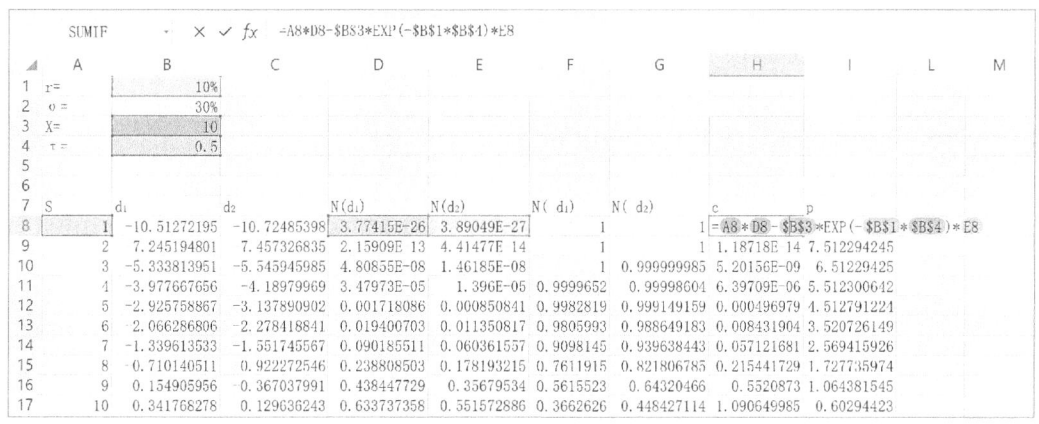

图 10-3-8　$N(-d_1)$ 与 $N(-d_2)$ 的计算

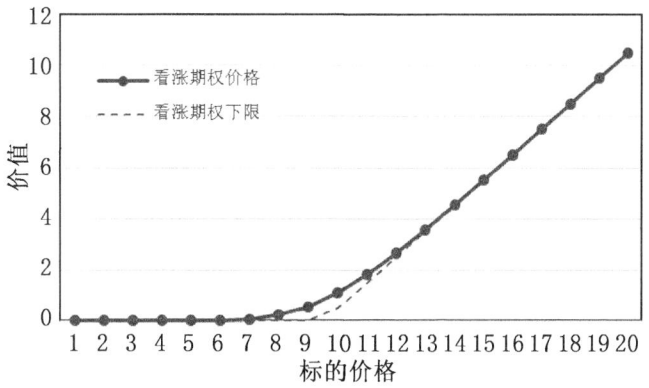

图 10-3-9　期权费的计算

图 10-3-10　看涨期权价格曲线

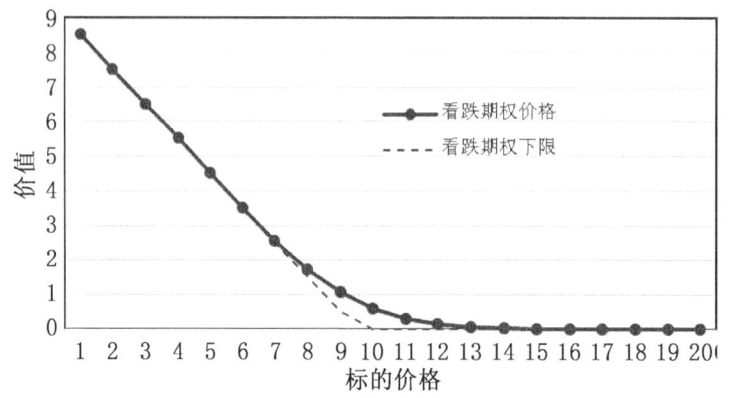

图 10-3-11　看跌期权价格曲线

第四节　二叉树模型

二叉树模型,它假设标的资产在下一个时间点的价格只有上升和下降两种可能结果,然后通过分叉的树枝来形象描述标的资产和期权价格的演进历史。

期权的二叉树定价方法中涉及的最基本的几个参数为:

$$P = \frac{e^{rdt} - d}{u - d}$$

$$u = e^{\sigma\sqrt{dt}}$$

$$d = \frac{1}{u}$$

式中:P——标的资产价格每一步变化上升的风险中性概率;

u——标的价格上升达到的倍数;

d——下降到达的倍数;

r——无风险利率;

σ——年波动率;

dt——二叉树步长。

以标的资产不分红的欧式看涨期权来说明二叉树定价模型的基本计算。

【例 10-4-1】　设无风险利率为 5%,波动率为 20%,以 1/250 年步长,计算初始价格为 10 的标的资产的 5 步二叉树动态,并计算行权价为 10 的欧式看涨期权价格。

解:

(1) 计算 u、d 和 P,如图 10-4-1 所示,u=EXP(B3 * B4 ^ 0.5),B3 和 B4 分别对应波动率和步长,d=1/B5;根据上述公式,计算 P=EXP(B1 * B4)−B6)/(B5−B6)。

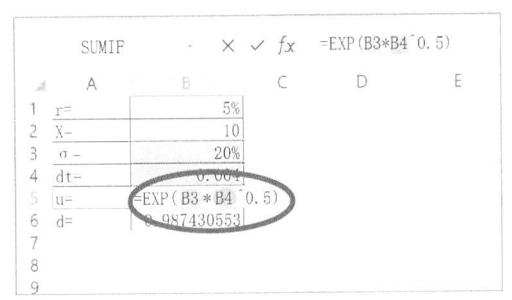

(a) 计算 u、d

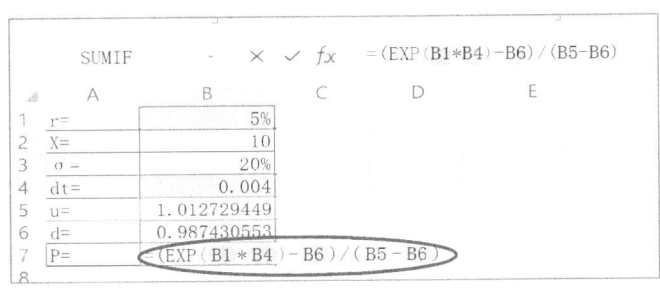

(b) 计算 P

图 10-4-1 u、d 和 P 的计算

(2) 从初始价格 10 开始,计算标的资产的动态价格树。针对每一个点,下一步计算两个价格:上升价格和下降价格,最终到第 5 步长结束。如图 10-4-2 所示,从初始价格 10 开始,第一步长的上升价格为 10 乘以 u、下降价格为 10 乘以 d,依次类推。

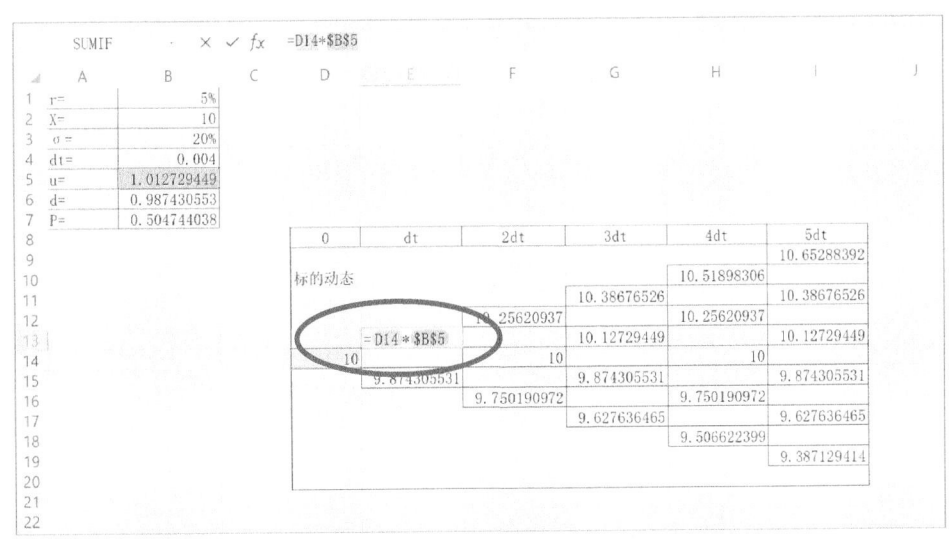

图 10-4-2 标的动态树计算

(3) 计算看涨期权的价格动态。在末期,根据期权行权价与不同状态下的标的价格,计算期权的末期(到期)损益(见图 10-4-3)。对非末期的期权费,则由下一期两个状态在

风险中性概率下的均值的现值计算(见图 10-4-4)。

图 10-4-3 期权动态价格——末期损益计算

图 10-4-4 期权动态价格——非末期价值计算

练 习 题

1. 计算行权价为 50、期权费为 5 的看跌期权的到期损益、投资盈亏分布并画图表示。

2. 看涨期权行权价为 10,期权费为 3,构造"标的空头＋看涨期权多头"的组合,画出组合到期损益和盈亏分布。

3. 给定三种看跌期权,行权价分别为 2、4、6,期权费分别为 0.5、1、1.5,请用它们构造一份蝶式价差并画出到期损益和盈亏分布。

4. 股票年收益为 10%,年波动率为 30%,初始价格为 50,随机模拟生成 150 日的股票价格曲设线。

5. 计算行权价为 25、标的波动率为 25%、无风险利率为 5%、剩余期限为 3 个月的看涨期权期权费。

6. 设无风险利率为 5%,波动率为 15%,初始价格为 15,行权价为 8,无分红付息。步长为 5 日,计算剩余期限 3 个月的欧式看涨期权的费用。